Nieves Castells Fernández
Mechtild Lohmann
Lidia Santiso Saco

Mirada

Ein Spanischkurs für Anfänger
Lehr- und Arbeitsbuch

Max Hueber Verlag

Beratende Mitarbeit:
Ellinor Haase, Hauptamtliche Pädagogische Mitarbeiterin der Volkshochschule Bochum
Reinhard Beer, Fachbereichsleiter Sprachen an der Volkshochschule Erlangen

Wir danken allen Freunden und Kollegen für die Beratung, die sprachliche Durchsicht und die Erprobung im Unterricht.

Verlagsredaktion: Giovanna Rizzo

R 4. 3. 2. | Die letzten Ziffern
2002 2001 2000 1999 98 | bezeichnen Zahl und Jahr des Druckes.
Alle Drucke dieser Auflage können, da unverändert,
nebeneinander benutzt werden.
1. Auflage

Umschlaggestaltung: Detlef Seidensticker, München
Zeichnungen: ofczarek!, Köln (außer S. 83 und 101)
Gestaltung und Realisation: Caroline Sieveking, München
Reproarbeiten: Langbein Wullenkord, München
Druck und Bindung: Cayfosa Industria Gráfica, Barcelona
Printed in Spain
ISBN 3-19-004091-5

Inhalt

Lección 4

Ocio

S. 30 – 35

Redeabsichten:
über Freizeitbeschäftigungen sprechen, Gefallen und Nichtgefallen ausdrücken, Vorlieben äußern, einer Meinung zustimmen oder widersprechen, nach der Uhrzeit fragen, die Uhrzeit angeben

Grammatik:
gusta/n; die betonten und die unbetonten indirekten Objektpronomen; die Verneinung *no … nada; preferir* (e › ie); Fragepronomen: *cuándo, a qué hora*

Lección 5

¿Está cerca?

S. 36 – 41

Redeabsichten:
über die geografische Lage eines Ortes sprechen, einen Ort beschreiben, auf der Straße um Auskunft bitten und darauf reagieren, einen Weg beschreiben, Adressen

Grammatik:
estar (Ort / Lage); *ser* + Adjektiv; Adjektive (Veränderlichkeit); Stellung der Adjektive; *muy/mucho*; der Gebrauch von *estar* und *hay; tener que; de* + bestimmter Artikel; *seguir* (e › i); die Ordnungszahlen

Lección 6

De compras

S. 42 – 49

Redeabsichten:
im Geschäft nach Lebensmitteln verlangen, sagen, wie man etwas möchte, nach dem Preis fragen, Kleidung beschreiben und kaufen, über Einkaufsgewohnheiten sprechen

Grammatik:
die direkten Objektpronomen *lo, la, los, las; poner; poder* (o › ue); Mengenangaben: *un paquete de, una barra de, un kilo de* usw.; die Demonstrativpronomen: *este/-a* und *ese/-a;* Fragepronomen: *quién, cuánto/-a/-os/-as*

Lección 7

¿A qué hora …?

S. 50 – 55

Redeabsichten:
über Öffnungs- und Arbeitszeiten sprechen, über Tagesablauf und Gewohnheiten sprechen, angeben, wie oft man etwas macht, die Wochentage und Monate, das Datum erfragen und angeben

Grammatik:
Verben mit Stammveränderung: e > ie (*empezar*), o > ue (*volver*), u > ue (*jugar*); reflexive Verben (*levantarse, acostarse*); Zeitangaben mit *todo/todos*

Lección 8

¿Cómo quedamos?

S. 56 – 61

Redeabsichten:
über Pläne sprechen, Absichten äußern, Vorschläge machen / zustimmen / ablehnen, einen Gegenvorschlag machen, etwas begründen, Zeitangaben in der Zukunft machen, sich verabreden, über Jahreszeiten sprechen

Grammatik:
pensar + Inf.; *querer* + Inf.; Zeitangaben mit Zukunftsbezug (*mañana, pasado mañana* usw.); *quedar – quedarse; es que ...*; Objektpronomen + Präpositionen: *conmigo / contigo*; Fragepronomen: *por qué*

Lección 9

Ayer

S. 62 – 67

Redeabsichten:
über vergangene Ereignisse berichten, Zeitangaben in der Vergangenheit machen, über das Wetter sprechen

Grammatik:
regelmäßige Formen des **indefinido**; unregelmäßige Formen *ser / ir, estar, hacer, tener*; der Gebrauch des **indefinido**; Zeitangaben beim **indefinido**; Ausrufe mit *que*

Lección 10

Vamos en tren

S. 68 – 73

Redeabsichten:
über Verkehrsmittel sprechen, sich nach etwas erkundigen, Auskünfte erteilen, vergleichen, Erlebnisse erzählen

Grammatik:
der Vergleich: *tan ... como / más ... que / el ... más ...*; *conocer* (c › zc); das direkte Objekt mit und ohne Präposition *a*

Lección 11

Se alquila

S. 74 – 79

Redeabsichten:
über die Einrichtung eines Zimmers / einer Wohnung sprechen, eine Wohnung beschreiben, nach dem Vorhandensein von Gegenständen fragen, eine Ferienwohnung mieten, Ratschläge geben, sagen, was man in bestimmten Situationen tun würde, ein Hotelzimmer mieten, sich beschweren

Grammatik:
die regelmäßigen und unregelmäßigen Formen des **condicional**; der Gebrauch des **condicional**; Vergleich und Steigerung von *mucho*; *se* + 3. Person zur Wiedergabe von «man»; Fragepronomen: *cuál, cuales*

Vorwort

Mirada ist ein Spanischkurs für Anfänger, der Sie vorbereitet, mit den Menschen in einem spanischsprachigen Land zu kommunizieren und sich in den wichtigsten Alltagssituationen zu verständigen.
Verstehen und Sprechen der neuen Sprache, Lesen und Schreiben werden in abwechslungsreichen Dialogen, Übungen, Hör- und Lesetexten vermittelt. Dabei erhalten Sie auch einen Einblick in die spanische und lateinamerikanische Welt.

Mirada enthält 18 Lektionen, die jeweils einem Thema gewidmet sind. Die Texte und Übungen bauen aufeinander auf und können in der vorgeschlagenen Reihenfolge bearbeitet werden. In jeder Lektion gibt es immer wiederkehrende Lektionsteile.
Para empezar (*wörtlich:* zum Anfangen) führt in das Thema ein. Hier lernen Sie die ersten Wörter, Sätze und Strukturen, die dann in den folgenden Dialogen und Texten erweitert werden.
Mit **Para practicar** erhalten Sie Gelegenheit, den neuen Stoff zu üben und ihn sich in kleinen Schritten anzueignen.
¿Y tú? bedeutet, dass Sie jetzt den Lernstoff aus Ihrer Perspektive, mit Ihren Erfahrungen und Ihren Äußerungsbedürfnissen anwenden und üben können. Nicht nur, dass Sie so besser lernen und behalten können. Wir möchten Ihnen damit die Möglichkeit schaffen, bereits im Spanischkurs «echte» Kommunikationssituationen zu erleben.
Bitte seien Sie nicht irritiert, dass wir Sie im Spanischen duzen! Auch das ist Landeskunde. In den spanischsprachigen Ländern wird das Du sehr viel häufiger gebraucht als bei uns. So ist es durchaus möglich und auch üblich, Fremde, denen man zum ersten Mal begegnet, zu duzen. Erst recht, wenn man zusammen einen Kurs besucht. Wenn wir Sie auf Deutsch ansprechen, bleiben wir natürlich beim Sie. (Das bedeutet, dass die deutschen Übersetzungen der Übungsanweisungen keine wörtlichen Übersetzungen sind.) Apropos Übungsanweisungen: In den ersten Lektionen werden die Übungsanweisungen auf Spanisch und Deutsch gegeben; das Deutsche wird aber immer weiter zurückgenommen und ab Lektion 10 sind alle Anweisungen spanisch.
Para escuchar zeigt an, dass Sie jetzt einen Dialog / Text von der CD / Cassette hören und die im Buch abgedruckten Aufgaben dazu lösen sollen. Sie werden sicher nicht immer jedes Wort verstehen, aber darauf kommt es auch nicht an. Durch die Hörtexte sollen Sie trainieren, wie man wesentliche Informationen versteht, denn Sie werden immer wieder in Situationen kommen, in denen Ihr Gesprächspartner Wörter benutzt, die Sie (noch) nicht kennen. Durch ein gezieltes Hörtraining werden Sie aber fit, sich auch in solchen Fällen verständigen zu können.
Para leer bietet Ihnen Lesetexte. Beim Lesen gilt das Gleiche wie beim Hören: man versteht sehr viel, auch wenn man nicht jedes Wort kennt. Die den

Lesetexten zugeordneten Aufgaben helfen Ihnen, die wesentlichen Informationen aus den Texten zu erschließen.
Y además ist eine «Zugabe» zum Thema der Lektion. Darin wird ein weiterer Aspekt dargestellt oder das Thema wird ergänzt durch andere Themen, die für den Alltag wichtig sind.
Die abwechslungsreichen und spielerischen Übungen in **Mirada** sind so gestaltet, dass Sie häufig in der Gruppe oder zu zweit sprechen, sich gegenseitig fragen und antworten. Sie sollen Spanisch von Anfang an anwenden und im Dialog mit anderen üben.
Im Anschluss an die Lektionen finden Sie einen **Übungsteil**, der Ihnen zu Hause, aber auch im Kurs Gelegenheit gibt, individuell und systematisch den Lektionsstoff zu vertiefen. Mit Hilfe eines **Lösungsschlüssels** können Sie selbst feststellen, ob Sie alles richtig gemacht haben.
In diesem Übungsteil finden Sie bei jeder Lektion ein **Aussprachetraining**. Die richtige Aussprache, vor allem die richtige Wortbetonung ist eine wesentliche Voraussetzung um verstanden zu werden.
Außerdem enthält **Mirada** eine den Lektionen zugeordnete Darstellung der **Grammatik**, eine Übersicht über die **Ausspracheregeln** und das spanische **Alphabet**, einen **Vokabelteil**, ebenfalls nach Lektionen geordnet, und eine alphabetisch geordnete **Wortliste** mit der Angabe, in welcher Lektion das Wort zum ersten Mal vorkommt.

Und nun wünschen wir Ihnen viel Erfolg und Freude bei der Arbeit mit **Mirada**.

Autorinnen und Verlag

¡Mucho gusto!

Angenehm

1 Para empezar

¿Qué dicen?
Was sagen die Leute? Setzen Sie ein.

¡Hola!, ¡Buenos días!, ¡Buenas tardes!, ¡Buenas noches!

¡adios! – ¡Hasta el miercoles! bis nächsten Mittwoch

2 ¿Cómo te llamas?

▼ ¡Hola!, ¿qué tal?
◆ ¡Hola!, ¿cómo te llamas?
▼ Juan, ¿y tú?
◆ Celia.
▼ ¿De dónde eres?
◆ Soy peruana, de Lima, ¿y tú?
▼ Yo soy español, de Málaga.

3 ¿Cómo se llama usted?

■ Hola, buenos días.
● Hola, me llamo Paloma Mateo, y usted, ¿cómo se llama?
■ Diego González.
● ¿De dónde es?
■ Soy venezolano, de Maracay. Y usted, ¿es española?
● Sí, soy de Valencia.

España	español	española
Venezuela	venezolano	venezolana
Perú	peruano	peruana
Alemania	alemán	alemana
Austria	austríaco	austríaca
Suiza	suizo	suiza
Inglaterra	inglés	inglesa

* auf S.225 finden Sie eine Liste mit Ländernamen

4 ¿Y tú?

Stellen Sie sich gegenseitig vor. Entscheiden Sie selbst, ob Sie dabei die Du- oder die Sie-Form benutzen möchten.

■ *Hola, me llamo ... ¿y tú?*
◆ *(Yo) me llamo ...*
■ *¿De dónde eres?*
◆ *Soy (de) ... ¿y tú?*

■ *Hola, me llamo ... ¿y usted?*
◆ *(Yo) me llamo ... .*
■ *¿De dónde es?*
◆ *Soy (de) ... ¿y usted?*

	ser	*llamarse*
(yo)	soy	me llam**o**
(tú)	eres	te llam**as**
(él/ella/usted)	es	se llam**a**
(nosotros/-as)	somos	nos llam**amos**
(vosotros/-as)	sois	os llam**áis**
(ellos/ellas/ ustedes)	son	se llam**an**

1

5 Para practicar

Im Spanischen gibt es einen speziellen Buchstaben, den das Deutsche nicht hat sowie Buchstabenkombinationen, die anders als im Deutschen ausgesprochen werden. Hören Sie die folgenden Länder- und Städtenamen und unterstreichen Sie die Unterschiede.

Argentina · Barcelona · Chile · España · Gerona · Gijón · Huelva

Oviedo · Quito · Rioja · Sevilla · Valencia · Zaragoza

Escucha otra vez y repite.
Hören Sie noch einmal zu und sprechen Sie nach.

6 Para escuchar

Escucha y escribe las palabras que faltan.
Hören Sie die Kassette und ergänzen Sie die fehlenden Wörter.

ñ	ch	h	ll
señor	noche	hotel	Sevilla
España	Chile	Hola	me llamo

ge/gi/j	ca/co/cu/qu	ce/ci/z
Gijón	Colombia	Barcelona
Argentina	Cuba	gracias
Jaén	Quito	Zaragoza
Juan	qué	Eliza ~~Celia~~

r/rr	b/v	y
Almería	Bolivia	Yucatán
Pera	buenos	yo
Torremolinos	Valencia	Maracay
Tarragona	Oviedo	soy

Escucha otra vez y lee en voz alta.
Hören Sie noch einmal zu und lesen Sie laut vor.

7 ¡Mucho gusto!

la señorita = Frl.

▼ el señor Moreno ◆ la señora García ● el señor Suárez

▼ Buenos días, señora García, ¿cómo está?
◆ Buenos días, ¿qué tal, señor Moreno?
▼ Bien, gracias. Le presento al señor Suárez.
◆ Mucho gusto.
● Encantado.

Encantada

el señor Moreno/la señora García
mit Artikel, außer in der direkten Ansprache

Le presento al (= a + el) señor Suárez.
Le presento a la señora García.

1

8 ¿Y usted?

Spielen Sie zu dritt eine solche «formelle» Vorstellung; benutzen Sie entweder Ihren eigenen Familiennamen oder geben Sie sich spanische Nachnamen.

García · Montero · Márquez · Serrano · Gómez · Sánchez · Verdú · Ortíz · Cortina · Fernández · Caballero · Molina · González · Calderón · Romero · Uriarte · Olarte · Mateos

encantado = sagt der Mann
encantada = sagt die Frau

Garcia Sanchez
Molina Olarte
Romero Serrano

9 Ésta es mi madre

▼ Hola, Felipe,¿cómo estás?
◆ Bien, gracias. ¿Y tú?
▼ Muy bien. Mira, ésta es mi madre.
Mamá, éste es Felipe.
■ Mucho gusto, Felipe.
◆ Hola,¿cómo está usted?

Éste es mi amigo.
Ésta es mi madre.

10 Para practicar

Presenta a las personas. Tú decides qué relación hay entre ellas.
Stellen Sie die Personen vor. Sie bestimmen selbst, in welcher Beziehung sie zueinander stehen.

▼ *Éste es Felipe. Es el marido de María.*
◆ *Ésta es María. Es la mujer de Felipe.*

el marido	la mujer
el esposo*	la esposa*
el amigo	la amiga
el padre	la madre

* principalmente en Latinoamérica

Felipe

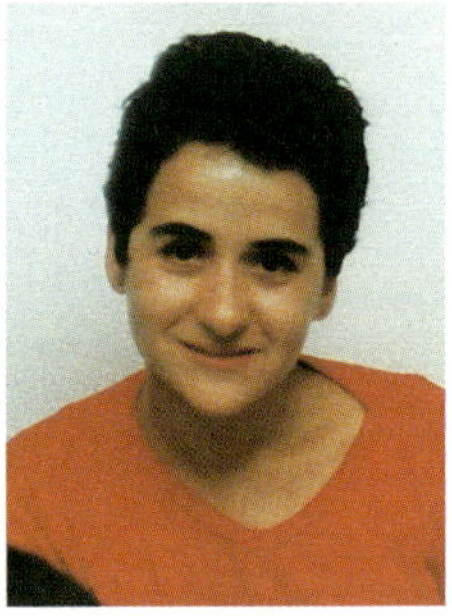

María

Ana

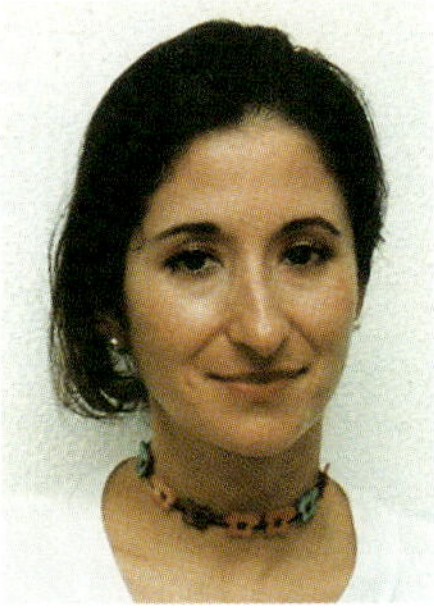

Celia

Roberto

José

1

11 Para escuchar

Escucha y decide si hablan de tú o de usted.
Hören Sie die Gespräche und kreuzen Sie an, ob die Personen sich duzen oder siezen.

	tú	usted
1	☒	☐
2	☐	☒
3	☒	☐
4	☐	☒

12 ¿Y tú?

Sie geben eine Party. Nicht alle Gäste kennen sich. Stellen Sie sie vor und unterhalten Sie sich zu dritt.

13 Despedirse

Al final de la clase despídete de los demás.
Am Ende der Kursstunde verabschieden Sie sich von den anderen.

* principalmente en Latinoamérica

Y además

Números

cero uno dos tres cuatro cinco seis siete ocho nueve

1 Números

Escucha y repite.

2 Para practicar

¿Qué número de teléfono tiene?
Lesen Sie eine der Telefonnummern vor. Die anderen sagen, von wem Sie sprechen.

- *Tiene el número ... .*
- *Es ... /el señor .../la señora ... .*

José Martínez
telf. 739054

María Sánchez
telf. 884231

Joaquín Moro
telf. 7655396

Ana Bravo
telf. 850686

Luis Cortina
telf. 430971

Paloma Serrano
telf. 4682054

	tener
(yo)	ten**go**
(tú)	t**ie**nes
(él/ella/usted)	t**ie**ne
(nosotros/-as)	tenemos
(vosotros/-as)	tenéis
(ellos/ellas/ustedes)	t**ie**nen

3 ¿Qué número?

- ▼ ¿Qué número de teléfono tienes?
- ◆ Tengo el 2540987.
- ▼ Uff,… más despacio, por favor.
- ◆ El 2 5 4 0 9 8 7.
- ▼ Gracias.
- ◆ De nada.

- ● ¿Tiene usted teléfono?
- ■ Sí, mi número es el 287355.
- ● ¿Cómo?
- ■ El 2 8 7 3 5 5.

no tengo = ich habe nicht

4 ¿Y tú?

¿Qué número de teléfono tienen tus compañeros? Haz una lista.
Welche Telefonnummer haben die anderen im Kurs? Machen Sie eine Liste.

- ▼ *…, ¿qué número de teléfono tienes?*
- ◆ *Tengo el … .*

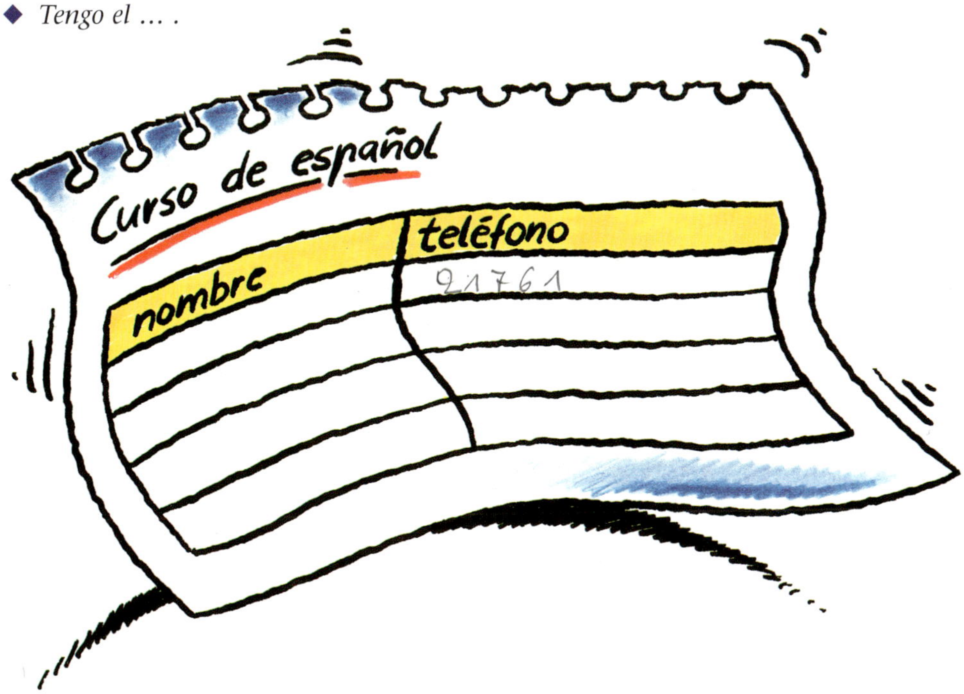

1

was macht der

¿Qué haces?

1 Para empezar

¿Puedes encontrar a estas personas? ¿Cuáles no aparecen en el dibujo?
Können Sie diese Personen finden? Welche sind nicht auf der Zeichnung?

un médico	un ama de casa	qué es / was ist
un camarero	una secretaria	hace
un profesor	una arquitecta	
un programador	una enfermera	la profesión - Beruf

El número 1 es ... una enfermera
El número 2 es ... un profesor
tres 3 es una secretaria
5 un ama de casa
4 un programador
6 un camarero

2 En una fiesta

- ▼ Sofía, éste es Ramón, mi amigo de Argentina.
- ◆ Hola, mucho gusto.
- ■ Encantado.
- ▼ Ramón es fotógrafo y trabaja en una agencia de publicidad.
- ◆ ¡Qué bien!
- ■ Y tú, ¿qué haces?
- ◆ Soy estudiante.
- ■ ¿Qué estudias?
- ◆ Estudio arte y, además, trabajo de guía de turismo.
- ■ ¿Y hablas idiomas?
- ◆ Por supuesto. Hablo inglés, francés y un poco de alemán.

el/un programador	la/una programadora
el/un médico	la/una médica
el/un ingeniero	la/una ingeniera
aber:	
el/un guía	la/una guía
el/un estudiante	la/una estudiante

3 Para practicar

¿Qué palabras faltan?
Setzen Sie die fehlenden Wörter ein.

Ramón es de Argentina. Es fotógrafo y trabaja en una agencia de publicidad.
Sofía es estudiante. Estudia arte. Trabaja de guía de turismo. Habla inglés, francés y un poco de alemán.

2

4 Para practicar

¿Dónde trabajan las personas de la página 18? Relaciona las personas con los lugares de trabajo.
Wo arbeiten die Personen, die auf S.18 abgebildet sind? Ordnen Sie die Personen den verschiedenen Arbeitsorten zu.

3 en una oficina	2 en una escuela	1 en un hospital
6 en un bar	4 en un banco	5 en casa

2 *El profesor trabaja .....*
1 *La enfermera trabaja ...*
3 La secretaria trabaja
4 El programador trabaja
5 La ama de casa trabaja
6 El camarero trabaja

trabajar
trabajo **trabajamos**
trabaj**as** trabaj**áis**
trabaj**a** trabaj**an**

trabajar de + Beruf
trabajar en + Ort
ser + Beruf

hacer	
hago	hacemos
haces	hacéis
hace	hacen

5 ¿Y tú?

¿Qué haces?
Fragen Sie sich gegenseitig, was Sie beruflich machen.

▼ *¿Qué haces?*
◆ *Trabajo en ... / Soy ... ¿Y tú?*
▼ *(Yo) ...*

▼ *¿Qué hace Vd.?*
◆ *Trabajo en ... / Soy ... ¿Y Vd.?*
▼ *(Yo) ...*

6 Para escuchar

¿Qué hacen y dónde trabajan?
Kreuzen Sie an.

La mujer es	médica	☐	trabaja en	una consulta	☐
	enfermera	☐		un hospital	☐
	camarera	☐		una escuela	☐
El hombre es	arquitecto	☐	trabaja en	SEAT	☐
	mecánico	☐		Opel	☐
	ingeniero	☐		Citroen	☐

2

7 ¿Y tú?

Suchen Sie sich aus der Liste drei Sprachen aus. Ihr Partner muß versuchen, mit vier Fragen herauszufinden, welche Sprachen Sie «sprechen».

▼ *... , ¿hablas inglés?*
◆ *Sí, hablo inglés./*
No, no hablo inglés.
▼ *Hablas ... .*

▼ *¿Habla Vd. inglés?*
◆ *Sí, hablo inglés./*
No, no hablo inglés.
▼ *Habla ... .*

inglés
francés
italiano
ruso
holandés
español
alemán

8 Para leer

Rita Becker sucht eine Arbeitsstelle in Pamplona, weil ihr Mann seit einiger Zeit ebenfalls dort arbeitet. Lesen Sie ihren Bewerbungsbrief und beantworten Sie anschließend die Fragen.

Rita Becker
Hauptstr. 23
D-56077 Koblenz

Coblenza, 23-11-199...

Robles S.A.
C/Sarasate, 8
E-31001 Pamplona

Señoras, señores:

Soy secretaria y trabajo en una empresa de exportación desde hace seis años. Hablo muy bien español e inglés y tengo conocimientos de francés.
Vivo en Coblenza, estoy casada y tengo una hija. Busco un trabajo de media jornada en Pamplona porque mi marido trabaja allí desde hace tres meses.
Espero su respuesta.

Atentamente,

estar	*vivir*
estoy	viv**o**
estás	viv**es**
está	viv**e**
estamos	viv**imos**
estáis	viv**ís**
están	viv**en**

estar casado/a = verheiratet sein

¿Dónde vive? ____________

¿Qué hace? ____________

¿Qué idiomas habla? ____________

¿Está casada? ____________

¿Tiene hijos? ____________

Hablo español **y** alemán.
aber:
Hablo español **e** inglés.

9 ¿Y tú?

Entrevista a un/a compañero/-a y escribe un texto sobre él/ella.
Interviewen Sie eine andere Person im Kurs und schreiben Sie einen Text über sie.

Y además

Números 10 - 100

1 Los números del diez al cien

Escucha y repite.

10 diez	20 veinte	30 treinta	100 cien
11 once	21 veintiuno/a	31 treinta y uno/a	
12 doce	22 veintidós	32 treinta y dos	
13 trece	23 veintitrés	33 treinta y tres	
14 catorce	24 veinticuatro	40 cuarenta	
15 quince	25 veinticinco	50 cincuenta	
16 dieciséis	26 veintiséis	60 sesenta	
17 diecisiete	27 veintisiete	70 setenta	
18 dieciocho	28 veintiocho	80 ochenta	
19 diecinueve	29 veintinueve	90 noventa	

2 Para escuchar

Marca los números que oyes.
Kreuzen Sie die Zahlen an, die Sie hören.

10		82	
	24	77	94
33	50		65
15		47	5

3 Para practicar

Lee y completa.
Wie geht es weiter? Welche Zahl kommt als nächste?

11	22	33	___
5	15	25	___
20	18	16	___
100	90	80	___
99	77	55	___

4 ¿Cuántos años tienen?

▼ *¿Cuántos años tiene Pablo?*
◆ *Tiene ... años.*

Tiene 18 años. = Er/Sie ist 18 Jahre alt.
Tengo 25 años. = Ich bin 25 Jahre alt.

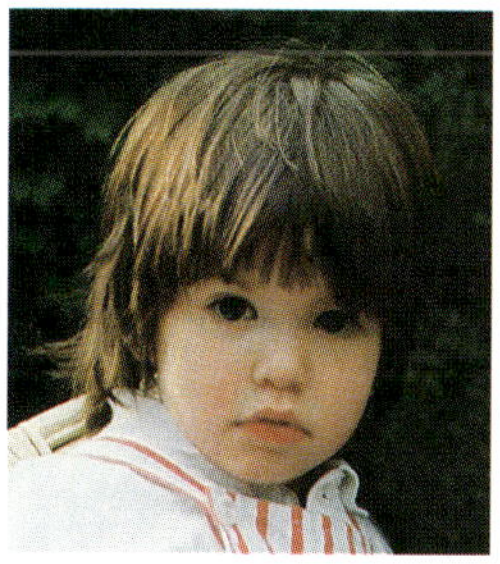

Pablo

Sra. Aranda

José Luis

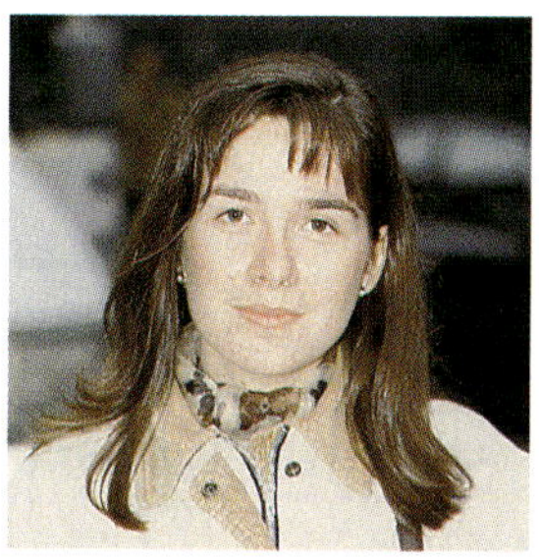

Patricia

Sra. Rosales

5 ¿Y tú?

Suchen Sie sich irgendeine Zahl zwischen 1 und 100 aus: das ist Ihr Alter. Fragen Sie sich nun gegenseitig und lassen Sie die andere Person Ihr Alter erraten. Ist die genannte Zahl zu niedrig, sagen Sie «más», ist sie zu hoch «menos».

▼ *¿Cuántos años tienes?*
◆ *¡Adivina!*
▼ *¿45?*
◆ *Más. / Menos.*
▼ *¿... ?*
◆ ...

¡Qué hambre!

1 Para empezar

una cerveza · una botella de vino tinto · un bocadillo de jamón· una tortilla · un vaso de vino blanco · un coñac · un café con leche · un té

¿Conoces estas comidas y estas bebidas? Escribe los nombres junto al dibujo.
Kennen Sie die Speisen und Getränke? Schreiben Sie die Namen zu den Bildern.

2 ¿Y tú?

¿Conoces otras bebidas o comidas españolas?
Welche spanischen Getränke oder Speisen kennen Sie noch?

Bebidas	Comidas
cafe solo	una tostada
Fino Sherry	Paella
Rioja vino	Atún
Sidra	jamón ibérico

Cafeteria Simón

CAFETERIA	
Café solo	165
Café con leche	165
Descafeinado	170
Té con leche o limón	165
Manzanilla o Tila (infusión)	165
Carajillo	330
CERVEZAS	
Caña	180
Doble	250
Cerveza sin alcohol	210

VINOS	
Blanco y Tinto (copa)	165
Blanco y Tinto (botella)	1200
APERITIVOS	
Fino	240
Bitter Kas	225
Vermouth	240
AGUAS MINERALES	
Botella de 1/2	170
Botella de litro	250
Casera	170
REFRESCOS Y ZUMOS	
Cola, Trinaranjus, Fanta	250
Agua Tónica	250
Zumo de naranja natural	350
Zumo de piña	250

TAPAS Y RACIONES	
Aceitunas o Patatas fritas	340
Empanadilla	150
Ensaladilla rusa	475
Pincho de tortilla	240
Pincho de chorizo	300
Gambas cocidas	1650
Calamares	925
Boquerones en vinagre	650
Bocadillo de queso y tomate	330
Bocadillo de jamón	600
Bocadillo de tortilla	300
Bocadillo de atún	300

3 ¿Vamos a tomar algo?

- ▼ Oye, ¡qué hambre tengo!, ¿vamos a tomar algo?
- ◆ ¿Aquí en el bar Bosch?
- ▼ Vale.
- ◆ ¿Qué vas a beber?
- ▼ Yo, un agua mineral.
- ◆ Pues yo, una cerveza. A ver qué hay para comer.
- ▼ Mira, aquí tienen bocadillos y raciones.
- ◆ Ah, pues voy a comer un bocadillo de tortilla.
- ▼ Yo también, y además ... una ración de calamares.

¿Qué van a tomar?
Was werden die beiden essen, was trinken?

¿Qué van a comer? un bocadillo de tortilla una ración de calamares

¿Qué van a beber? una agua mineral una cerveza

el bocadillo	los bocadillos
un bocadillo	unos bocadillos
la botella	las botellas
una botella	unas botellas
el bar	los bares
un bar	unos bares
la ración	las raciones
una ración	unas raciones

4 ¿Y tú?

¿Qué vas a tomar?
Unterhalten Sie sich darüber, was Sie verzehren wollen.

- ▼ *¿Qué vas a tomar?*
- ◆ *Yo voy a beber una cerveza, ¿y tú?*
- ▼ *Pues yo, ... ¿Y qué vas a comer?*
- ◆ *...*

ir a (tomar)	*comer*
voy a (tomar)	como
vas a (tomar)	comes
va a (tomar)	come
vamos a (tomar)	comemos
vais a (tomar)	coméis
van a (tomar)	comen

3

5 A ver qué hay en la mesa ...

hay = es gibt

Mira el dibujo durante 30 segundos y después cierra el libro. ¿Qué hay en la mesa? ¿Te acuerdas de los nombres de los objetos?
Schauen Sie sich das Bild 30 Sekunden lang an. Dann schließen Sie das Buch. Was ist auf dem Tisch? Erinnern Sie sich an die spanischen Namen der Gegenstände?

▼ *En la mesa hay ...*

3

6 ¡Perdón, falta un vaso!

▼ Señor ◆ Camarero

▼ ¡Perdón, falta un vaso!
◆ Enseguida.
▼ Y, ¿podría traer más pan, por favor?
◆ Sí, claro.

falta un vaso   faltan (dos) vasos
más pan = (etwas) mehr Brot
otro vino = noch einen Wein

7 Para practicar

¿Qué falta en la mesa? ¿Qué más quieres pedir?
Was fehlt auf dem Tisch? Was möchten Sie noch bestellen?

▼ *Perdón, falta …*
¿Podría traer …, por favor?

8 En el restaurante «Casa Puebla»

▼ camarero ◆ Celia ■ Ramón

▼ ¿Qué van a cenar?
■ ¿Qué tienen?
▼ Hoy tenemos asado de cordero y la especialidad de la casa son las almejas a la marinera.
◆ Yo quiero almejas.
■ Para mí, de primero, una sopa de ajo y, de segundo, el asado de cordero con patatas.
◆ Y una ensalada para dos.
▼ Y, ¿para beber?
◆ Yo un vino blanco, por favor.
■ Y yo uno tinto y agua mineral sin gas.

Casa Puebla
RESTAURANTE

Entradas
Entremeses variados
Ensalada mixta
Espárragos con mahonesa
Judías verdes con jamón
Tortilla española
Tortilla de gambas
Patatas bravas

Sopas
Sopa de pescado
Sopa de ajo
Crema de ave
Gazpacho andaluz

Postres
Tarta helada
Flan con nata
Sorbete de frambuesa
Helado de vainilla o chocolate

Carnes
Cordero asado
Escalope de ternera
Ternera asada
Solomillo con champiñones
Pollo asado
Pollo al ajillo

Pescado
Merluza al horno
Lenguado a la plancha
Gambas al ajillo
Calamares a la plancha
Calamares a la romana
Chipirones en su tinta
Almejas a la marinera

9 Para practicar

El camarero ha tomado nota. ¿Qué es verdadero y qué es falso?
So hat der Kellner die Bestellung aufgeschrieben. Was ist richtig und was ist falsch?

	v	f
1 almejas	☒	☐
1 sopa de ajo	☒	☐
2 ensaladas	☒	☐
2 cordero + pat.	☐	☒
2 tintos	☐	☒
agua sin gas	☒	☐

10 ¡La cuenta, por favor!

▼ camarero ◆ Celia ■ Ramón

▼ ¿Qué van a tomar de postre?
◆ Yo no quiero postre, pero voy a tomar un café solo.
■ Yo, un flan.
...
▼ ¿Quieren algo más?
■ No, gracias; la cuenta, por favor.

querer	
quiero	queremos
quieres	queréis
quiere	quieren

11 Para practicar

¿Qué quieren y qué no quieren?

Celia no ________ postre, ________ un café solo.

Ramón no ________ café, ________ un flan.

Celia y Ramón no ________ nada más, ________ la cuenta.

3

12 Para escuchar

El novio y la novia discuten sobre el menú de la boda. ¿Qué platos eligen?
Die Brautleute suchen das Hochzeitsmenue aus. Welche Speisen wählen sie?

Primer plato		*Segundo plato*	
sopa de pescado	☐	*salmón a la plancha*	☐
crema de ave	☐	*lenguado al horno*	☐
cigalas	☐	*souflé de langosta*	☐
cocktail de gambas	☐		
Tercer plato		*Postre*	
cordero asado	☐	*tarta nupcial*	☐
solomillo al jerez	☐	*sorbete de champán*	☐
codornices rellenas	☐	*mousse de chocolate*	☐

13 ¿Y tú?

Spielen Sie mit jeweils drei oder vier Personen einen Restaurantbesuch. «Die Gäste» bestellen Essen und Getränke, «der Kellner» nimmt die Bestellung auf, fragt nach usw. Benutzen Sie die Speisekarte von S.27.

Los números a partir de 100

1 Los números a partir de 100

Escucha y repite.

100 cien	101 ciento uno	102 ciento dos
200 doscientos/-as	201 doscientos uno	243 doscientos cuarenta y tres
300 trescientos/-as	400 cuatrocientos/-as	500 quinientos/-as
600 seiscientos/-as	700 setecientos/-as	800 ochocientos/-as
900 novecientos/-as	1.000 mil	1.178 mil ciento setenta y ocho
2.000 dos mil	3.000 tres mil	10.000 diez mil

2 Para practicar

Lee los números.
Lesen Sie die Zahlen; die erste Person fängt mit der kleinsten Zahl an, die nächste liest die nächsthöhere usw.

387	985	601	3.564	215	7.500	10.000
576	2.995	125	1.950	735	457.925	54.015

230 pesetas = doscientas treinta pesetas
230 marcos = doscientos treinta marcos

3 La cuenta

Ésta es tu cuenta. ¿Cuánto es en marcos alemanes?
Dies ist Ihre Rechnung. Wieviel müssen Sie umgerechnet in DM bezahlen?

MERCADO DE DIVISAS		
Divisas	Compra	Venta
1 Dólar USA	126,198	126,450
1 Ecu	161,533	161,857
1 Marco alemán	84,048	84,216
1 Franco francés	24,796	24,846
1 Libra esterlina	212,706	213,132
100 Liras italianas	8,424	8,440
1 Libra irlandesa	212,807	213,233
100 Escudos portugueses	83,107	83,273
100 Dracmas griegos	53,255	53,361
1 Franco suizo	99,509	99,709
100 Yen japoneses	113,436	133,664
1 Chelín austríaco	11,943	11,967

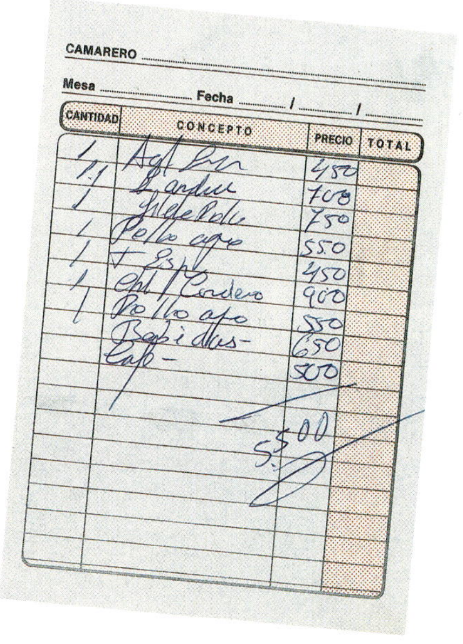

Ocio

1 Para empezar

¿Qué hacen? Escucha los sonidos y escribe el número en la casilla correspondiente.
Was wird gemacht? Hören Sie die Geräusche und schreiben Sie die passende Nummer in die Kästchen.

montar en bicicleta

jugar al tenis

bailar

escuchar música

nadar

jugar al fútbol

2 ¿Te gusta?

▼ ¿Qué te gusta hacer en tu tiempo libre?
◆ A mí me gusta jugar al tenis, ¿y a ti?
▼ A mí me gusta montar en bicicleta, también trabajar en el jardín.

3 ¿Y tú?

¿Qué te gusta hacer en tu tiempo libre? Pregunta a tus compañeros/-as.
Was machen Sie gern in Ihrer Freizeit? Fragen Sie sich gegenseitig.

▼ *A mí me gusta … , ¿y a ti?*
◆ …

a mí	me gusta (nadar)	a nosotros	nos gusta (nadar)
a ti	te gusta (nadar)	a vosotros	os gusta (nadar)
a él		a ellos	
a ella	le gusta (nadar)	a ellas	les gusta (nadar)
a usted		a ustedes	

leer

ver la televisión

ir al cine

hacer deporte

caminar

cocinar

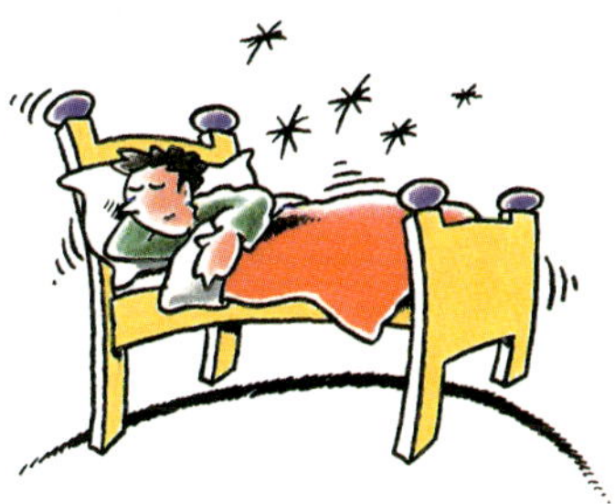
dormir

ir de compras

ir = gehen
ir a (bailar) = (tanzen) gehen
ir (a + el) al cine = ins Kino gehen
ir a + Ort = gehen/fahren nach, zu, in

4 Una entrevista

▼ Señora Garrido, ¿qué hace usted en su tiempo libre? ¿Qué le gusta hacer?
◆ A mí me gusta mucho el teatro y, normalmente, voy con mi esposo. También nos gusta ir a bailar.
▼ Y, ¿qué no le gusta hacer?
◆ No me gusta ir al cine. Prefiero ver las películas en la tele.

A la Sra. Garrido

le gusta	no le gusta
________	ir al cine
________	________
________	________

5 Para practicar

Habla sobre estas personas.
Reden Sie über diese Personen.

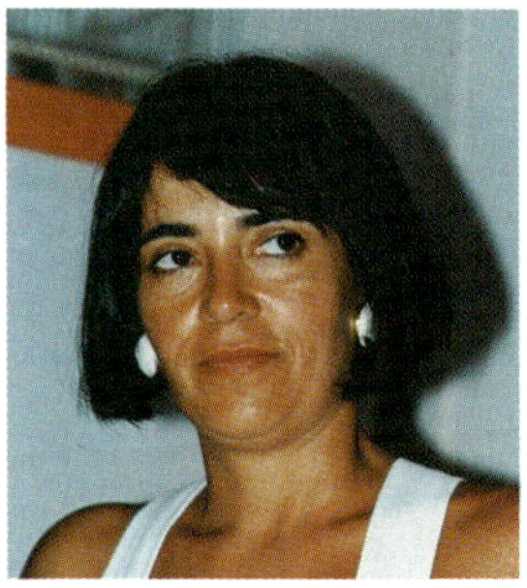

la Sra. Mateos
+ leer
+ escuchar música
- ir al restaurante
+ comer en casa

el Sr. Martínez
+ ir al cine
+ ver la televisión
- caminar
+ montar en bicicleta

la Sra. Olarte
+ leer
+ hablar con amigos
- ver la televisión
+ escuchar la radio

el Sr. González
+ jugar al fútbol
+ cocinar
- leer
+ ir al cine

▼ *A la Sra. Mateos le gusta … y … . A ella no le gusta…, prefiere ….*
◆ *Al Sr. Martínez …………, a él no ……………….*
■ …

6 ¿Y tú?

Pregunta a dos o tres personas de tu clase, anota los nombres y las respuestas y cuéntaselo al grupo.
Fragen Sie zwei oder drei andere Personen, notieren Sie die Namen und die Antworten und berichten Sie dann der Gruppe.

preferir	
prefiero	preferimos
prefieres	preferís
prefiere	prefieren

▼ *…, ¿qué no te gusta hacer en tu tiempo libre? ¿Qué prefieres?*
◆ *A mí no me gusta …, prefiero …*
▼ *A … no le gusta …, prefiere …*

me gusta mucho = mir gefällt sehr
no me gusta nada = mir gefällt überhaupt nicht

7 Para leer

Sobre este artículo se ha derramado café. ¿Puedes leerlo? ¿Qué palabras faltan?
Über diesen Artikel ist Kaffee verschüttet worden. Können Sie ihn trotzdem lesen? Welche Wörter fehlen?

Tres preguntas a …

Hoy: Pepe García «El Pedales», ciclista

por Miguel Valencia

M.V. Muchas personas tienen como hobby [redacted] en bicicleta, y tu profesión es la bicicleta. ¿Qué haces en tu tiempo [redacted]?

P.G. Bueno, mi hobby también es la [redacted], pero para ganar carreras hay que entrenar muchas horas. En mi [redacted] libre quiero hacer algo diferente. Me [redacted] ir al teatro con amigos y, en casa, toco el piano.

M.V. ¿Un campeón pianista?

P.G. Y, ¿por qué no? Pero de momento, ni pianista ni campeón.

M.V. Y, ¿qué planes [redacted] para el futuro?

P.G. Ser campeón.

M.V. Pues, suerte.

8 ¿Y tú?

Habla sobre tus gustos.
Sagen Sie, was Ihnen davon gefällt und fragen Sie die anderen im Kurs nach ihrer Meinung. Sie können ein Spiel daraus machen. Ihr Partner muß Ihnen immer widersprechen oder immer zustimmen.

▼ *A mí (no) me gusta(n) ………… ¿ Y a ti?*

◆ ……….

☺ A mí me gustan las películas americanas, ¿y a ti?
☺ A mí también.
☹ A mí no.

☹ A mí no me gusta el arte moderno, ¿y a ti?
☹ A mí tampoco.
☺ A mí sí.

el rock | las películas americanas | los libros de ciencia ficción | las novelas policíacas | los cómics | las películas de acción | las telenovelas | la música clásica | las revistas musicales

9 Para escuchar

¿Conoces a tu media naranja?

¿Conoce Amalia a su marido?
Sie hören einen Ausschnitt aus einer Radioquizsendung. Notieren Sie zuerst die Antworten der Frau und danach die des Ehemanns. Wie gut kennt Amalia ihren Ehemann?

	mujer sí	mujer no	marido sí	marido no
Le gusta el trabajo.	☒	☐	☒	☐
Le gusta ir al fútbol.	☐	☒	☒	☐
Le gusta la cocina de su mujer.	☒	☐	☒	☐
Le gusta leer.	☐	☒	☒	☐

son + las + Uhrzeit
um ein Uhr aber, es la una bis es la una y media, y cuatro, menos cuarto.
9^{30} = Son las nueve y media es ist neun, halb

Y además

¿Qué hora es?

las nueve y diez
la una menos cinco

1 ¿Qué hora es?

Es la una.

Son las tres.

Son las tres y cuarto.

Son las tres y veinticinco.

Son las tres y media.

Son las cuatro menos cuarto.

Son las cuatro menos cinco.

Son las ocho de la mañana.

Son las ocho de la tarde.

Son las tres de la noche.

Son las cinco de la madrugada.

2 Para practicar

Relaciona los relojes con los textos.
Welche Uhr paßt zu welchem Text?

○ - ¿A qué hora abre el bar?
- Dentro de veinte minutos, a las siete y media.

○ - Perdón, ¿qué hora es?
- Son las cuatro menos cinco.
- Muchas gracias.

○ - ¿Cuándo es el partido de fútbol?
- A las ocho y media. ¡Sólo faltan diez minutos!

○ - Son las veintidós horas y quince minutos.

¿Qué hora es? Wieviel Uhr ist es?
¿A qué hora ... ? Um wieviel Uhr?
¿Cuándo ... ? Wann ... ?

3 Para leer

¿A qué hora son las noticias?

ANTENA 3

07.00 Noticias. Con Carlos Chaguadeca. 1781
07.30 Club Megatrix: Betti Boop; Rascal; Banner y Flappi; Ana de las tejas verdes; Denver; Street Sharks; Spiderman; Campeones; Heidi. 90805060
11.30 Mr. Belvedere. Serie. 7082
12.00 Punky Brewster. Serie infantil. 8711
12.30 Salvados por la campana. La nueva clase. 7686
13.00 El equipo A. 16570
14.00 El show de Bill Cosby. 2131
14.30 El príncipe de Bel Air. 2650
14.59 Noticias. Con Roberto Arce. 400942537
15.35 Telecine. Emisión cinematográfica. 4760745
17.30 Jake y el gordo. Serie que narra las aventuras de un fiscal y su atractivo ayudante. 8342841
18.25 Un hombre de familia. Serie que narra las aventuras de un viudo con cuatro hijos. 6797228
18.50 California dreams. Serie juvenil. 33995
19.20 Los vigilantes de la playa. 302889
20.15 A toda página. Con Sonsolez Suárez. 593624
21.00 Noticias. Con María Rey. 228
21.30 De los buenos, el mejor. Con Arévalo. Programa de humor. 29082
23.00 Confesiones. Con Carlos Carnicero. Programa abierto a todas aquellas personas que, por diversos motivos, quieran mostrar en público su arrepentimiento sobre hechos cometidos en el pasado. 61082
24.00 Cine. Emisión cinematográfica. 38629
01.30 Noticias. Con Carlos Ara. 812 8822
02.00 Cine de madrugada. 6737464
04.00 Televenta. Espacio promocional. 2486025
05.30 Cine de madrugada. 79111629

4

4 Para escuchar

¿Qué hora es?
Dibuja las agujas en los relojes.
Zeichnen Sie die Zeiger in die Uhren ein.

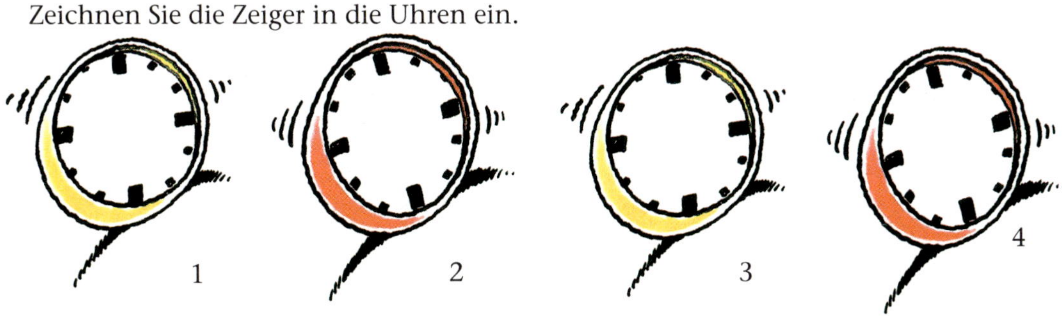

¿Está cerca?

1 Para empezar

¿Conoces los países de Latinoamérica?
Kennen Sie die Länder Lateinamerikas?

____________ está en el norte de Sudamérica.

____________ está en el sudeste de Sudamérica.

____________ está en el noroeste de Sudamérica.

____________ está en el sur de Centroamérica.

____________ está entre Perú y Paraguay.

____________ está en el sudoeste de Sudamérica.

____________ está en el centro de Sudamérica.

____________ es una isla. Está en el mar Caribe.

Escucha y comprueba.

¿Y dónde están los otros países de Latinoamérica?
Beschreiben Sie die Lage eines der übrigen Länder; die anderen raten, welches Land Sie meinen.

2 Soy de Mérida

▼ Y tú, ¿eres de Venezuela?
◆ Sí, soy de Mérida.
▼ ¡Ah, de Mérida! ... una ciudad bastante provinciana, ¿no?
◆ No, ¡qué va! Mérida es una ciudad grande y moderna con avenidas anchas y muchos parques. Tiene más de 130.000 habitantes. Además es una ciudad universitaria. La Universidad de los Andes es muy famosa.
▼ Entonces seguro que hay mucha gente joven, ¿no?
◆ Sí, claro. Hay muchos estudiantes de Venezuela y de otros países latinoamericanos y el ambiente es alegre y juvenil. No, Mérida no es provinciana.

¿Cómo es Mérida?

▼ *Es una ciudad ...*

estar	*ser*
Está en el norte.	No es provinciana.

3 Para practicar

Relaciona las fotos con las frases.
Welcher Satz gehört zu welchem Foto?

⑤

①

③

⑥

②

④

⑦

a. Es una casa vieja.
b. Es un pueblo pequeño.
c. Es una plaza bonita.
d. Es una iglesia antigua.
e. Son edificios modernos.
f. Es una zona industrial.
g. Es una calle tranquila.

Singular	*Plural*
moderno/-a	moderno**s**/-a**s**
grande	grande**s**
industrial	industrial**es**

4 ¿Y tú?

¿Cómo es tu ciudad? ¿Y tu pueblo?
Welche Eigenschaften würden über Ihren Wohnort in einem Werbeprospekt stehen?

... es una ciudad/un pueblo ... .

5 ¿Hay un mercado por aquí?

▼ Oiga, por favor, ¿hay un mercado por aquí?
◆ Lo siento, no soy de aquí.
▼ Disculpe, ¿sabe si hay un mercado por aquí?
■ Sí, cerca de Antón Martín, en la calle Santa Isabel.
▼ ¿Está lejos?
■ No, no está lejos. A unos diez minutos. Mire, usted toma la calle Duque de Alba, cruza la plaza de Tirso de Molina y sigue por la calle Magdalena. Al final llega a la plaza de Antón Martín, allí tiene que girar a la derecha,y ya está en la calle Santa Isabel. Sigue unos 50 metros y a la izquierda está el mercado.
▼ A ver, entonces, primero todo recto, pasar por la plaza, otra vez todo recto hasta la plaza, luego allí a la derecha. Muchas gracias.
■ De nada.

Dibuja en el plano el itinerario del diálogo.
Zeichnen Sie den beschriebenen Weg en den Stadtplan ein.

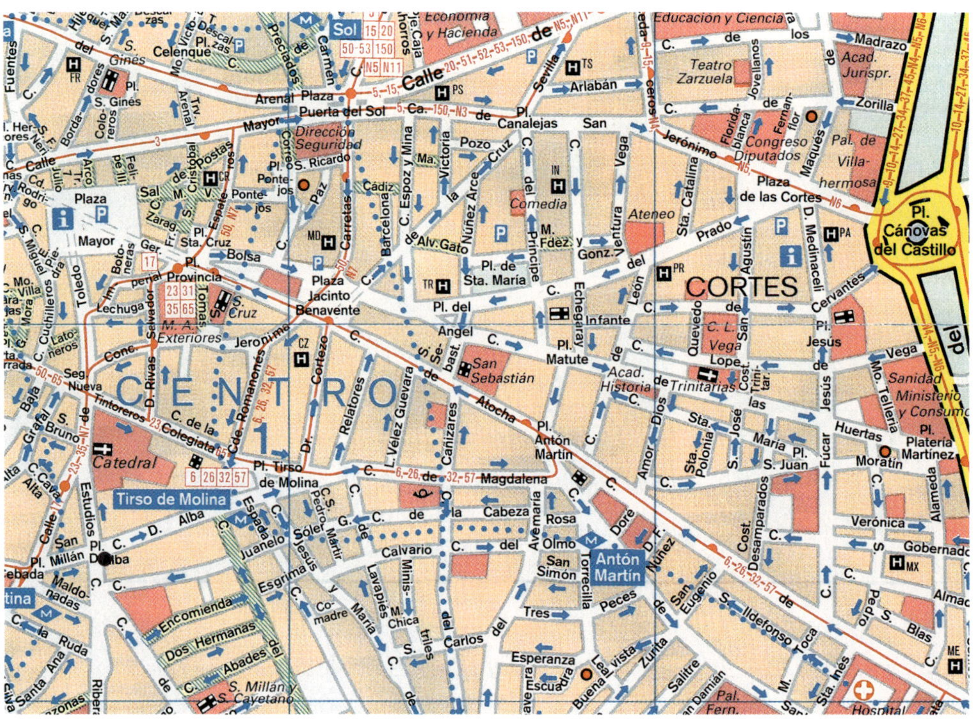

seguir	
sigo	seguimos
sigues	seguís
sigue	siguen

6 ¿Y tú?

¿Dónde estás?
Zusammen mit Ihrem/-r Partner/in bestimmen Sie einen Ausgangspunkt auf dem Stadtplan. Eine/r von Ihnen sucht sich noch einen weiteren Punkt aus, sagt aber nicht welchen. Dann beschreibt er/sie den Weg zu sich. «Finden» Sie Ihre/n Partner/in?

▼ *¿Cómo voy?*
◆ *Tienes que ...*

tener que = müssen

girar a la derecha/izquierda
seguir todo recto/derecho/hasta ...
cruzar la plaza
tomar la primera/segunda/tercera calle

7 Para practicar

¿Dónde está el coche?

☐ detrás del hotel
☐ enfrente de la farmacia
☐ en la esquina, junto al semáforo
☐ al lado del cine
☐ delante del banco
☐ en la primera calle a la derecha, cerca de la parada de autobús

de + el = del
de + la = de la

8 ¿Y tú?

¿Qué hay delante, detrás, ... de la casa donde vives?
Habla con un/a compañero/-a.

5

9 Para practicar

A mira esta página. B mira la página 120.

5

hay
¿Hay **un** mercado por aquí?

está
El mercado no está lejos.

A: Estás delante de la estación. Pregunta a tu compañero/-a por

1 la oficina de correos   2 un hotel
3 un supermercado   4 el teatro

▼ *Oiga, por favor, ¿hay un/una ... cerca de aquí?*
Por favor, ¿dónde está el/la ... ?

◆ *Sí, está... .*
Usted sigue ..., gira ... , cruza ... .
◆ *Está ...*

10 Para escuchar

Escucha la conversación al teléfono.
Welcher der Stadtpläne
zeigt den beschriebenen Weg?

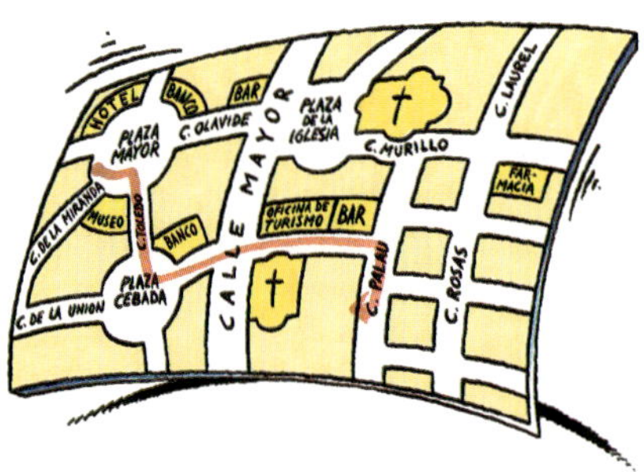

①

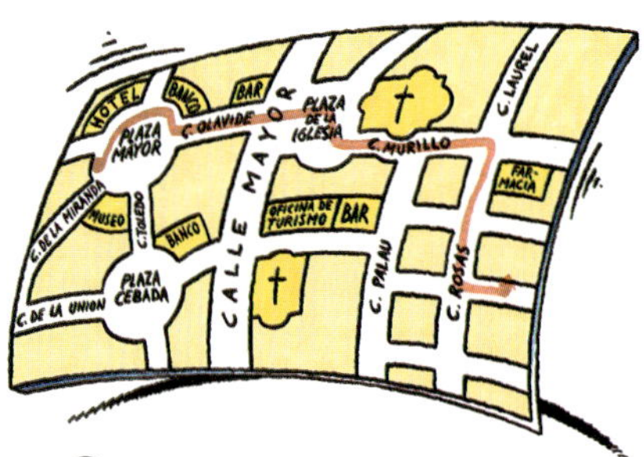

②

Direcciones

1 Direcciones

Busca las abreviaturas para estas palabras.
Suchen Sie die Abkürzungen für folgende Wörter.

calle
avenida
plaza
escalera
sin número
derecha
izquierda
apartamento

FEDERICO CIFUENTES
C/ MOISÉS BERTONI, 29 -74
CON C/DR. BERNADINO CABALLERO
CIUDAD DEL ESTE
PARAGUAY

I.B. El Greco
Seminario de Alemán
Avda. de San Antón, s/n
45003 Toledo

Rosalía García Moreno
Pza. Santa Ana, 10 3º izq.
33333 VALLADOLID

Jacinto Gutiérrez Villanueva
c/ Almagro, 57
Esc. 1 - 2º dcha. Apto. 7
28010 Madrid

2 Para leer

Pequeñas sorpresas ...

Si viajas por ciudades de Latinoamérica y no quieres sorpresas, tienes que informarte sobre la orientación local. Por ejemplo, si buscas el hotel «Casa Fiedler» en Managua tienes que determinar primero los puntos cardinales. La dirección es: cerca del CST (edificio del sindicato), dos cuadras al sur y una cuadra y media hacia abajo (abajo = oeste). Otro ejemplo, en La Paz (Bolivia) algunos nombres de calles se repiten dos o tres veces y los números, muchas veces, no tienen un orden. En la mayoría de las ciudades grandes uno se orienta por cuadras.

Relaciona las definiciones con las palabras del texto.
Verbinden Sie die Definitionen mit den entsprechenden Wörtern aus dem Text.

Una cosa que no esperas es ....
El norte, el sur, el oeste y el este son ...
La ciudad, la calle y el número de la casa donde vives es ....
Un bloque de edificios y casas es ....

una sorpresa
una cuadra
la dirección
los puntos cardinales

De compras

1 Para empezar

6

¿Qué hay? Ordena los alimentos en la lista.
Ordnen Sie die Lebensmittel in die Liste ein.

frutas 	verduras 	embutidos 	otros alimentos

2 ¿Y tú?

¿Qué hay en tu nevera?
Was haben Sie im Kühlschrank?

▼ *Hay/tengo …*

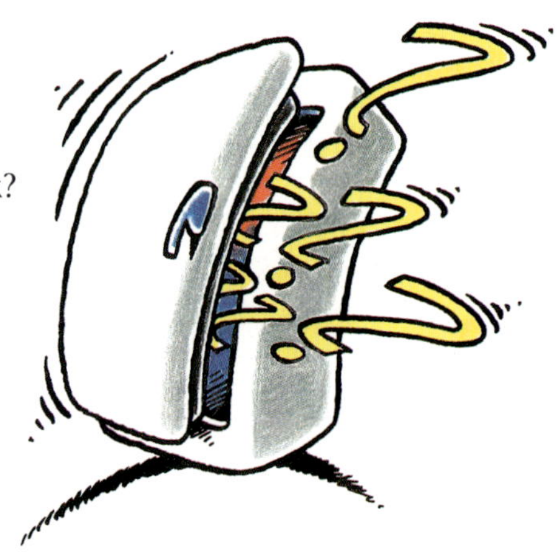

3 ¿A quién le toca?

- ▼ ¿A quién le toca?
- ◆ Me toca a mí, ¿no?
- ▼ ¿Qué le pongo?
- ◆ Medio kilo de tomates.
- ▼ ¿Cómo los quiere?
- ◆ Bastante maduros.
- ▼ ¿Desea algo más?
- ◆ Sí, 200 gramos de jamón serrano. ¿Me lo corta en lonchas finas?
- ▼ Muy bien,¿es todo?
- ◆ Sí, ... ¡ah! y dos barras de pan. ¿Me las mete en una bolsa, por favor?
- ▼ Aquí tiene. Son 1.350 pesetas.

El queso, ¿cómo **lo** quiere?
La mortadela, ¿cómo **la** quiere?
Los tomates, ¿cómo **los** quiere?
Las manzanas, ¿cómo **las** quiere?

¿Qué falta? Completa.

Desea medio kilo de ____________. _____ quiere bastante maduros.

Desea 200 gramos de _____________. ____ quiere en lonchas finas.

Desea dos __________ de pan. _____ quiere en una bolsa.

4 Para practicar

6

¿Qué vas a comprar? ¿Qué tienes?
Suchen Sie sich fünf Produkte aus; das ist Ihr Vorrat. Den Rest kaufen Sie. Fragen Sie sich nun gegenseitig, was Sie kaufen und was Sie bereits haben.

- ▼ *¿Vas a comprar café?*
- ◆ *Sí, lo voy a comprar.*
- ■ *No, lo tengo.*

5 Para escuchar

¿Qué compra la señora?
Kreuzen Sie die Produkte an, die die Frau kauft.

poner

pon**go**	ponemos
pones	ponéis
pone	ponen

1 kg	= un kilo	1 l	= un litro
1/2 kg	= medio kilo	1/2 l	= medio litro
1/4 kg	= un cuarto de kilo	1,5 l	= un litro y medio
100 g	= cien gramos	2 l	= dos litros

6 ¿Y tú?

Haz la compra para el fin de semana.
Schreiben Sie zu zweit einen Einkaufszettel für den Wochenendeinkauf.
A verlangt dann die angegebenen Produkte, **B** übernimmt die Rolle des/der Verkäufers/Verkäuferin.

7 ¿Quién es quién?

¿Quién es quién? Escribe el nombre correspondiente.
Wer ist wer? Schreiben Sie die Namen unter die Personen.

Hoy Pedro lleva una chaqueta verde y vaqueros azules.
A Manuel le gustan los pantalones marrones y las camisas blancas.
Mónica lleva una minifalda negra y una blusa roja.
A Celia le gusta llevar vestidos de lunares con zapatos blancos.
Ana lleva un jersey amarillo y un pantalón de cuero.
José trabaja en un banco. Lleva un traje gris oscuro y una corbata azul.
A Isabel le encantan los bañadores a rayas.

8 Para practicar

Habla sobre tus gustos.

¿Qué color te gusta más?
¿Qué ropa tienes en tu color favorito?

▼ *Mi color favorito es el ... . / Me encanta el ... .*
Tengo ... .

+	me gusta
++	me gusta mucho
++++	me encanta

9 ¿Y tú?

¿Qué llevas hoy?
Schreiben Sie auf einen Zettel, was Sie anhaben.
Alle Zettel werden eingesammelt, gemischt und wieder ausgeteilt. Lesen Sie den Zettel vor, den Sie erhalten haben, die anderen sagen, um wen es sich handelt.

6

10 Para leer

Relaciona los anuncios y los dibujos.
Welche Anzeige und welche Zeichnung gehören zusammen?

① **Vestido**, modelo clásico, azul, talla 40/42, 8.000 pts. Telf. 8090519. De 10 a 14 h.

② **Abrigo de piel largo**, (leopardo), como nuevo, 100.000 pts. Telf. 56 93 215.

③ **Chaqueta a cuadros**, nueva. Telf. 32 50 056.

④ **Chaqueta de cuero**, color negro, comprada en El Corte Inglés, talla grande. Telf. 23 89 733. Tardes.

⑤ **Vestido de baile**, último modelo, rojo, con pedrería, talla 38, 25.000 pts. Telf. 22 26 647.

⑥ **Comunión.** Traje de niño, pantalón color beige, camisa a rayas. Telf. 22 38 760.

11 Busco una falda.

▼ Buenas tardes, ¿qué desea?
◆ Busco una falda.
▼ ¿Qué talla tiene?
◆ Tengo la 38.
▼ ¿Y cómo la quiere? ¿De qué color?
◆ Ésa verde me gusta. ¿Me la puedo probar?
▼ Sí, claro. Los probadores están al fondo.
...
▼ ¿ Y cómo le queda?
◆ Me queda muy bien. ¿Cuánto cuesta?
▼ No es muy cara, es una oferta, sólo 2.999 pesetas.
◆ Pues sí, es bastante barata. Me la llevo.
▼ Muy bien, pase por caja, por favor.

éste/-a/-os/-as = nahe beim Sprecher
ése/-a/-os/-as = weiter entfernt
ohne Akzent, wenn ein Substantiv folgt
mit Akzent, wenn kein Substantiv folgt

6

12 Para practicar

el pantalón = los pantalones

¿Quién lo dice? ¿Cliente o dependiente?
Wer sagt das? Der Kunde oder der Verkäufer?

	cliente	dependiente
Busco unos pantalones.	☐	☐
¿Me lo puedo probar?	☐	☐
¿Qué talla tiene?	☐	☐
¿Tienen jerseys de lana?	☐	☐
Y, ¿cómo la quiere?	☐	☐
Allí están los probadores.	☐	☐
Aquí tiene dos de tonos diferentes.	☐	☐
¿Puedo pagar con tarjeta?	☐	☐
No me queda bien.	☐	☐
¿Cuánto cuestan los zapatos?	☐	☐
Cuestan 9.000 pesetas.	☐	☐
Son demasiado caros, pero me gustan mucho.	☐	☐

13 Para practicar

¿Qué tal les queda la ropa a estas personas?

● El pantalón le queda (muy) … .

14 Para escuchar

¿Cuánto cuesta el jersey? ¿Y el pantalón? ¿Cómo paga?

El jersey rojo cuesta ____________ pts.

El pantalón cuesta __________ pts.

Paga
- en efectivo. ☐
- con tarjeta. ☐
- con cheque. ☐

15 ¿Y tú?

Estás en esta tienda. Mira las ofertas y practica el diálogo 11 con tu compañero/-a. **A** es el/la cliente, **B** el/la dependiente.

Tiendas

1 Tiendas

¿Dónde puedes comprar estas cosas?

▼ *En … puedes comprar … .*

2 Para leer

¿Dónde compran los españoles?

(15) % = (15) por ciento
100 % = cien por cien

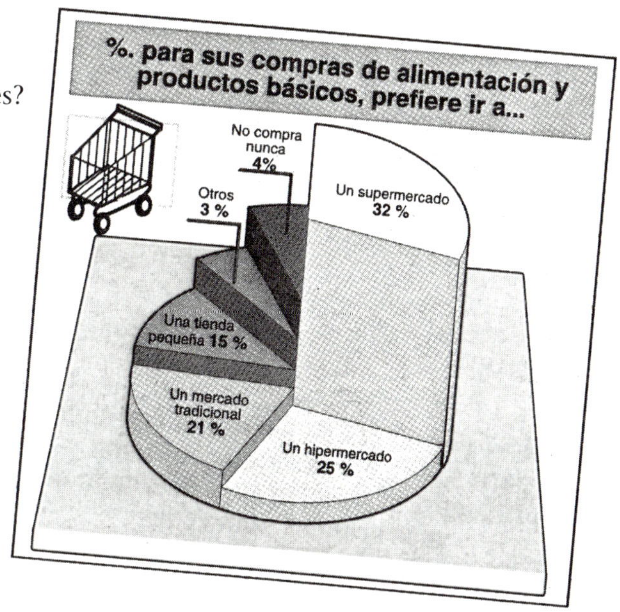

poder	
puedo	podemos
puedes	podéis
puede	**pue**den

3 ¿Y tú?

▼ *¿Dónde prefieres comprar?*
◆ *A mí me gusta comprar en … , ¿y a ti?*

¿A qué hora ...?

1 Para empezar

	¿Es posible? sí	no
Quieres ir al banco por la tarde	☐	☐
Quieres ir al cine por la mañana.	☐	☐
Quieres comprar aspirinas por la noche.	☐	☐
Quieres información sobre la ciudad antes de las 10.	☐	☐

2 Para practicar

Elige un horario. Tu compañero/-a tiene que descubrir cuál es.
Sagen Sie die Öffnungszeiten eines der Geschäfte.
Ihr Partner muss herausfinden, von welchem Sie reden.

- ▼ Abre a las … . ¿Qué es?
- ◆ Cierra a las … .
- ▼ Está abierto/-a … .
- ◆ Está cerrado/-a … .

desde las 8 hasta las 3
de 8 a 3
hasta las 3
entre las 8 y las 3

cerrar	
cierro	cerramos
cierras	cerráis
cierra	cierran

3 Trabajo en una empresa suiza.

- ▼ Y tú, ¿qué haces?
- ◆ Trabajo en una empresa suiza. Soy programadora.
- ▼ ¿Y te gusta el trabajo?
- ◆ Sí, es muy interesante y, además, el horario de trabajo es muy bueno. Empiezo a las 8 y termino a las 5.
- ▼ ¡Ah, claro!, el horario de las empresas grandes. ¿Y cuándo comes?
- ◆ Tenemos una hora para comer, entre la una y las dos. Normalmente como con algunos compañeros en una cafetería.
- ▼ ¡Qué poco tiempo para comer! Yo siempre como en casa y necesito dos o tres horas.
- ◆ ¿Dos o tres horas? ¿Hasta qué hora trabajas por la tarde?
- ▼ Vuelvo a casa sobre las ocho.

¿Qué palabras faltan?

La chica trabaja en una __________ suiza. __________ el trabajo a las ocho.

Tiene _______ hora para comer. ________ el trabajo a las ______ .

El chico siempre come en _______ . Necesita ______ o _____ horas. _______

a casa _____ las ocho.

empezar	*volver*
empiezo	vuelvo
empiezas	vuelves
empieza	vuelve
empezamos	volvemos
empezáis	volvéis
empiezan	vuelven

7

4 ¿Y tú?

Habla con un/a compañero/-a de tu jornada de trabajo.

	tú	tu compañero/-a
¿Cuándo empiezas el trabajo?	_________	_________
¿Cuánto tiempo tienes para comer?	_________	_________
¿Dónde comes?	_________	_________
¿Cuándo vuelves a casa?	_________	_________

5 Un día normal

Numera los dibujos por orden cronológico.
Nummerieren Sie die Bilder in der Reihenfolge des Tagesablaufs.

1. Se levanta temprano, a las 7.
2. Empieza a trabajar a las 8.30.
3. Trabaja hasta las 6 de la tarde.
4. Duerme una pequeña siesta entre las 6.30 y las 7.
5. Lee el periódico antes de cenar.
6. Cena a las 9.
7. Sale con unos amigos después de la cena.
8. Se acuesta muy tarde.

6 Para practicar

¿Cuándo se levantan los panaderos?

el panadero

el empleado de gasolinera

el taxista

Describe un día de estas personas.
Beschreiben Sie den Tagesablauf dieser Personen.

▼ *Los panaderos se levantan a las …, empiezan a trabajar a las …*

levantarse	*acostarse*	*jugar*	*dormir*	*salir*
me levanto	me acuesto	juego	duermo	salgo
te levantas	te acuestas	juegas	duermes	sales
se levanta	se acuesta	juega	duerme	sale
nos levantamos	nos acostamos	jugamos	dormimos	salimos
os levantáis	os acostáis	jugáis	dormís	salís
se levantan	se acuestan	juegan	duermen	salen

7 ¿Y tú?

¿Con qué frecuencia haces estas actividades? Primero contesta y después pregunta a tu compañero/-a. ¿Tenéis las mismas costumbres?

	todos los días		2 ó 3 veces por semana		a veces		nunca	
leer el periódico	☐	☐	☐	☐	☐	☐	☐	☐
ver la tele	☐	☐	☐	☐	☐	☐	☐	☐
ir al cine	☐	☐	☐	☐	☐	☐	☐	☐
dormir una siesta	☐	☐	☐	☐	☐	☐	☐	☐
hacer deporte	☐	☐	☐	☐	☐	☐	☐	☐
jugar al tenis	☐	☐	☐	☐	☐	☐	☐	☐
cocinar	☐	☐	☐	☐	☐	☐	☐	☐
ir a un restaurante	☐	☐	☐	☐	☐	☐	☐	☐
salir con amigos	☐	☐	☐	☐	☐	☐	☐	☐

▼ *¿Con qué frecuencia lees el periódico?*
◆ *Todos los días.*

8 Para escuchar

todos los días = jeden Tag
todo el día = den ganzen Tag

¡Qué día!

Escucha cuándo hace Mónica estas cosas.

por la mañana ____________________
a mediodía ____________________
por la tarde____________________
por la noche____________________

① comer con su madre
② ir de compras
③ curso de informática
④ reunión de padres
⑤ trabajar

9 Para leer

Una carta desde Londres

Querido Manuel:

¡Saludos desde Londres! El curso de inglés es muy bueno y aprendo mucho. Tengo que ir a clase todos los días, entre las 8 y las 12. Por las tardes tengo tiempo libre para conocer Londres. Me gusta la ciudad y la gente, pero con los horarios ingleses tengo algunas dificultades. ¡Imagínate que cenamos a las 7 de la tarde! Después de la cena nos reunimos en un "pub" y nos divertimos mucho. ¡Pero ésto no es España! Aquí los bares cierran a las 11 y me acuesto temprano. También me levanto mucho más temprano. Bueno, vuelvo dentro de una semana. ¡Hasta entonces!

Un abrazo

Isabel

¿Verdadero o falso?	v	f
A Isabel le gusta el curso.	☐	☐
Tiene que ir a clase por la tarde.	☐	☐
A Isabel le gusta cenar a las 7.	☐	☐
En Londres los bares cierran a las 11.	☐	☐

10 ¿Y tú?

¿Qué sabes de los horarios de España o Latinoamérica?
Was wissen Sie über den Tagesablauf in Spanien oder Lateinamerika? Möchten Sie mehr wissen? Bereiten Sie zu zweit einige Fragen vor und fragen Sie Ihre/n Kursleiter/in.

El calendario

1 El calendario

ENERO

L	M	M	J	V	S	D
		1	2	3	4	5
6	7	8	9	10	11	12
13	14	15	16	17	18	19
20	21	22	23	24	25	26
27	28	29	30	31		

FEBRERO

L	M	M	J	V	S	D
					1	2
3	4	5	6	7	8	9
10	11	12	13	14	15	16
17	18	19	20	21	22	23
24	25	26	27	28		

MARZO

L	M	M	J	V	S	D
					1	2
3	4	5	6	7	8	9
10	11	12	13	14	15	16
17	18	19	20	21	22	23
24	25	26	27	28	29	30
31						

ABRIL

L	M	M	J	V	S	D
	1	2	3	4	5	6
7	8	9	10	11	12	13
14	15	16	17	18	19	20
21	22	23	24	25	26	27
28	29	30				

MAYO

L	M	M	J	V	S	D
			1	2	3	4
5	6	7	8	9	10	11
12	13	14	15	16	17	18
19	20	21	22	23	24	25
26	27	28	29	30	31	

JUNIO

L	M	M	J	V	S	D
						1
2	3	4	5	6	7	8
9	10	11	12	13	14	15
16	17	18	19	20	21	22
23	24	25	26	27	28	29
30						

JULIO

L	M	M	J	V	S	D
	1	2	3	4	5	6
7	8	9	10	11	12	13
14	15	16	17	18	19	20
21	22	23	24	25	26	27
28	29	30	31			

AGOSTO

L	M	M	J	V	S	D
				1	2	3
4	5	6	7	8	9	10
11	12	13	14	15	16	17
18	19	20	21	22	23	24
25	26	27	28	29	30	31

SEPTIEMBRE

L	M	M	J	V	S	D
1	2	3	4	5	6	7
8	9	10	11	12	13	14
15	16	17	18	19	20	21
22	23	24	25	26	27	28
29	30					

OCTUBRE

L	M	M	J	V	S	D
		1	2	3	4	5
6	7	8	9	10	11	12
13	14	15	16	17	18	19
20	21	22	23	24	25	26
27	28	29	30	31		

NOVIEMBRE

L	M	M	J	V	S	D
					1	2
3	4	5	6	7	8	9
10	11	12	13	14	15	16
17	18	19	20	21	22	23
24	25	26	27	28	29	30

DICIEMBRE

L	M	M	J	V	S	D
1	2	3	4	5	6	7
8	9	10	11	12	13	14
15	16	17	18	19	20	21
22	23	24	25	26	27	28
29	30	31				

Mira las hojas del calendario. ¿De qué mes son?
Schauen Sie sich die Kalenderblätter an. Aus welchem Monat stammen sie?

2 La fecha

1-6-1997= el primero/uno de junio de mil novecientos noventa y siete
2-3-1996 = el dos de marzo de mil novecientos noventa y seis

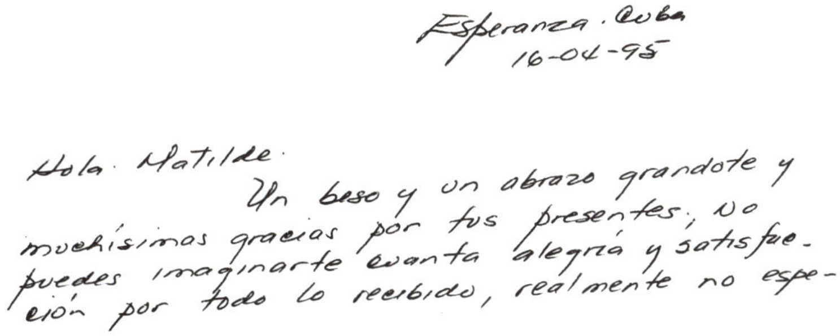
Esperanza. Cuba
16-04-95

Hola Matilde.
Un beso y un abrazo grandote y
muchisimos gracias por tus presentes, no
puedes imaginarte cuanta alegría y satisfac-
ción por todo lo recibido, realmente no espe-

▼ ¿De qué fecha es la carta?
◆ Es del … .

▼ ¿Qué día es hoy?
■ Hoy es miércoles,veintiuno de febrero.

▼ ¿Cuándo vas a Santa Clara?
■ El doce de abril.

7

¿Cómo quedamos?

1 Para empezar

¿Qué vamos a hacer el fin de semana?
Relaciona las ilustraciones con las frases y escribe el número en la casilla correspondiente.

1 «Lo siento, pero los museos están cerrados los domingos por la tarde.»
2 «Si hace buen tiempo mucha gente da un paseo por el parque.»
3 «Quiero ver el partido de fútbol del Real Madrid y el Deportivo.»
4 «Vamos a comer en el restaurante 'El Lago'.»
5 «Tengo entradas para un concierto.»
6 «A los niños les gusta el zoo.»

2 ¿Vais a ir a la playa?

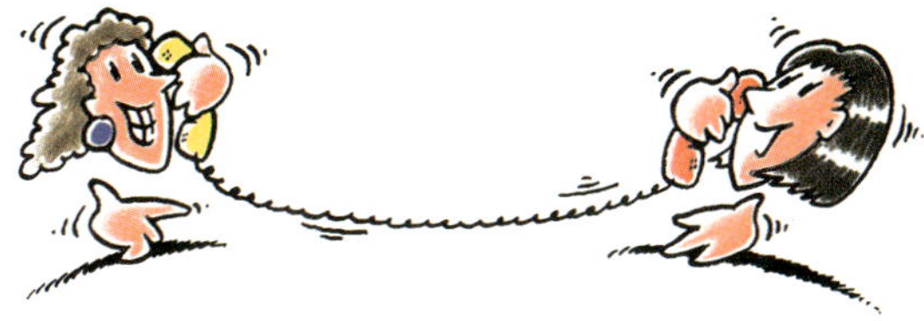

▼ ¿Diga?
◆ Hola Teresa, soy Marta. Llamo para saber qué planes tenéis para mañana. ¿Vais a ir a la playa?
▼ Pues no, ... los domingos hay mucha gente en la playa. Si hace buen tiempo queremos hacer una barbacoa en el jardín porque viene Pepe con los niños y ya sabes que les gusta mucho. ¿Por qué no vienes?
◆ Bueno, es una buena idea. Y ¿si hace mal tiempo?
▼ Entonces Pepe y Carlos piensan ir con todos los niños al circo y nosotras ... nos podemos quedar en casa.
◆ Qué bien, ¡todo organizado!. Pues, entonces hasta mañana.
▼ Chao, hasta mañana.

venir	
ven**go**	venimos
vienes	venís
viene	vienen

Completa las frases.

Los domingos hay mucha gente en ______________________________ .

Si hace buen tiempo van a ______________________________ .

Si hace mal tiempo van a ______________________________ .

Las mujeres se van a ______________________________ .

3 Para practicar

Habla de los planes de Pedro para el domingo.

▼ El domingo Pedro
va a ...
quiere ...
piensa ...

pensar	
p**ie**nso	pensamos
p**ie**nsas	pensáis
p**ie**nsa	p**ie**nsan

4 ¿Y tú?

Schreiben Sie auf einen Zettel, was Sie in der nächsten Zeit vorhaben.
Geben Sie dann die Liste Ihrem/-er Partner/in und beantworten Sie seine/ihre Fragen.

▼ *¿Cuándo vas a ... ?*
◆ *Mañana./Todavía no lo sé.*

mañana
pasado mañana
el próximo lunes
el próximo año
la próxima semana
el lunes que viene
la semana que viene
el año que viene
en enero/julio

saber
sé sabemos
sabes sabéis
sabe saben

5 ¿Quedamos para el sábado?

▼ Oye, ¿quedamos para el sábado?
◆ Mmmh ... el sábado no puedo; es que tengo que trabajar...pero el domingo sí.
▼ Vale, pues el domingo. Yo tengo ganas de ir al cine, y a ti, ¿qué te apetece hacer?
◆ Sí, podemos ir al cine y después a cenar. ¿Qué te parece?
▼ Buena idea, ¿y a qué hora?
◆ No sé, ¿qué tal sobre las ocho?
▼ Vale, ¿vienes a buscarme?
◆ Sí, claro. ¡Hasta el domingo!

¿Para que día quedan?
¿Qué van a hacer?

8

6 Para practicar

¿Quién habla con quién?

~~con mí~~ = conmigo
~~con tí~~ = contigo

7 ¿Y tú?

Schreiben Sie in einen Wochenkalender vier Termine an verschiedenen Tagen. Versuchen Sie dann, sich mit Ihrem/-er Partner/in zu verabreden, also einen Tag zu finden, an dem Sie beide noch nichts vorhaben. Danach suchen Sie noch andere Personen in der Gruppe, die am gleichen Tag Zeit haben.

▼ *Oye, ¿quedamos para el … para ir de copas?*
◆ *El … no puedo./ El … sí.*
▼ …

8 Para escuchar

Juana quiere encontrarse con sus compañeros de trabajo. Primero habla con Paco y después con Sofía.
¿Cuándo va a ser la reunión?

Arbeiten Sie zu dritt. Jede/r notiert die Angaben einer der Personen; danach tauschen Sie die Informationen aus.

	Lunes	Martes	Miércoles	Jueves	Viernes
Juana					
Sofía					
Paco					

8

Y además

Las estaciones

1 Las estaciones

En Europa
la primavera es de marzo a junio.
el verano es de junio a ...
el otoño es de ...... a ...
el invierno es de ...... a ...

la primavera

¿Y en Latinoamérica? ¿Sabes cuándo son las estaciones en Chile?

el verano

La primavera es de ... a ...
El verano es de ... a ...
El otoño es de ... a ...
El invierno es de ... a ...

el otoño

el invierno

2 ¿Y tú?

¿Qué estación prefieres para...
viajar? · descansar? · trabajar? · montar en bicicleta? · ir al teatro? · ...?

▼ *Para viajar prefiero la/el ... .*
◆ *Para ......*

3 Para leer

Una postal de Bolivia

No. 1184 LA PAZ - BOLIVIA

Querida Sabine:
¿Cómo estás? Espero que bien.
Te escribo estas líneas para decirte que en otoño, -en la primavera de ustedes-, pienso ir a España y a Francia. También me gustaría mucho ir a Alemania para visitarte. Dime, ¿tienes tiempo - ¡y ganas, claro! - en abril para mostrarme algo de tu país?
¡Contéstame pronto!
Espero tus noticias.
Besos Celia

José Jiménez Cordero - La Paz - Casilla 3379 - Tel. 328019 - Reproducción Prohibida

LA PAZ 25.3.96 BOLIVIA

CORREOS DE BOLIVIA Bs 03.50 19

Sabine Schröder
Gummertstraße 31
45131 Essen
Alemania

¿Verdadero o falso?

	v	f
1. Va a ir a Europa en octubre.	☐	☐
2. Celia va a visitar Francia.	☐	☐
3. A Celia le gustaría ir a Alemania.	☐	☐
4. Celia tiene tiempo en abril.	☐	☐

8

4 ¿Y tú?

Escribe una respuesta a Celia.
Machen Sie ihr Vorschläge, was Sie ihr zeigen und was sie machen können.

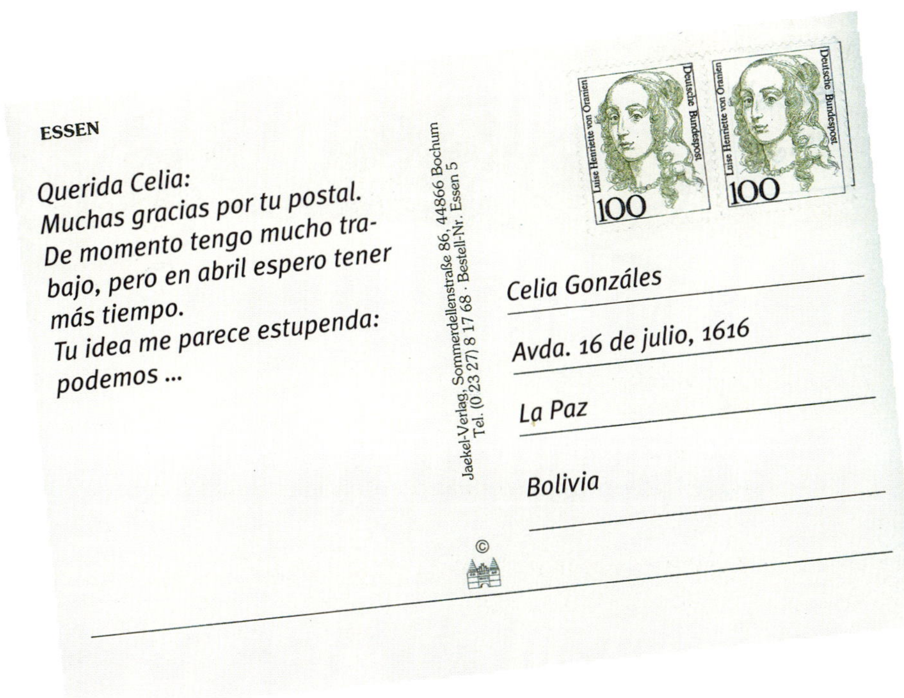
ESSEN

Querida Celia:
Muchas gracias por tu postal.
De momento tengo mucho trabajo, pero en abril espero tener más tiempo.
Tu idea me parece estupenda: podemos ...

Jaekel-Verlag, Sommerdellenstraße 86, 44866 Bochum
Tel. (0 23 27) 8 17 68 · Bestell-Nr. Essen 5

Luise Henriette von Oranien Deutsche Bundespost 100

Luise Henriette von Oranien Deutsche Bundespost 100

Celia Gonzáles
Avda. 16 de julio, 1616
La Paz
Bolivia

Ayer

1 Para empezar

En una fiesta
¿Qué hacen estas personas?

2 ¿Y tú?

¿Qué haces normalmente en una fiesta? Habla con un/a compañero/-a.

9

3 El sábado estuve en una fiesta

▼ ¿Qué tal el fin de semana?
■ Muy bien. El sábado estuve en una fiesta en casa de Julia. Fue muy divertido y me gustó mucho.
▼ Anda, ¡cuenta!
■ Pues, mira, conocí a los amigos argentinos de Julia y bailamos, cantamos, charlamos ... ¡hasta tardísimo!
▼ Total, que el domingo te quedaste en cama, ¿no?
■ ¡No! ¡Qué va! Por la tarde fui a casa de Julia para ayudar a recoger. ¿Y tú?, ¿qué hiciste?
▼ Nada especial. Me quedé en casa.

Indefinido

Verbos en -ar	*Verbos en -er/-ir*
bailar	*conocer*
bail**é**	conoc**í**
bail**aste**	conoc**iste**
bail**ó**	conoc**ió**
bail**amos**	conoc**imos**
bail**asteis**	conoc**isteis**
bail**aron**	conoc**ieron**

4 Para practicar

¿Qué palabras faltan?

Rosa habla:

«El sábado __________ en la fiesta de Julia. ________ muy divertido. _________ a unos amigos de Julia. ___________ , ___________ y ____________ . El domingo por la tarde _______ a su casa otra vez para ayudar a recoger. ¡Qué fin de semana!»

9

5 Para practicar

¿Qué hizo Alberto el fin de semana?

estar en Toledo
comer en un restaurante
ir a ver la catedral
hacer fotos
visitar las sinagogas
encontrarse con amigos
comprar una postal

Alberto estuvo en Toledo, primero ... luego ... después ...

estar	*ser/ir*	*hacer*
estuve	fui	hice
estuviste	fuiste	hiciste
estuvo	fue	hizo
estuvimos	fuimos	hicimos
estuvisteis	fuisteis	hicisteis
estuvieron	fueron	hicieron

6 ¿Y tú?

Pregunta a dos o tres compañeros/-as y anota los nombres y las respuestas.

▼ *Y tú, ¿dónde estuviste el fin de semana? ¿Y cómo fue?*
◆ *Estuve … . Fue (muy/bastante) … . ¿Y tú?*

divertido
aburrido
interesante
monótono

Después cuéntaselo al grupo.

▼ *… estuvo … . Fue … .*

7 Para escuchar

El lunes por la mañana en la oficina. ¿Qué crees que hicieron el fin de semana?

ir al teatro · quedarse en casa · hacer camping · dar un paseo · trabajar · ir al campo · estar con la familia · ver la tele · salir con amigos

dar	*ver*
di	vi
diste	viste
dio	vio
dimos	vimos
disteis	visteis
dieron	vieron

Ahora escucha. ¿Qué hicieron en realidad?

la 1ª mujer ______________________________

____

la 2ª mujer ______________________________

____

el hombre ______________________________

____

8 ¿Y tú?

ayer	ir a una fiesta
anteayer	bailar
el lunes pasado	cantar
la semana pasada	ir al cine
el año pasado	levantarse a las 4 de la madrugada
en 19...	comer en un restaurante
en enero	salir con amigos
el otro día	hacer deporte
	ir de copas

¿Cuándo hiciste estas actividades por última vez? Habla con tu compañero/-a.

▼ *¿Cuándo fuiste a una fiesta por última vez?*
◆ *En marzo. Y tú, ¿cuándo ... ?*

9 Para leer

Combina los titulares y los artículos.

ⓐ **"El Rastrillo", a buen ritmo**

ⓒ **2.000 personas en la fiesta benéfica**

ⓑ ***Mucho público en la presentación del nuevo disco de Manolo Medina***

ⓓ Fin de Feria luminoso

ⓔ «Luisa Fernanda» agradó al público en el Pemán

① El Bodegón Cultural registró en la noche del miércoles una multididudinaria asistencia de público, en un acto organizado por Cadena Dial Bahía con la colaboración del Ayuntamiento, en el que invitaron gratuitamente a los chipioneros y visitantes a la presentación musical de Manolo Medina.

② Entre 600 y 700 personas asistieron en la noche del viernes a la zarzuela "Luisa Fernanda", que puso en escena la Compañía de Zarzuela de Madrid.

③ Algo más de seis mil personas pasaron la noche del jueves festivo por el patio del colegio San Felipe Neri

Si la primera noche de Rastrillo contó con la asistencia de 5.200 personas, la segunda jornada sobrepasó las seis mil, alcanzándose una recaudación en la entrada de 1.200.000 pesetas.

④ Unos dos mil niños y mayores asistieron el miércoles por la tarde-noche a la Fiesta Infantil en beneficio de las Hermanas de la Cruz. El acontecimiento tuvo lugar en la bodega de Barbadillo situada en la calle Santiago, del Barrio Alto. Numerosos jóvenes y adultos colaboraron en la organización del festejo que resultó todo un éxito.

⑤ El tradicional *lunes de resaca* se convirtió ayer en el décimo día de feria, aunque a un ritmo mucho más moderado que los anteriores.

¿Qué tiempo hace?

Inf.:	llover	nevar
Pres.:	llueve	nieva
Indef.:	llovió	nevó

9

1 ¿Qué tiempo hace?

2 Para practicar

¿Qué tiempo hizo ayer en España?
¿En el norte?
¿En el sur?
¿En las Islas?
...

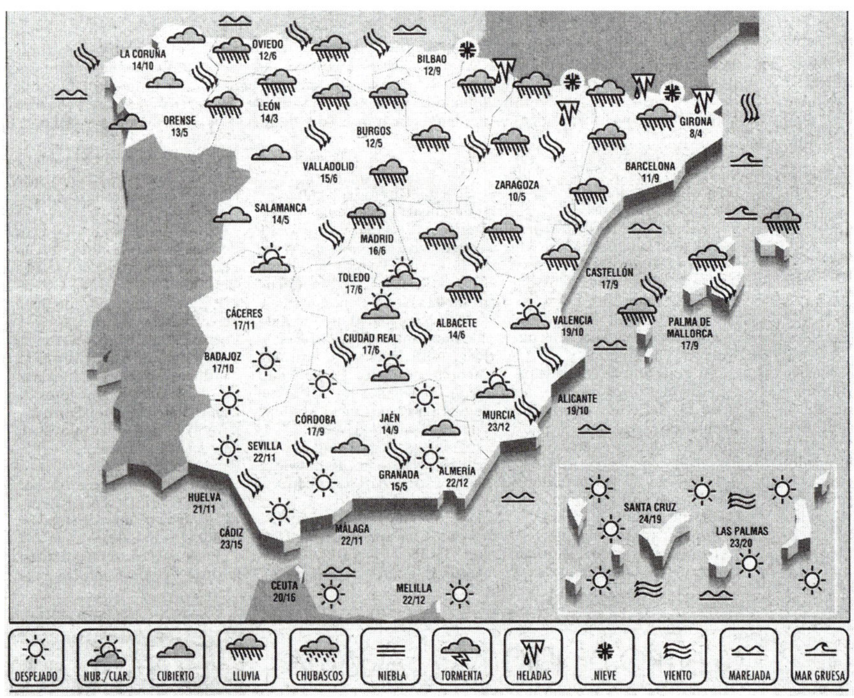

3 Hizo un tiempo maravilloso

▼ ¡Qué suerte tuvimos con el puente!, ¿no? Hizo un tiempo maravilloso.
◆ ¿Un tiempo maravilloso? Quizás aquí en Madrid. Nosotros fuimos a Galicia, a la costa: hizo frío, llovió sin parar e hizo un viento horrible ...
▼ Pues, ¡qué mala suerte! Aquí hizo mucho calor, casi 30 grados y el sábado fuimos a la piscina.

tener	
tuve	tuvimos
tuviste	tuvisteis
tuvo	tuvieron

¿Qué tiempo hizo el fin de semana
... en Madrid?
... en Galicia?

4 Para practicar

¿Qué dicen?

¡Qué __________!   ¡Qué __________!   ¡Qué tiempo tan __________!   ¡Qué tiempo tan __________!

9

Vamos en tren

1 Para empezar

¿Conoces Gomera? Gomera es una de las Islas Canarias.
¿Cómo puedes viajar a Gomera desde Francfort?

Puedes ir … hasta …,
luego … hasta … .

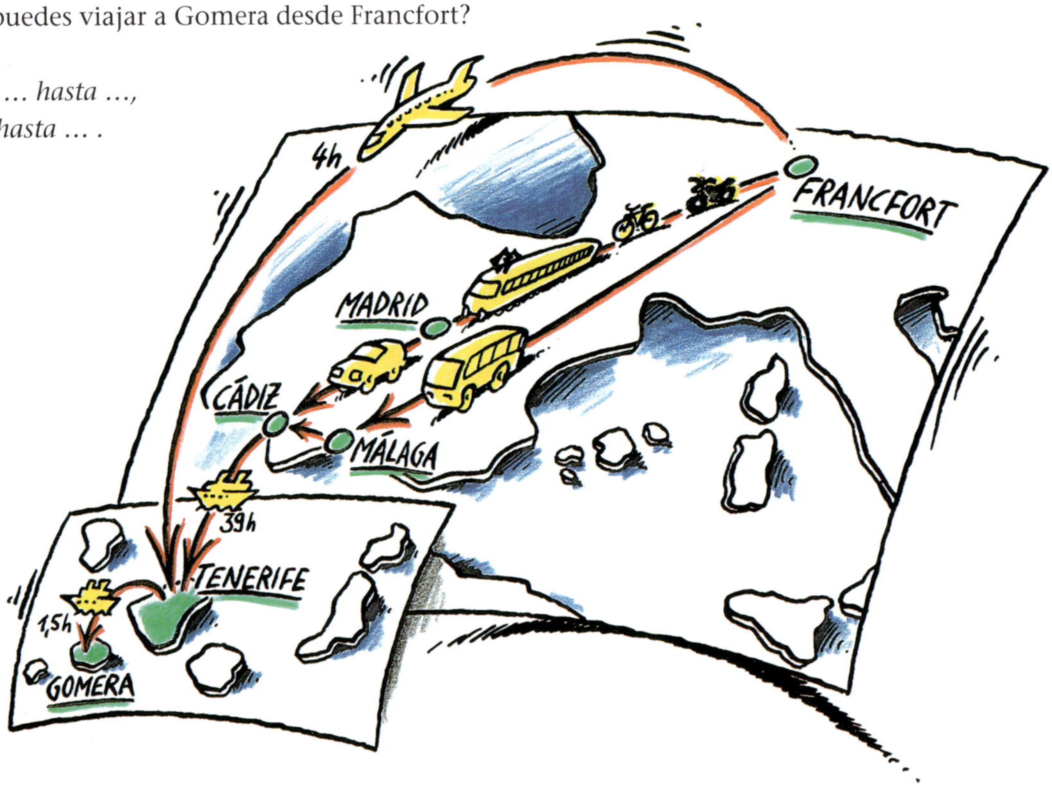

en avión · en tren · en coche · en autobús · en barco · en moto

2 ¿Y tú?

en bicicleta · en taxi · en tranvía · en metro · a pie

Habla con un/a compañero/-a.

	tú	tu compañero/-a
¿Cómo vas a clase?		
¿Cómo vas al trabajo?		
¿Cómo vas a la compra?		

MADRID Puerta de Atocha • CIUDAD REAL • PUERTOLLANO • CORDOBA • SEVILLA Santa Justa

	VALLE	LLANO	PUNTA	LLANO	LLANO	LLANO	PUNTA	LLANO	LLANO	LLANO	LLANO	PUNTA	LLANO	LLANO	LLANO
NUMERO DE TREN	9614	9664	9616	9618	9622	9624	9628	9630	9632	9634	9636	9638	9640	9642	9644
OBSERVACIONES		(1) (*)	(*)			(1) (*)		(1) (*)		(1) (*)		(1) (*)		(1) (*)	(2)
DIAS DE CIRCULACION	LMXJVSD	LMXJV••	LMXJVS•	LMXJVSD	LMXJVSD	LMXJV••	LMXJVSD	LMXJV••	LMXJVSD	LMXJV•D	LMXJVSD	LMXJV•D	LMXJVSD	LMXJV•D	••••VS•
MADRID Puerta de Atocha	07:00	07:30	08:00	09:00	11:00	12:00	14:00	15:00	16:00	17:00	18:00	19:00	20:00	21:00	22:00
CIUDAD REAL	07:51	08:19	-	09:49	-	-	-	-	16:49	-	-	-	20:49	-	-
PUERTOLLANO	08:08	08:35	-	10:05	-	-	-	-	17:05	-	-	-	21:05	-	-
CORDOBA	08:57	09:22	-	10:52	12:44	13:41	15:41	16:41	17:52	18:44	19:44	20:44	21:52	22:44	23:41
SEVILLA Santa Justa	09:40	10:05	10:15	11:35	13:30	14:25	16:25	17:25	18:35	19:30	20:30	21:30	22:35	23:30	00:25

CLASE	TURISTA			PREFERENTE			CLUB		
Calificación del tren	VALLE	LLANO	PUNTA	VALLE	LLANO	PUNTA	VALLE	LLANO	PUNTA
MADRID-SEVILLA	7.600	8.900	9.200	11.400	12.700	13.200	13.700	15.600	16.500

3 Para ir a la feria de Sevilla

▼ Buenas tardes, para ir a la feria de Sevilla, ¿qué posibilidades tengo?

◆ Depende. Si quiere un viaje rápido y cómodo puede ir en avión o en el AVE, pero claro, también es más caro. El autobús es bastante más barato, naturalmente, pero tarda mucho más. Y también hay otros trenes más lentos que el AVE, más baratos.

▼ En avión no, porque me da miedo. ¿Cuánto cuesta ir en tren, en el AVE?

◆ Pues, entre 7.600 y 16.500 pesetas, depende de la clase, del tren y de la hora del día.

▼ ¿Ida y vuelta?

◆ No, no. Sólo ida.

▼ Uff, ¡qué caro! Voy a pensármelo. Muchas gracias por la información.

4 Para practicar

Busca en el diálogo las ventajas y las desventajas de los diferentes medios de transporte.

	avión	AVE	otros trenes	autobús
ventajas				
desventajas				

10

5 Para practicar

El tren es tan rápido como el coche.
El avión es más rápido que el tren.
El avión es el transporte más rápido.

Compara las ofertas.
Bilden Sie zwei Teams: welches Team bildet in einer Minute die meisten Vergleiche?

El tren es tan cómodo como el avión.
… es más … que … .
… es el transporte más… .

rápido	lento
cómodo	incómodo
caro	barato

6 ¿Y tú?

Habla con un/a compañero/-a.
¿En qué te gusta viajar y por qué?

divertido	aburrido
seguro	peligroso
ecológico	…

▼ *(No) me gusta ir en … porque es … ¿Y a ti?*
◆ *Yo prefiero …/ A mí me gusta…/A mí también (tampoco) …*

7 Para leer

Rosa Montero ist Journalistin und Buchautorin. Sie lebt in Madrid und schreibt regelmäßig in der Zeitung «El País».
Der folgende Text von Rosa Montero ist der Anfang einer Glosse über eine Zugfahrt «mit Hindernissen» von Gijón nach Madrid, die bei der Autorin einige Zweifel an der Glaubwürdigkeit der Werbeaussagen der spanischen Bahngesellschaft «Renfe» auslöste.

Cuando la Renfe se cree lo que dicen sus anuncios

Estás en Gijón y hace mucho frío. Previo pago de casi tres mil pesetas has sacado un billete para el electrotrén Gijón-Madrid, que sale a las 13.10 horas, para llegar a las nueve de la noche. Es un tren superlujo, superrápido, supercómodo. … Pero la cosa empieza mal: cuando llegas a la estación, te dicen que has de coger un autobús. A ti te sorprende la noticia, pero obedeces, te subes a un autocar sin calefacción y te vas hasta Oviedo. …

Estación de Oviedo. Las 13.45 horas. … Nieva, y los pasajeros esperan pacientemente al tren en el andén, a la intemperie. Al fin suenan los altavoces : <El electrotrén con destino a Madrid efectúa su salida aproximadamente a las 14.10 horas>, dice una voz con plácido e impersonal tono, <los tres últimos vagones no tienen calefacción>, continúa la voz con la misma placidez. Un murmullo de pasmo se eleva del andén. Los pasajeros se miran los unos a los otros. … Y el electrotrén no llega ….

8 Para practicar

Haz una lista de todas las palabras del texto que tienen que ver con «ir en tren».

el billete, el electrotrén, salir, ...

9 Para practicar

Con un/a compañero/-a haz preguntas sobre el texto (las respuestas deben encontrarse en el texto).

¿Cuánto cuesta el billete para el electrotrén Gijón – Madrid?
¿ A qué hora sale?
¿ ... ?

Después haz las preguntas a otra persona del grupo.

10 Para escuchar

Lee estas afirmaciones, después escucha y comprueba si son verdaderas o falsas.

	v	f
1. Van a ir en coche a Segovia.	☐	☐
2. Todavía no tienen el horario de trenes.	☐	☐
3. Van a salir temprano, por la mañana.	☐	☐
4. Hay trenes directos y con transbordo.	☐	☐
5. Van a ir en tren directo.	☐	☐
6. Los trenes de cercanías siempre llevan retraso.	☐	☐

11 ¿Y tú?

¿Te acuerdas de cuándo fuiste en tren por última vez?

¿Cuándo fue?
¿Cómo fuiste a la estación?
¿Cuándo salió el tren?
¿Cuándo llegó?
¿Llegó con puntualidad?
¿Adónde fuiste?
¿Cómo fue el viaje?

Fue ... . Fui a la estación ..., el tren ...

Una avería del coche

1 Una avería del coche

Escucha lo que le pasó a José el otro día y numera los dibujos.

«El otro día tuve mala suerte con mi coche. Salí de viaje. Primero fui a una gasolinera y eché gasolina. A los 30 kilómetros se pinchó una rueda. Saqué la rueda de repuesto y cambié la rueda. Seguí el viaje y, poco después, el motor empezó a hacer ruidos extraños. En un taller le pregunté al mecánico. Él me dijo: «Uff, esto es una avería del motor y va a ser caro». ¡Adiós viaje! Ese mismo día decidí vender el coche.»

10

2 Para practicar

¿Verdadero o falso?
Escribe tres frases verdaderas o falsas sobre José. Tu compañero/-a tiene que decir si son verdaderas o falsas y corregir las falsas.

3 Por aquí se rompe el coche

Éstas son las causas de averías más frecuentes.

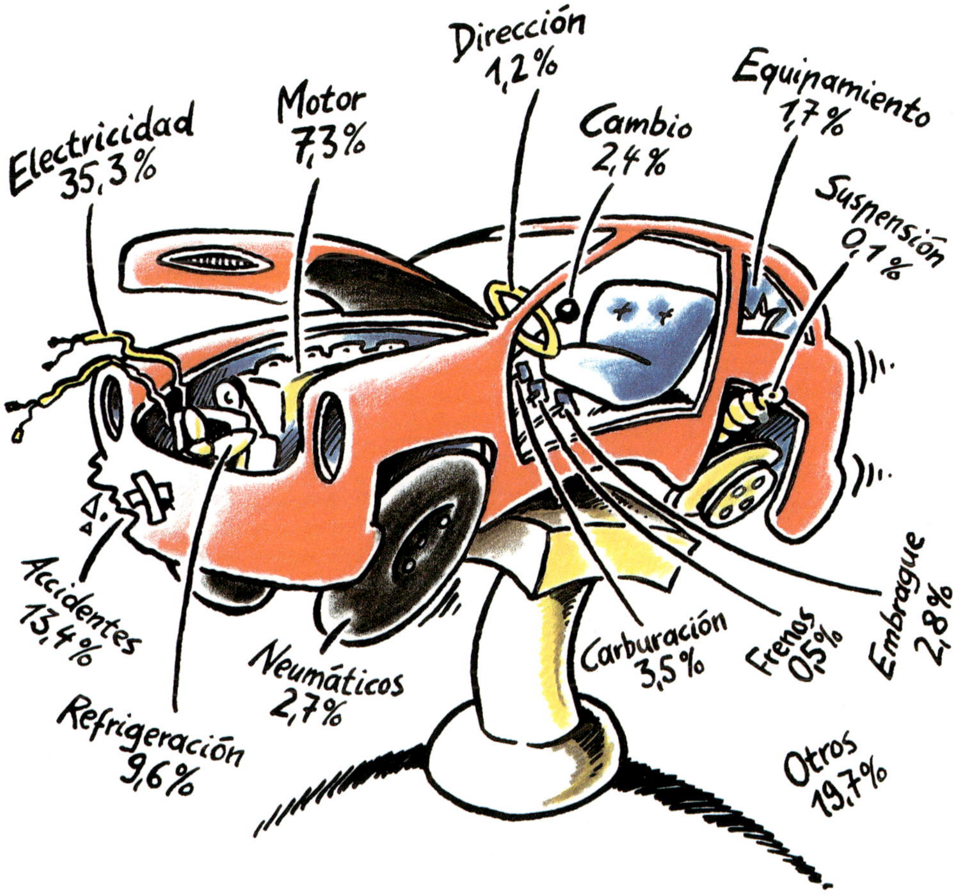

4 ¿Y tú?

¿Tienes coche?
¿Cuándo tuviste la última avería?
¿Qué se rompió?
¿Dónde fue?
¿Cuándo llevaste la última vez el coche a un mecánico?

Se alquila

1 Para empezar

Aquí hay un piso vacío. ¿Para qué habitación son los muebles?

El armario es para … .

2 ¿Y tú?

¿Qué tres muebles son los más importantes para ti? Habla con tu compañero/-a.

▼ *Para mí …, …, y … son los más importantes. ¿Y para ti?*
◆ *Para mí …*

3 Llamo por el anuncio

▼ Llamo por el anuncio. Busco una casa para agosto. Ustedes alquilan una, ¿no? ¿Todavía está libre?
◆ Hasta ahora, sí.
▼ ¿Podría darme algunas informaciones? ¿Dónde está exactamente?
◆ Está junto al hotel «Las Pirámides», muy cerca de la playa.
▼ ¿Hay sitio para seis personas?
◆ Sí, claro. La casa tiene dos dormitorios y en el salón hay un sofá-cama para dos personas.
▼ ¿Y el precio?
◆ El mes de agosto completo cuesta 200.000 pesetas.
▼ Vale, me parece bien. ¿Sería posible hacer una reserva?
◆ Sí, por escrito y con un adelanto de 50.000 pesetas.

① **•ESTEPONA.** Centro. Cerca del mar, casa de 280 m^2, 3 dorm., baño, salón, cocina, comedor, trastero, 2 patios, lavadora y TV, equipada, por semanas, quincenas, meses, precio razonable. Telf. 280 14 21

② **•ESTEPONA, CENTRO.** Centro. Cerca del mar, casa grande, 2 dorm, baño, salón, cocina, comedor, 2 grandes azoteas, equipada, muy soleada y tranquila, por semanas, quincenas, meses, precio razonable. Telf. 2801421.

③ **•FUENGIROLA.** Paseo Marítimo. Apartamento, 1ª línea playa, 2 dorm. 2 baños, 2 terrazas, salón, cocina, sólo por temporada, de Junio a Septiembre. Telf. 2581301.

¿Cuál es el anuncio del diálogo?
Es el número ...

4 Para practicar

Tú también estás interesado/-a en un piso o en una casa de los anuncios.
Quieres saber
- dónde está exactamente,
- el precio,
- cómo está equipado/-a,
- si puedes hacer una reserva.

Haz las preguntas y usa las fórmulas de cortesía.

- *¿Sería posible ... ?*
- *¿Podría decirme... ?*
- *Querría saber... .*

11

5 ¿Y tú?

Habla con un/a compañero/-a.
¿Cómo debería ser un apartamento, un piso o una casa de vacaciones?

▼ *A mí me gustaría pasar las vacaciones en un piso con … .¿Y a ti?*
◆ …

6 Para escuchar

Escucha y contesta las preguntas.

¿Con qué frecuencia se limpia el apartamento?

___

¿Con qué frecuencia se cambian las sábanas y las toallas?

___

¿Hay un tendedero para secar la ropa?

___

¿Hay una bombona de gas de repuesto?

___

¿Dónde está la barbacoa?

___

¿Dónde está el contenedor de basura?

___

11

7 Para practicar

¿Qué harías en estas situaciones?

En el apartamento de vacaciones no hay sábanas.
La cocina no funciona.
Estás en la costa y llueve todo el día.
No encuentras las llaves de tu apartamento.
Hay una fiesta en la casa de tu vecino y no puedes dormir.

llamar al mécanico	ir a un restaurante
reclamar en la recepción	cambiar la bombona de gas
salir	quedarse en casa
…	

Condicional		*irregulares:*	
	-ía	hacer	haría
	-ías	poder	podría
Infinitiv +	**-ía**	poner	pondría
	-íamos	querer	querría
	-íais	tener	tendría
	-ían	decir	diría
		salir	saldría
		venir	vendría

8 Para leer

Una carta

Querido Julio:
Te llamé varias veces pero nunca estás en casa, así que aprovecho unos minutos de tranquilidad para informarte de cómo están las cosas con respecto a la compra de la casa.
La verdad es que no sé qué hacer. Hay una casa que está muy bien, con jardín y piscina, pero Lola dice que está demasiado lejos del centro y si la compramos tendríamos también que comprar otro coche porque no hay buenas comunicaciones. A Lola le gusta mucho un piso que vimos en el centro, pero cuesta casi tanto como la casa y además no tiene garaje y ya sabes que en el centro es muy difícil aparcar. Por otro lado, un amigo nos aconsejó comprar un terreno en una urbanización de las afueras con una estación de metro al lado; claro que, construir una casa … ya sabes lo que significa. Bueno, como ves, no tengo las ideas muy claras. ¿Qué te parece si me llamas y hablamos?

Un abrazo
Raúl

La casa cuesta **mucho**. =
… viel
El piso cuesta **tanto como** la casa. =
genauso viel wie …

11

Aconseja a Raúl. ¿Qué harías en su lugar?

Yo en su lugar … .

9 ¿Alquilar o comprar casa?

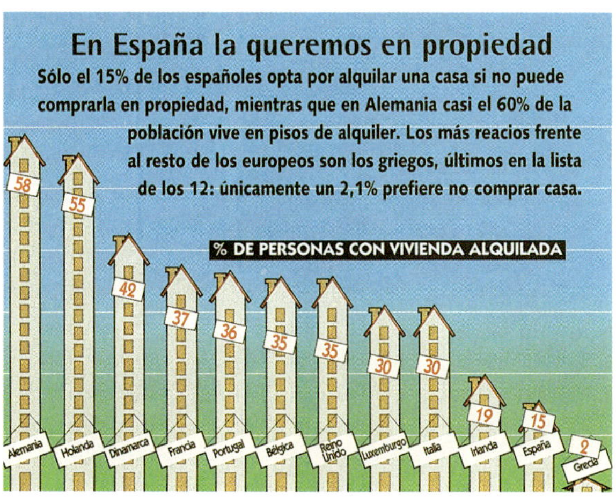

Escribe las ventajas y las desventajas de alquilar un piso/una casa o de comprar un piso/una casa. Después compara con tu compañero/-a.

En el hotel

1 En el hotel

▼ ¿Tienen habitaciones?
◆ ¿Doble o individual?
▼ Doble.
◆ ¿Cuánto tiempo van a quedarse?
▼ Hasta el lunes. Tres días.
◆ Tenemos una habitación con ducha y dos camas y otra con baño y cama de matrimonio. ¿Quieren verlas?
▼ ¿Qué precio tienen?
◆ 10.000 pesetas por noche.
▼ ¿El desayuno está incluido?
◆ No, el desayuno es aparte.
▼ Está bien. Nos gustaría verlas.
...
▼ Vale. Vamos a subir el equipaje.
◆ Aquí tienen la llave. Por favor, ¿me dan un carnet o un pasaporte?

¿Qué habitaciones les ofrecen?

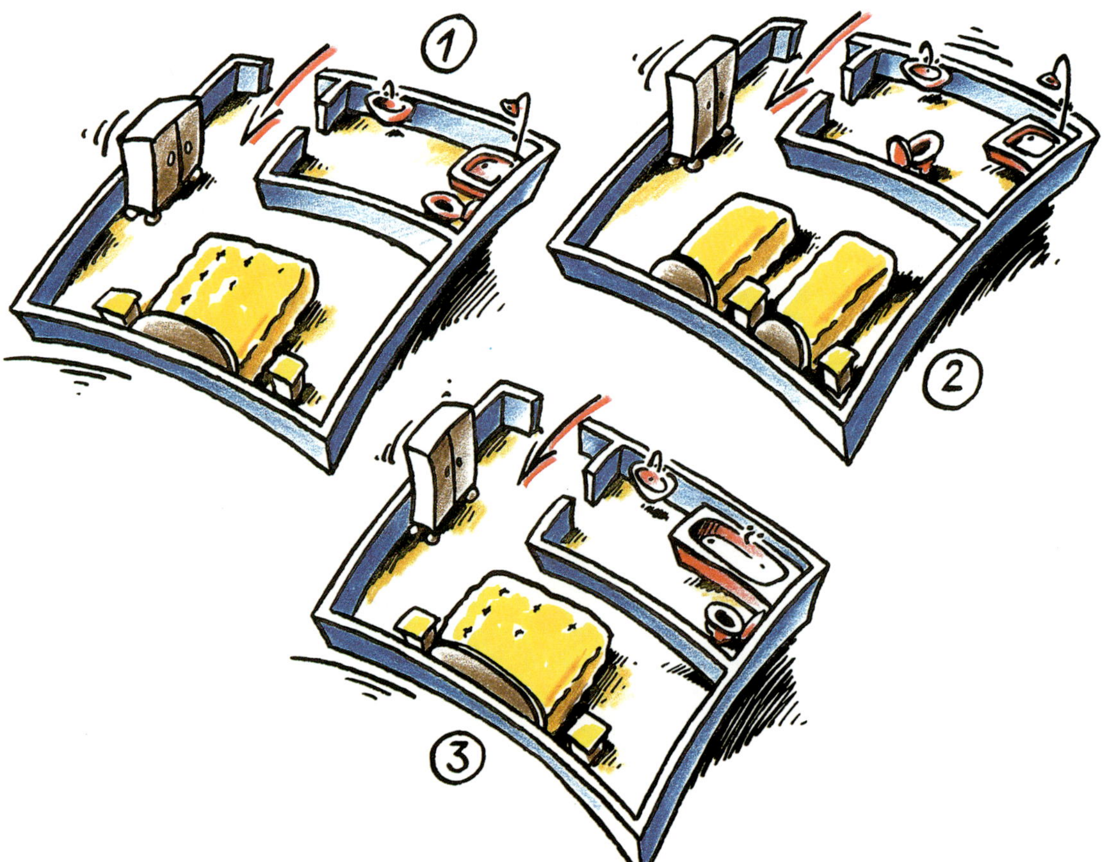

2 ¿Y tú?

A mira esta página. **B** mira la pagina 121.

A: Buscas una habitación para dos personas para tres noches a partir del 3 de agosto. Pregunta a B todo lo que quieres saber y reserva una.

3 Reclamaciones

Haz las reclamaciones.

calefacción | agua caliente | abrir la ventana

perchas | mantas | toallas

faltan | no funciona | no puedes

falta | no hay

11

La familia

1 Para empezar

12

¿Quién es quién en la familia? ¿Quién habla? Completa.

___________	Soy la mujer de Federico y la abuela de Pedro, Julio y Celia.
___________	Mi marido se llama Santiago y mis hijos, Julio y Celia.
___________	Tengo un hijo de ocho años.
_____ y _____	Nuestro tío es Federico y nuestra tía se llama Ana.
___________	Soy la nieta de Federico y Celia y la hermana de Julio.
___________	Pedro, Julio y Celia son mis sobrinos.
___________	Soy el padre de Julio y Celia.
___________	Julio y Celia son mis primos.

2 Para practicar

Completa la lista.

los abuelos	el abuelo	___________	los nietos	___________	la nieta
los padres	___________	la madre	los tíos	___________	___________
___________	el hijo	la hija	los sobrinos	el sobrino	la sobrina
los hermanos	el hermano	___________	___________	el primo	la prima

3 Está toda mi familia

▼ ¡Mira esta foto! Es de hace diez años, está toda mi familia.
◆ Oye, Yaiza, ¿y tú?, ¿cuál eres?
▼ ¿No me reconoces? Aquí, delante, a la izquierda, con las flores.
◆ Pues sí, ahora que lo dices, sí. A ver esta señora un poco mayor seguro que es tu abuela, ¿no? Y el señor de las gafas, tu abuelo.
▼ No, éste es el hermano de mi abuelo y mi abuelo está al lado de mi abuela.
◆ ¿Y tu madre?
▼ Es la que está a mi lado con mi hermana pequeña.
◆ Y los otros, ¿quiénes son?, ¿tus tíos?
▼ Sí, mis tíos por parte de mi madre.
◆ ¿Y este rubio?
▼ Es mi tío de Alemania, está casado con mi tía Beatriz.
◆ ¿Y el niño?
▼ Es un primo, el hijo de mi tía Fabiola.

Mira la foto y escribe quién es quién en la foto.

12

mi tío/tía	mis tíos/tías
tu tío/tía	tus tíos/tías
su tío/tía	sus tíos/tías
nuestro tío	nuestros tíos
nuestra tía	nuestras tías
vuestro tío	vuestros tíos
vuestra tía	vuestras tías
su tío/tía	sus tíos/tías

4 ¿Y tú?

Entrevista a un/a compañero/-a. Pregunta:
· si está casado/-a,
· si tiene hermanos,
· si tiene hijos,
· los nombres de sus familiares.

Dibuja su árbol genealógico y comprueba.
▼ *¿Estás casado/-a? ¿Cómo se llama tu marido/mujer?*

5 ¿Estás cocinando?

▼ Hola, Gloria, ¿qué tal?
◆ Muy bien. Y vosotros, ¿qué tal?, ¿estás cocinando?
▼ No, hoy cocina Alfredo.
◆ ¡Qué suerte! Y papá y mamá, ¿qué hacen?
▼ Mamá está viendo la tele y papá creo que está escribiendo una carta.
◆ ¿Y los niños?
▼ Están bien. El pequeño está jugando en su habitación con un amiguito. Marta se está duchando y Fernando está tocando la trompeta. ¿Quieres hablar con mamá?
◆ Sí, bueno, y nosotras nos vemos mañana, ¿no?
▼ Sí, hasta mañana, Gloria.

¿Qué están haciendo los miembros de la familia?

6 Para practicar

¿Qué hacen los vecinos?

- La abuela está ____________________
- El padre está ____________________
- La madre ____________________
- La hija pequeña ____________________
- El hijo ____________________
- La hija ____________________

estar + gerundio = gerade (tun)

estoy	
estás	cocin**ando**
está	hac**iendo**
estamos	escrib**iendo**
estáis	
están	

irregulares:

leer	leyendo
dormir	d**u**rmiendo

7 ¿Y tú?

¿Qué crees que están haciendo tus amigos? ¿Y otros miembros de la familia?

Creo que mi/mis... está/n ....

8 Para escuchar

Escucha y después completa con los nombres.

__________ y su hermana están tomando café.

_________, ____________ y ___________ están jugando a las cartas.

___________ está tocando la guitarra.

9 Para leer

Variaciones, combinaciones y permutaciones

¿Qué pareja vive junta sin estar casada?
¿Cuál de las parejas se casó por lo civil?
¿Cuál de las parejas se casó por la iglesia?

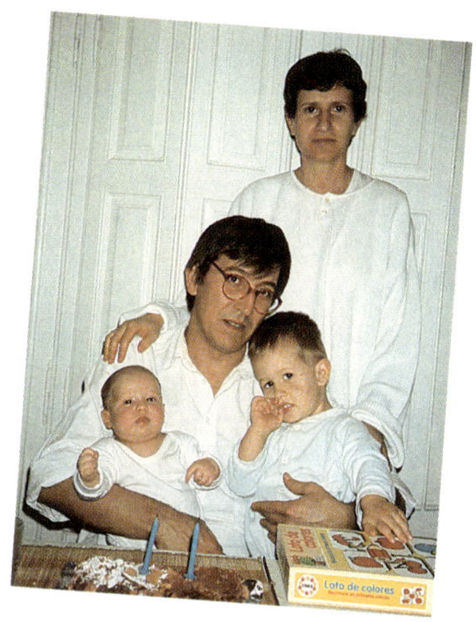

COMO DIOS MANDA
Juana Torres e Isidro Estébanez se casaron por la iglesia hace cinco años. Viven en Madrid y tienen dos niños: Pablo de tres años, y Patricia de uno. Juana (32) es secretaria, e Isidro (34) es economista. Ambos se declaran católicos practicantes. Ellos mismos admiten que son el prototipo de familia tradicional. ...

MUNDOS UNIDOS
«Hace tres años que nos conocemos. A la semana, nos fuimos a vivir juntos. Un año después nos casamos.» Fue una boda por lo civil, porque Luisa Bravo (31), española, no es creyente. Wafar Chej Eddin (32), sudanés, es musulmán. Ambos pertenecen al mundo de la farándula: músico él, actriz ella...

MECANO
Jaime (39 años), Ana (30) y Sara (5) viven en Pamplona. Ana es la madre de Sara, pero Jaime no es el padre. Comparten profesión (ambos son historiadores), aficiones (les gusta la montaña), casa, alegrías y obligaciones. ...

Y además

¡Feliz cumpleaños!

1 ¡Feliz cumpleaños!

Relaciona los dibujos y los diálogos.

A
▼ ¡Oye, mamá, me voy a casar!
● Uy, Susanita, ¡qué alegría! Muchas felicidades.

B
▼ ¡Feliz cumpleaños!
◆ Muchas gracias.
▼ ¿Cuántos cumples?
◆ Dieciséis.

C
▼ Hola, Ricardo, creo que ya eres jefe de departamento, ¿no? Pues, enhorabuena.
■ Muchas gracias. Estoy contento, pero tengo mucho trabajo.

2 Para practicar

¡Felicidades!
¡Muchas felicidades!
¡Enhorabuena!
¡Feliz cumpleaños!
¡Feliz día de tu santo!
¡Felices Navidades!
¡Feliz Año Nuevo!

¿Qué dices en estas situaciones?

3 ¿Y tú?

¿Cuándo es tu cumpleaños? ¿Y el cumpleaños de tu madre, de ... ?

Mi cumpleaños es el ...

4 Para leer

REGALOS

El día de nuestro cumpleaños recibimos regalos y también regalamos algo cuando nuestros amigos y parientes cumplen años. Aunque cada vez menos, muchos celebran también el día del santo u onomástica: en este caso, normalmente le deseamos felicidades y le regalamos un detalle.
Hay otras fechas importantes en las que es normal hacer regalos: en la primera comunión de los niños, en las bodas, en aniversarios.
Aparte de los regalos de navidad, que se reparten el día de Nochebuena, la mayoría de los niños reciben regalos también el día 6 de enero, día de los Reyes Magos.
¿Qué se regala? Depende: juguetes, libros, discos, perfumes, joyas, obras de arte ..., si es una boda, normalmente, objetos para la casa.
Cuando nos invitan a comer a casa de amigos, solemos llevar un ramo de flores o una botella de vino, una caja de bombones, pasteles ...

¿Se hace lo mismo en tu país? ¿Cuándo recibes regalos? ¿Cuándo regalas?

¿Es guapo?

1 **Para empezar**

¿Quién es?

María Luisa Jacobo Ricardo Paloma

ni … ni = weder … noch

[a] Es alto, rubio, tiene los ojos azules, el pelo largo y lleva barba. Le gusta llevar pantalones vaqueros.

[b] Es joven, delgada, bastante alta y morena. Le gusta el color azul y, normalmente, lleva falda.

[c] Es una persona mayor. Está jubilado. Es bajo, un poco gordo y lleva gafas. Tiene el pelo blanco y está un poco calvo.

[d] No es ni gorda ni delgada. Tiene el pelo corto y los ojos castaños. Le gusta llevar pantalones y gafas de sol.

2 ¿Y tú?

Describe a una persona del grupo. Los otros dicen quién es.

▼ *Es …, tiene … y lleva … .*
◆ *Es ….*

3 Para practicar

¿Qué diferencias hay entre los dibujos? Compara las personas. Habla con tu compañero/-a.

Julio es **mayor** que Pedro. (älter)
Pedro es **menor** que Julio. (jünger)

▼ *Pedro lleva el pelo bastante más largo que Julio.*
◆ *Julio es mayor que Pedro.*
▼ …

13

4 ¿Y qué tal es?

▼ Ayer estuve en una fiesta y conocí al nuevo novio de Manuela.
◆ Ah, ¿sí? ¿Y qué tal es?, ¿es guapo?
▼ No está mal. Es delgado, moreno, con el pelo largo y muy moderno. Parece simpático y divertido, más que el otro.
◆ Mujer, a mí, Santiago me cae muy bien. Es muy abierto y siempre cuenta cosas interesantes. Y, además, es muy guapo.
▼ Sí, de acuerdo, guapo sí, pero es un poco aburrido y, no sé, demasiado serio.

¿Cómo es el nuevo novio de Manuela?
¿Cómo es Santiago?

5 Para practicar

sincero, moderno, alegre, serio, tímido, aburrido, simpático, tradicional, antipático, inteligente, divertido, abierto

¿Cómo son las personas?
Habla con tu compañero/-a.

■ *La persona en la foto número 1 es .../parece...*
● *De acuerdo, pero también es ... .*

①

②

③

④

⑤

6 ¿Y tú?

Quieres hacer un viaje por Latinoamérica. No quieres viajar solo/-a.
¿Cómo debería ser tu acompañante?
¿Cómo no debería ser?

7 Para leer

¿A cuál de estas personas te gustaría contestar? ¿Por qué?

AMISTAD • Ofertas

Soy soltero, 44 años, alto, atractivo, ojos verdes, pelo castaño, deseo hacer amistad con una chica de 35 a 40 años. Ref. 339

Secretaria, atractiva, elegante, 32, pelo largo, busca un amigo para hablar y salir. Ref. 333

Chico alemán, joven, rubio, pelo largo, con trabajo fijo, hobbys: culturismo, con moto grande y coche. Busca chicas de 20 a 28 años. Ref 0815

Hola, soy chico joven de 22 años, simpático, romántico, atractivo, formal, deseo encontrar el amor de mi vida. Si eres chica y tienes entre 19 y 23 años, escríbeme. Ref. 485

Chica busca chico de 34 a 40 años, atractivo, alto, universitario, viajero, inteligente, para amistad y posible relación. Ref. 456

Hombre de 65 años, busca compañera. José, en caso de ausencia deja tu número de teléfono. ☎ 222681

Inglés, soltero, 29, divertido, educado, deportista, le gusta viajar, desea correspondencia con española soltera guapa. Ref. 815

Chica, 29, desearía conocer chico honrado, cariñoso y simpático, hasta 35 años. Ref. 969

Si eres sincera, simpática, inteligente y tienes una edad aproximada a la mía, 24 años, podríamos quizás tener una buena amistad. Si te animas escríbeme. Ref. 2345

8 Estoy muy nervioso

▼ Hola, Raúl, ¿qué tal?
◆ Pues, regular. Mañana es el examen final y estoy muy nervioso.
▼ ¡Pero si tú eres muy tranquilo! y, además, seguro que lo sabes todo.
◆ Sí, pero este examen es muy importante. Además estoy muy cansado. La semana pasada estuve enfermo y ahora no me puedo concentrar bien.
▼ ¡Qué mala pata! Bueno, pues ... mucha suerte en el examen.

ser + Adjektiv = bleibende Eigenschaft	*estar + Adjektiv* = veränderliche Eigenschaft
Ana es una chica muy guapa. Podría trabajar de modelo.	(Hoy) Ana está muy guapa con la nueva falda.
Raúl es un hombre tranquilo.	Hoy Raúl está muy nervioso porque tiene un examen.

ser aburrido = langweilig sein

estar aburrido = gelangweilt sein

13

9 Para practicar

¿Cómo están y por qué? Habla de las personas.

El número uno está cansado porque … .

pasar el examen con éxito

terminar las vacaciones

dormir mal

comer demasiado

tener que trabajar el sábado

tener que esperar

10 Para escuchar

¿Cómo están las personas de los diálogos?
Escucha y escribe el número correspondiente en las casillas.

cansada	☐	alegre	☐
enfermo	☐	enfadado	☐
nervioso	☐	aburridos	☐
triste	☐		

11 ¿Y tú?

Pregunta a tu compañero/-a. Anota las respuestas y después cuéntaselas al grupo.

¿Cuándo estás nervioso/-a?
¿Cuándo estás enfadado/-a?
¿Cuándo estás cansado/-a?

PLATOS **MUY FRESCOS** PARA ADELGAZAR

100 *trucos, ideas y consejos*

GUAPA Y DELGADA TODO EL VERANO

El secreto de la juventud

Gazpacho ligero

Ingredientes para 4 personas:
• 1 kg de tomates maduros • un pepino • un diente de ajo • una rodaja de pan tostado • 2 cucharadas de aceite de oliva • una cucharadita de vinagre • medio pimiento verde • sal • 1 l y medio de agua • perejil para decorar

Elaboración:
Escaldar los tomates y retirar la piel. Ponerlos en el vaso de la batidora eléctrica con el diente de ajo, el pimiento, el pepino pelado, el aceite, la sal, el vinagre y el pan tostado. Triturar bien, añadir el agua, batir y guardar en la nevera. Decorar con perejil picado y servir bien frío.

1 Estoy harta de hacer dietas

▼ Marisol ■ Luisa

▼ Todas las revistas hablan de estar guapa y delgada ... Yo no pretendo ser como esas modelos, pero unos kilitos menos ... Ya estoy harta de hacer dietas para adelgazar, porque cuando hago una dieta estoy siempre cansada y deprimida y, cuando no la hago, engordo. Tú estas muy bien, ¿qué haces para mantenerte así?

■ En realidad, nada especial. Hago algo de deporte y como de todo. Trato de preparar comidas ligeras, sin mucha grasa.

¿Qué hace Marisol para adelgazar?
¿Qué hace Luisa para mantenerse?

2 ¿Y tú?

¿Qué haces para mantenerte en forma?
¿Qué piensas sobre las dietas?

Antes era diferente

1 Para empezar

¡Qué extraña ciudad!

¿Qué encuentras normalmente en la ciudad?, ¿ y qué en el campo?

ciudad	campo

14

2 Vivía en un pueblo

▼ Teresa ◆ Olga

▼ Cuando yo era pequeña vivía en un pueblo. Mis padres tenían una granja.
◆ ¿Una granja? ¡Qué suerte! Yo de niña pasaba mis vacaciones en una granja y me gustaba mucho. ¿Teníais animales?
▼ Sí, claro: gallinas, cerdos, vacas, gatos y un perro.
◆ ¡Qué envidia! Cuando vivía con mis padres quería tener un gato o un perro, pero mis padres no querían tener animales en nuestro piso porque no había espacio.
▼ Y a mí me daban envidia los niños de la ciudad. Ellos siempre estaban de vacaciones y nosotros teníamos que trabajar en el campo, con los animales.

Teresa habla:
Cuando era pequeña _________ en un pueblo. Mis padres _________ una granja. A mí me _________ envidia los niños de la ciudad que _________ de vacaciones en la granja.

Olga habla:
Cuando _________ pequeña _________ en una ciudad. _________ mis vacaciones en una granja. Me _________ mucho. _________ tener un animal. Pero mis padres no _________ animales en el piso porque no _________ espacio.

3 ¿Y tú?

hay = había

Habla con un/a compañero/-a .

Cuando eras niño/-a, ...	tú	tu compañero/-a
¿dónde vivías?	....	....
¿dónde pasabas las vacaciones?	....	....
¿tenías animales?	....	....
¿había algo que te daba envidia?	....	....

Imperfecto

pasar	*tener*	*vivir*
pas**aba**	ten**ía**	viv**ía**
pas**abas**	ten**ías**	viv**ías**
pas**aba**	ten**ía**	viv**ía**
pas**ábamos**	ten**íamos**	viv**íamos**
pas**abais**	ten**íais**	viv**íais**
pas**aban**	ten**ían**	viv**ían**

4 Para practicar

¿Cómo era antes y cómo es hoy?

tener una máquina de escribir / un ordenador
Antes tenía una máquina de escribir, hoy tiene un ordenador.

vivir en una granja / una ciudad
ser pobre / ganar mucho dinero
viajar en autoestop / en avión
llevar vaqueros / un traje
comer carne / ser vegetariano
ir a pie / en coche
salir con amigos / quedarse en casa
dormir hasta tarde / levantarse temprano
ver las películas en el cine / en la tele

Tres verbos irregulares:

ser	*ir*	*ver*
era	iba	veía
eras	ibas	veías
era	iba	veía
éramos	íbamos	veíamos
erais	ibais	veíais
eran	iban	veían

14

5 Para practicar

¿Cómo era su vida antes ...

de ganar 100.000.000 de pesetas en la lotería?

de tener hijos?

¿Qué piensas?
¿Y cómo es hoy?

- *Pienso que antes ... . Hoy ...*

6 Para escuchar

Escucha y decide si las frases son verdaderas o falsas.

Antes mi vida era mejor …

	v	f
Antes tenía dinero para viajar.	☐	☐
Antes cocinaba en casa.	☐	☐
Hoy compra vaqueros.	☐	☐
Antes tenía tiempo para escuchar discos.	☐	☐
Antes leía libros de la biblioteca.	☐	☐

7 ¿Y tú?

¿Qué piensas? ¿Es verdad que antes la vida era mejor?
Habla con un/a compañero/-a.

8 Todas las excursiones eran iguales

▼ Cuando yo iba a la escuela todas las excursiones eran iguales. Venía a buscarnos un autobús a la escuela, íbamos a un albergue y teníamos un programa con visitas de museos, iglesias … lo más divertido eran las noches.

◆ En mi escuela también era igual, pero cuando estaba en octavo llegó un nuevo profesor y él organizó un viaje a París. Fuimos en tren, nos alojamos en un hotel, practicamos francés y lo pasamos muy bien.

¿Cómo eran las excursiones normalmente? ¿Qué hacían?
¿Cómo fue la excursión con el nuevo profesor? ¿Qué hicieron?

normalmente	*con el nuevo profesor*
______________________	______________________
______________________	______________________
______________________	______________________

9 ¿Y tú?

Habla con un/a compañero/-a.

¿Qué rutinas recuerdas de tu infancia?
¿Qué hechos excepcionales recuerdas?

aquel día = an jenem Tag
aquel año = in jenem Jahr

▼ *Yo siempre/normalmente/nunca … . Una vez/ un día/ en 19.../ aquel año… ¿Y tú?*
◆ *Cuando yo era pequeño/-a …*

10 Para leer

Lee el texto y después contesta las preguntas.

EL PRIMER AMOR

Abuelita – preguntó Natalia – cuando tenías mi edad, ¿te gustaba algún niño?...
Cuando yo tenía 11 años, como tú, tuve mi primer amor. Se llamaba Ramiro. Era un niño tímido, moreno y de ojos claros. Parecía estar siempre soñando. Vivía enfrente de mi casa. Lo veía todos los días al ir y al venir del colegio. Pero sólo una vez hablé con él, aunque no fue en realidad una conversación. Estábamos jugando, las niñas en la calle, los niños en un descampado un poco más allá. Siempre jugábamos separados. De repente sentí un pelotazo no muy fuerte en la espalda. Me di la vuelta rápidamente y cogí la pelota. Vi entonces a Ramiro que ...

14

¿Cuántos años tiene Natalia?
¿Cuántos años tenía la abuela cuando tuvo su primer amor?
¿Cómo era Ramiro?
¿Dónde vivía Ramiro?
¿Cuántas veces habló la abuela con él?
¿Qué estaban haciendo?

11 ¿Y tú?

¿Qué recuerdas de tu primer amor?
¿Cuántos años tenías?
¿Cómo se llamaba?
¿Dónde os encontrasteis la primera vez?

Los idiomas en España

1 Los idiomas en España

El artículo 3 de la Constitución Española (1978) :
1. El castellano es la lengua española oficial del Estado. Todos los españoles tienen el deber de conocerla y el derecho a usarla.
2. Las demás lenguas españolas son también oficiales en las respectivas Comunidades Autónomas de acuerdo con sus estatutos.

En el Estado Español se hablan el castellano, el gallego y el catalán, de origen románico, y el vasco, de origen desconocido hasta ahora.

2 Yo hablo gallego

▼ Yo hablo gallego, y en mi casa se habla gallego, pero sólo mis hijos leen y escriben en gallego.
◆ ¿Y cómo es eso?
▼ Pues, mira, simplemente porque en España entonces oficialmente sólo se hablaba el castellano.
◆ Pero había libros en gallego, ¿no?
▼ Sí, claro, pero en la escuela todos los libros eran en castellano y el gallego no se aprendía, aunque la mayoría lo hablaba en casa.
◆ ¿Y tus hijos ahora tienen clase en gallego?
▼ Sí, es obligatorio, y en muchos colegios también se dan otras asignaturas, como biología o historia, en gallego. Ahora no es como antes; en Galicia el gallego se usa igual que el castellano: en la televisión, la radio, la prensa ...

Compara cómo era antes y cómo es ahora.

3 ¿Y tú?

¿Qué idiomas se hablan en tu país?
¿Qué dice la Constitución de tu país sobre los idiomas?

¡Tome estas pastillas!

1 Para empezar

tiene fiebre

tiene dolor de cabeza

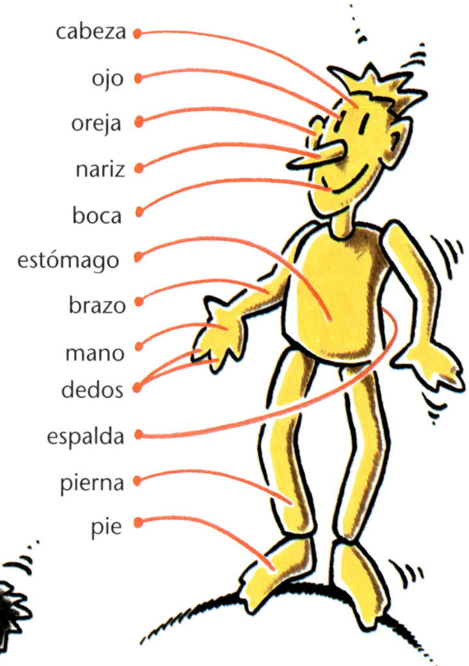

está resfriado

tiene dolor de oídos

tiene dolor de garganta

15

tiene dolor de muelas

tiene dolor de estómago

tiene tos

¿Qué consejo darías a la persona que tiene / está ... ?

¡Escucha música! ¡Ponte ropa de abrigo! ¡Haz yoga! ¡Ve a la sauna!

¡Llama a tu mamá! ¡Come cebolla! ¡Ve al dentista! ¡Haz deporte!

¡Bebe leche caliente con miel! ¡Toma una ducha fría! ¡Bebe un coñac caliente!

¡Toma una aspirina! ¡Métete en la cama! ¡Toma una infusión de manzanilla!

2 ¿Y tú?

¿Qué haces si estás enfermo/-a?
Habla con un/a compañero/-a.

▼ *Si tengo dolor de cabeza, tomo una aspirina. ¿Y tú?*
◆ *Yo no, yo me meto en la cama. Si tengo ....*
▼ *Yo también.*

3 ¿Qué le pasa?

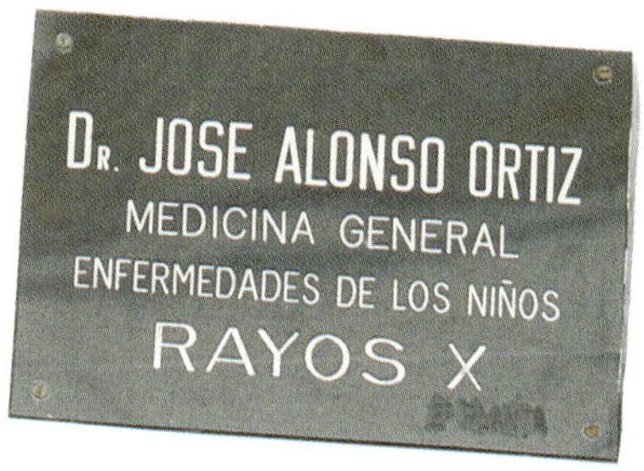

▼ ¿Qué le pasa?
■ Pues, mire, tengo dolor de estómago y estoy un poco mareada.
▼ ¿También tiene diarrea?
■ No, sólo náuseas.
▼ ¿Dónde le duele?
■ Aquí ...
▼ Bueno, seguro que es por el cambio de comidas. Coma verduras, arroz blanco, sopa ... y beba mucho. No tome café.
■ ¿Puedo fumar?
▼ Si tiene náuseas, mejor no. Y tampoco tome alcohol. Le voy a dar unas pastillas para calmar el dolor. Tome una antes de cada comida.

¿Qué le pasa?

Tiene ______________________, está ___________________________ .

¿Qué aconseja el médico?

Coma _______, beba _______ . No ________ café, no _______alcohol, no _______, ________ pastillas.

Imperativo	tú		usted	
tomar	¡tom**a**!	¡no tom**es**!	¡tom**e**!	¡no tom**e**!
beber	¡beb**e**!	¡no beb**as**!	¡beb**a**!	¡no beb**a**!
dormir	¡duerm**e**!	¡no duerm**as**!	¡duerm**a**!	¡no duerm**a**!
quedarse	¡quéd**ate**!	¡no te qued**es**!	¡quéd**ese**!	¡no se qued**e**!

4 Para practicar

El señor Gómez se encuentra mal. Le duele todo. Tiene dolor de cabeza, de garganta, tiene fiebre y está resfriado. Aconséjale utilizando los verbos de la lista.

quedarse en casa | no fumar | descansar | dormir mucho | no trabajar | meterse en la cama | tomar aspirinas | beber leche caliente

irregulares	tú		usted
ir	¡ve!	¡no vayas!	¡(no) vaya!
hacer	¡haz!	¡no hagas!	¡(no) haga!
poner	¡pon!	¡no pongas!	¡(no) ponga!
tener	¡ten!	¡no tengas!	¡(no) tenga!
salir	¡sal!	¡no salgas!	¡(no) salga!
venir	¡ven!	¡no vengas!	¡(no) venga!
decir	¡di!	¡no digas!	¡(no) diga!

5 Para practicar

Un amigo tiene un examen. Está muy nervioso, pero no estudia lo suficiente. Aconséjale qué debe o qué no debe hacer.

¡bebe mucho!
¡no bebas tanto!

concentrarse
ir de copas
salir
estudiar
beber mucho vino
descansar
hacer deporte
fumar mucho
levantarse tarde
ir a la biblioteca
levantarse temprano
jugar al fútbol
ver la tele

6 Para escuchar

¿Qué le pasa a Manolo?
¿Qué le recomienda Juan?

7 ¿Y tú?

En grupo de tres o cuatro. Uno de vosotros da un consejo. ¿ Quién le contradice más rápido?

8 Para leer

Este verano, salud.
Aquí hay parte de un cartel. En este cartel la Junta de Andalucía da consejos de cómo tenemos que comportarnos en la playa. Lee los consejos y decide dónde pondrías estos textos en el cartel.

① Respeta las señales de peligrosidad del mar. El banderín rojo indica PELIGRO.

② Conserva la playa limpia. No dejes desperdicios, latas, vidrios, colillas o papeles. Usa las papeleras y contenedores de residuos.

③ Utiliza una esterilla o toalla personal para descansar sobre la arena.

④ Para evitar la insolación y las quemaduras solares, toma el sol poco a poco los primeros días y usa siempre protectores solares.

9 ¿Y tú?

Escribe otras reglas para mantener la salud o evitar peligros en la playa.

El mundo se queja …

1 El mundo se queja …

Relaciona los textos y los males.

☐ contaminación de los mares
☐ destrucción de los bosques
☐ agujero en la capa de ozono
☐ cambio climático
☐ desertización

1. El ozono en la atmósfera es vital para la vida en el planeta. Nos protege de los rayos peligrosos del sol.
2. Algunos mares están muy contaminados porque los océanos se usan como basureros de la actividad industrial.
3. Cada año se pierden 15 millones de hectáreas de árboles.
4. Las fábricas, los coches, los aviones etc. emiten diariamente a la atmósfera gases nocivos con capacidad de alterar el clima del planeta.
5. El suelo cada vez es más pobre a causa de la sobreexplotación del terreno en actividades agrícolas.

2 ¿Y tú?

¿Podemos cambiar la situación? ¿Qué se puede hacer para mejorar el medio ambiente?
Aquí hay una lista. ¿Qué medidas te parecen bien? ¿Qué haces tú?

Tira las botellas en los contenedores de vidrio.
No tires basura a la naturaleza.
Ahorra agua.
Usa productos reciclables.
Ahorra energía.
Consume menos.
No uses bolsas de plástico.
Selecciona la basura.
Usa papel reciclado.

3 Para leer

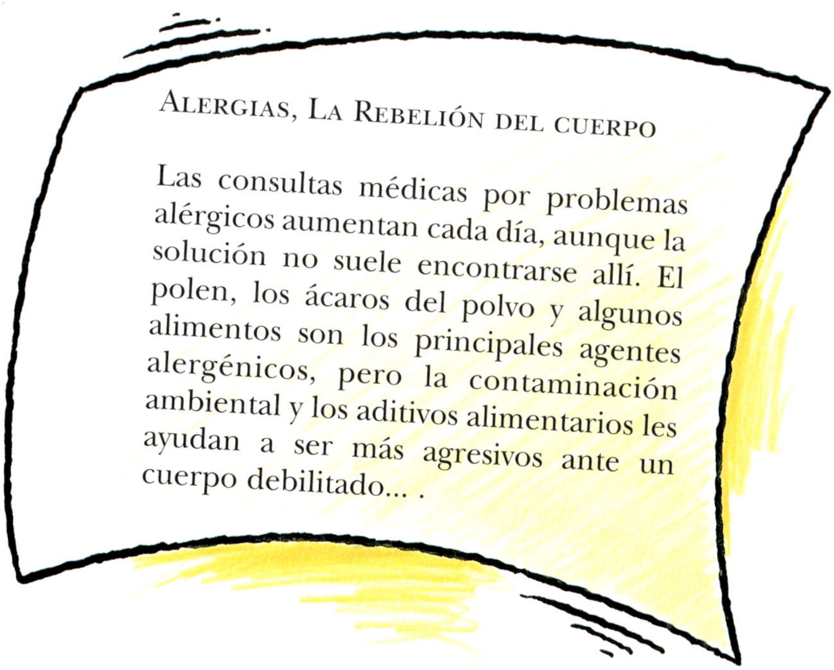

ALERGIAS, LA REBELIÓN DEL CUERPO

Las consultas médicas por problemas alérgicos aumentan cada día, aunque la solución no suele encontrarse allí. El polen, los ácaros del polvo y algunos alimentos son los principales agentes alergénicos, pero la contaminación ambiental y los aditivos alimentarios les ayudan a ser más agresivos ante un cuerpo debilitado... .

¿Cuáles son las causas más frecuentes de una alergia?

15

Trotamundos

1 Para empezar

¿Cómo pasar las vacaciones? Diversas posibilidades:
relaciona las fotos y las frases.

☐

☐

☐

☐

☐

1. Pasar las vacaciones en la costa.
2. Hacer visitas turísticas a ciudades.
3. Pasar las vacaciones en el campo.
4. Aprender idiomas.
5. Hacer buceo.
6. Hacer montañismo.

☐

16

2 ¿Y tú?

¿Cómo prefieres pasar las vacaciones? ¿Por qué?
¿Qué haces normalmente?

3 ¿Acabas de llegar a Cusco?

▼ Carlos ■ Manolo

▼ No te he visto hasta ahora por aquí, ¿acabas de llegar a Cusco?
■ Sí, llegué ayer por la tarde y todavía no he visto mucho; bueno, he dado un paseo por la ciudad esta mañana y me parece maravillosa, pero quiero orientarme un poco. ¿Y tú?, ¿cuántos días llevas aquí?
▼ Yo me voy mañana. He estado aquí una semana. Si quieres puedo darte algunas informaciones.
■ ¡Fantástico! Pienso quedarme seis días y quiero hacer el Camino del Inca hasta Machupicchu. ¿Lo has hecho?
▼ Sí, he vuelto hoy. Seis días no es mucho. Para el camino necesitas cuatro o cinco días y un día para visitar el Machupicchu.
■ ¿Lo has hecho solo?
▼ No, no es recomendable. Es mejor hacerlo en grupo.

¿Qué ha hecho Manolo?
¿Qué ha hecho Carlos?

4 Para practicar

Una encuesta

	sí	no
¿Has hecho autostop alguna vez?	☐	☐
¿Has estado ya en América?	☐	☐
¿Has dormido una noche en la playa?	☐	☐
¿Has visto volcanes?	☐	☐
¿Has hecho ya un crucero?	☐	☐
¿Has ido a una corrida de toros?	☐	☐
¿Has aprendido idiomas en el extranjero?	☐	☐
¿Has hecho vela o surf?	☐	☐
¿Has bailado flamenco o salsa?	☐	☐
¿Has escalado una montaña?	☐	☐

Perfecto

he		*irregulares:*	
has	estado	hacer	**hecho**
ha	aprendido	ver	**visto**
hemos	dormido	ir	**ido**
habéis		volver	**vuelto**
han			

Contesta la encuesta. Después pregunta a tu compañero/-a. ¿Tenéis experiencias en común?

16

5 Para practicar

Aquí hay una lista de preparativos de viaje. Elige 4 cosas que ya has hecho. Tu compañero/-a tiene que descubrir en 5 preguntas cuáles son.

▼ *¿Has ....?*
◆ *Sí./No, todavía no.*

comprar los billetes
reservar el hotel
cambiar dinero
recoger el piso
hacer la maleta
despedirse de mamá
leer una guía de turismo
dejar las llaves al vecino
vaciar la nevera

6 ¿Y tú?

Completa las frases con cosas que has hecho. Después habla con un/a compañero/-a.

▼ *Hoy he ido de compras. ¿Y tú?*
◆ *Yo he trabajado.*

Hoy ______________________________

Esta semana ______________________________

Este año ______________________________

Nunca ______________________________

Todavía no ______________________________

Ya ______________________________

7 Para escuchar

El equipo necesario

¿Qué objetos necesita Carlos para hacer el Camino del Inca? Escucha y márcalos.

gafas de sol	☐	anorak	☐
mochila	☐	botas de montaña	☐
saco de dormir	☐	tienda	☐
raqueta de tenis	☐	camping gas	☐
linterna	☐	cámara	☐

8 Para leer

CUSCO

Cusco se fundó en un valle de los Andes situado a 3.500 metros sobre el nivel del mar. Fue la capital del Imperio Inca.

En tiempos de los Incas la ciudad tenía calles rectas y largas que salían de dos plazas. En el centro vivía la aristocracia, en grandes palacios con jardines y agua corriente. Se calcula que Cusco tenía unos 200.000 habitantes en su época de esplendor.

Desde Cusco salían los caminos más importantes del Imperio, hacia el norte, el sur y el este. La red de comunicaciones incaicas era la mayor del continente y se cree que tenía unos 40.000 kilómetros. Por estos caminos había mucho comercio. Cada dos o tres kilómetros había un almacén donde se turnaban los corredores, es decir, personas que transportaban mensajes o pequeños objetos a una velocidad de 10 kilómetros por hora. Se dice que de esta forma el inca que vivía en Cusco podía comer pescado fresco de la costa.

Hoy en día el "Camino Inca a Machupicchu", parte del Incario, es una de las atracciones turísticas de Perú.

¿Dónde está Cusco?
¿Quién vivía en el centro de la capital?
¿Cuántos kilómetros tenía el Incario?
¿Qué es un corredor?

Reclamaciones

1 Reclamaciones en el aeropuerto

■ He venido con el vuelo 785 de Viena y se han perdido nuestras maletas. Bueno, no han llegado.
● ¿Cuántas maletas son? ¿Viajan juntos?
■ Sí, viajamos juntos. La mía es bastante grande, de color negro y de plástico duro.
● ¿Y la suya? Intente describirla.
▼ La mía es pequeña, de tela marrón con unas cintas negras de cuero. Y no lleva etiqueta con mi dirección. La tuya, sí, ¿no, Juan?

el mío
el tuyo
el suyo
el nuestro
el vuestro
el suyo

■ Mi bolso es grande.
● El mío también.
■ Mis maletas son grandes.
● Las mías, no.

2 Para practicar

A mira esta página. **B** mira la página 121.

¿Qué diferencias hay entre los objetos? Descríbelos.

▼ *Tengo un/a ...*
◆ *El mío/la mía es .../de color ....*

3 Para leer

El tirón ...

no es un fenómeno típico español, sino un «deporte» que se practica también en otros países.

Por ejemplo, un turista pasea por las calles con una guía en la mano, en el hombro derecho un bolso y en el izquierdo la cámara fotográfica. De repente, pasa alguien corriendo, en bicicleta o en moto, y tira del bolso. Antes de darse cuenta el turista, le han robado y el ladrón ha desaparecido. Con él el dinero, las tarjetas de crédito, la documentación, las llaves.

Si el ladrón es amable, caso excepcional, devuelve la documentación y las llaves o las lleva a una oficina de objetos perdidos. Si no, lo único que se puede hacer es ir a la comisaría y hacer una denuncia.

4 ¿Y tú?

¿Te han robado alguna vez?
¿Has hecho una denuncia alguna vez?
¿Has perdido algo alguna vez?

Cuéntame tu vida

1 Para empezar

Ordena los datos biográficos y escribe las frases correspondientes en las líneas.

Se casó con su primer amor.
Fue aprendiz de mecánico.
Entró a trabajar en un taller.
Empezó la escuela.
Se mudó de casa.

Tuvo un hijo.
Nació en Córdoba.
Vive en Sevilla y tiene un taller de motos.
Ganó una carrera de motos.

2 Para escuchar

a. Primero lee los textos.

Angel Murillo Santiago nació en Avilés (Asturias) en 1926. Después de la guerra trabajó cuatro años en una mina. En 1943 su familia se fue a Vigo y allí trabajó en una fábrica de conservas. En 1948 se fue a Argentina, donde vivía su hermano, y allí hizo de todo: fue taxista, cocinero ....Volvió de Argentina y se casó en 1953. Trabajó muchos años en un hospital y ahora está jubilado.

José Díaz Cordero nació en Jávea (Alicante) en 1924. Fue a la escuela hasta 1936. Durante la Guerra Civil trabajó en un hospital. En 1943 se fue a Argentina a trabajar con su hermano. Trabajó en un restaurante hasta 1953. En ese año se casó y dos años después volvió a España. Su esposa y él pusieron un restaurante en Alicante. Murió en 1991.

b. Ahora escucha y contesta.
¿Cuál de los dos es el abuelo?

3 Para practicar

Elige una de las fotos e inventa una biografía. Lee el texto a tus compañeros. ¿Adivinan de quién hablas?

4 ¿Y tú?

Cuenta la vida de una persona de tu familia.

- *Mi abuela nació en ..., se casó ...*

5 ¡Cuánto tiempo sin verte!

▼ Clara ◆ Sofía

▼ ¿Qué es de tu vida? ¡Cuánto tiempo sin verte!
◆ ¡Ya ves! Desde hace un año vivo de nuevo en nuestro barrio.
▼ ¡Pues cuánto me alegro! Yo siempre he sido fiel. Y, ¿qué has hecho todos estos años?
◆ Dejé de trabajar en el Centro Cultural hace 7 años. Cuando estaba embarazada asistí a unos cursos y ahora trabajo en una agencia de publicidad.
▼ Y antes, ¿dónde vivías?
◆ En las afueras, pero los niños empezaron a ir a una escuela del centro y tenían que ir todos los días en autobús. Era muy incómodo y por eso, el año pasado, decidimos mudarnos. Y a ti, ¿cómo te ha ido la vida?
▼ Ya sabes que antes trabajaba en un jardín de infancia, pero cerraron y desde enero estoy en paro.
◆ ¡Qué mala suerte! Lo siento mucho.

Sofía ______ de nuevo en el barrio desde hace un año. ______de trabajar en el Centro Cultural ______ 7 años. Cuando ______ embarazada ______ a unos cursos y ahora _______ en una agencia de publicidad.

Clara siempre ________ vivido en el barrio. Antes ______ en un jardín de infancia, pero ________ y desde enero ________ en paro.

hace 3 años = vor 3 Jahren (Zeitspanne)
desde 1988 = seit 1988 (Zeitpunkt)
desde hace 3 años = seit 3 Jahren (Zeitspanne)

6 ¿Y tú?

Cuenta algo de tu vida con cada uno de los marcadores temporales. Si las ordenas cronológicamente consigues una pequeña biografía.

Antes ______________________________

Hace 5 años ______________________________

Cuando tenía 10 años ______________________________

____

El año pasado ______________________________

En 1991 ______________________________

Desde ______________________________

Desde hace ______________________________

Ahora ______________________________

Hasta ahora ______________________________

____

Todos los años ______________________________

____

7 Para leer

Cristina Sánchez

Cristina Sánchez es actualmente la mujer torero más famosa de España. Es una de las pocas mujeres que ha conseguido ser aceptada en un mundo masculino. En una entrevista de la revista «El País Semanal» nos habla de su vida y de cómo empezó a torear. Aquí encuentras parte de esa entrevista.

¿Cuándo se dio cuenta de que quería torear?

He ido a los toros desde niña. Aquí en Parla hay Plaza de Toros y vienen matadores, banderilleros, gente que empieza. Mi padre bajaba a la plaza o al gimnasio, y yo me iba con él. ... Y un día cogí un capote y una muleta y unos chavalines empezaron a enseñarme. Así comenzó todo.

¿Torear era juego o ya quería ser torera?

No, me daba mucho miedo, me gustaba, pero me parecía imposible ponerme delante de un toro.

Estos últimos años ha habido otras mujeres que han querido torear, pero es la única que lo ha logrado. ¿Para las demás era sólo un juego?

Por juego no te pones delante de un toro.

¿Cómo recuerda la primera vez que toreó en una gran plaza?

...Mi padre me dejó torear diciéndome que sería el primer becerro y el último. Es bonito recordarlo. Mi padre me decía que estaba loca por querer dedicarme a una profesión que si es difícil para los hombres, más lo es para una mujer....

Lee el texto y decide si estas frases son verdaderas o falsas.

	v	f
Cristina iba a la Plaza de Toros con su padre.	☐	☐
Su padre empezó a enseñarle a torear.	☐	☐
Los toros le daban miedo.	☐	☐
Muchas mujeres piensan que torear es un juego.	☐	☐
Cristina sólo ha toreado una vez.	☐	☐
Su padre decía que estaba loca por querer torear.	☐	☐

8 ¿Y tú?

¿Has estado alguna vez en una corrida?
¿Qué piensas de las corridas de toros?

Una carta de solicitud

1 Una carta de solicitud

Hotel de 4 estrellas en Madrid
Precisa
SECRETARIA de DIRECCION
Se requiere:
• Amplios conocimientos de inglés, francés y alemán
• Experiencia en hostelería
• Conocimientos informáticos
Se ofrece:
• Remuneración atractiva
• Integración en importante empresa
Interesadas enviar C.V. con foto reciente a Dirección de Recursos Humanos, P° Reina Cristina n°9, D.P. 28014 de Madrid, indicando la referencia D/1.

Soledad Marcos
c/Tambre, 12
28006 Madrid

Madrid, 3 de marzo de 1997

Asunto: Referencia N° D/1
Su anuncio en El País del 2-3-97

Estimados señores:

En referencia al anuncio publicado en el diario «El País» he sabido que buscan una secretaria con conocimientos de idiomas y por ello me pongo en contacto con ustedes.
Tengo 28 años, estoy soltera y resido en Madrid. He cursado mis estudios en la Escuela de Hostelería y Turismo.
Después trabajé de recepcionista durante seis meses en el hotel Krone de Zurich, Suiza, y durante seis años en el hotel Tryp Gran Sol de Alicante. He asistido a un curso de informática y he realizado varios cursos de perfeccionamiento del francés y del inglés, idiomas que hablo y escribo correctamente.
Quedo a su disposición para una entrevista en el caso de ser seleccionada.

Atentamente

Soledad Marcos

Anexo: Curriculum Vitae

17

Calendario de la educación en España

Edad	1	2	3	4	5	6	7	8	9	10	11	12	13	14	15	16	17	18
Ley 1954	Sin escolarizar					**Primaria** (4 cursos)				**Bachiller elemental** (4 cursos)				**Bachiller superior** (2 cursos + Preu)				
Ley 1970 LGE				**Párvulos**		**Educación general básica** (8 cursos)								**Bachillerato unificado polivalente** (3 cursos)			**COU** (1 curso)	
Ley 1990 LOGSE			**Escuelas de formación infantil**			**Primaria** (6 cursos)						**Educación secundaria obligatoria** (4 cursos)				**Bachiller** (2 cursos)		

Lee la carta y completa el curriculum vitae con los datos que faltan.

CURRICULUM VITAE

Datos personales

Apellidos: _______________ Vidal

Nombre: _______________

Lugar de nacimiento: Madrid

Fecha de nacimiento: 22 de marzo de 1969

Nacionalidad: _______________

Estado civil: _______________

Domicilio: _______________

Teléfono: 5825695

Estudios realizados

1975-1983	Enseñanza General Básica (E.G.B.) en el Colegio Estudio, Madrid
1983-1986	Bachillerato Unificado Polivalente (B.U.P.) en el Colegio Estudio, Madrid
1986-1987	Curso de Orientación Universitaria (C.O.U.) en el Instituto Mirasierra, Madrid
1987-1990	Estudios en la Escuela de_______________, Madrid, con calificación de sobresaliente

Experiencia laboral

1990-1991	_______________ de recepción en el hotel Krone de Zurich
1991-1997	_______________ en el hotel Tryp Gran Sol de Alicante

Otros Conocimientos

Idioma alemán:	Conocimiento muy alto. Cursos en el «Deutsches Kulturinstitut», Madrid. Estancias en Alemania y Suiza
Idioma inglés:	Conocimiento alto
Idioma francés:	Conocimiento alto
Informática:	Curso de ____________. Manejo de ordenadores a nivel usuario

17

¿Qué será, será ... ?

1 Para empezar

¿Está usted preparado para el siglo XXI?

¿Se siente a gusto con la vida moderna y con las nuevas tecnologías?

	Sí	No
1. ¿Tiene Vd. un compact-disc?	☐	☐
2. ¿Tiene Vd. un microondas?	☐	☐
3. ¿Tiene Vd. un ordenador personal?	☐	☐
4. ¿Tiene Vd. un módem?	☐	☐
5. ¿Tiene Vd. un descodificador de televisión?	☐	☐
6. ¿Tiene Vd. un «routefinder» en su coche?	☐	☐
7. ¿Tiene Vd. un número de correo electrónico?	☐	☐
8. ¿Tiene Vd. un teléfono móvil?	☐	☐
9. ¿Tiene Vd. un «voice mail system» en su teléfono?	☐	☐
10. ¿Tiene Vd. un fax en casa?	☐	☐

Todas las respuestas negativas: 0 puntos
Si su respuesta es afirmativa, sume los puntos
1 = 3   2 = 3   3 = 5   4 = 8   5 = 10   6 = 8   7 = 8   8 = 6   9 = 7   10 = 5

Sus resultados:
Menos de 15 puntos: usted está a gusto en el siglo XX.
De 15 a 32 puntos: usted está bastante bien preparado para el siglo XXI, pero sus hijos, probablemente, están mucho mejor preparados que usted.
Más de 32 puntos: ¡Bienvenido al siglo XXI!

2 Una entrevista

▼ periodista ● escritor

▼ Usted ha escrito un libro sobre el cambio climático y la salud. ¿No le parece que su visión del futuro es muy negra?
● Bueno, me he limitado a analizar el presente y, estará de acuerdo conmigo, en que no hay muchas razones para ser optimistas.
▼ En el futuro, ¿habrá más enfermedades?
● Habrá enfermedades desconocidas. Mi teoría es que las nuevas técnicas en agricultura y alimentación provocarán enfermedades congénitas. El sol será más peligroso y las enfermedades de la piel aumentarán.
▼ ¿Y no ve nada positivo en el futuro?
● Sí, que en el norte de Europa tendremos un clima tropical y no necesitaremos viajar al Caribe.

La visión del futuro del escritor:

________________ enfermedades desconocidas.

El sol ______________ más peligroso.

Las enfermedades de la piel ____________ .

3 Para practicar

Haz una entrevista. Pregunta a diferentes personas. Anota los nombres y las respuestas y después, en grupo, comenta los resultados.

¿Cómo será el año 2030?

	sí	no
◆ ¿Cambiará el clima?	☐	☐
◆ ¿Podrán reparar la capa de ozono?	☐	☐
◆ ¿Habrá menos coches?	☐	☐
◆ ¿Aumentará el paro?	☐	☐
◆ ¿Vivirá gente en el espacio?	☐	☐
◆ ¿Habrá una vacuna contra el Sida?	☐	☐
◆ ¿Se construirán rascacielos de más de 1.000 metros de altura?	☐	☐

Futuro		*irregulares:*	
	-é	poder	podré
	-ás	tener	tendré
Infinitiv +	**-á**	salir	saldré
	-emos	hacer	haré
	-éis	saber	sabré
	-án	decir	diré
		haber	habrá

4 Para practicar

¿Y cómo será nuestra vida cotidiana?
Habla con un/a compañero/-a de lo que pasará en el futuro.

▼ *¿Piensas que dentro de 20 años haremos teletrabajo en casa?*
◆ *Pienso que sí/no. Y tú, qué piensas, ¿......?*

en el futuro	hacer teletrabajo en casa
muy pronto	viajar en el espacio
dentro de 20 años	vivir hasta los 120 años
en el año 2050	volar a América en dos horas
nuestros nietos	comer carne y pescado en forma de pastillas
	hacer la compra por televisión
	trabajar hasta los 75 años
	necesitar una máscara para respirar

5 ¿Y tú?

¿Qué harás el próximo año por la misma época?
¿Qué crees que te pasará el año que viene?

18

6 Para leer

De mayores hablarán cuatro idiomas, sabrán utilizar los últimos avances tecnológicos, conocerán el trabajo en equipo, respetarán el medio ambiente, pero sobre todo serán grandes personas.

Una filosofía propia de enseñanza: practicamos una formación centrada en la persona, tendente a potenciar la creatividad, el trabajo en equipo, el liderazgo, la comunicación, la toma de decisiones.

De lo que ofrece este colegio, ¿qué es para ti lo más importante? ¿Por qué ?
Compara con tu compañero/-a.

7 Para escuchar

Escucha esta canción de Maná y completa con las palabras.

mundo · cielo · niños · peces · mundo · niño · papalotes · tierra · árboles · niños

¿Dónde jugarán los niños?

Cuenta el abuelo que de ______él jugó
entre ________ y risas y alcatraces de color.
Recuerda un río transparente sin olor,
donde abundaban _________ , no sufrían ni un dolor.
Cuenta el abuelo de un ________ muy azul,
en donde voló _________ que él mismo construyó.
El tiempo pasó y nuestro viejo ya murió.

Y hoy me pregunté después de tanta destrucción,
¿dónde diablos jugarán los pobres _________ ?
¡Ay ay ay! ¿En dónde jugarán?
Se está pudriendo el ________ ,
ya no hay lugar.

La ________ está a punto de partirse en dos.
El cielo ya se ha roto,
ya se ha roto el llanto gris.
La mar vomita ríos de aceite sin cesar.

Y hoy me pregunté, depués de tanta destrucción,
¿dónde diablos jugarán los pobres ________?
¡Ay ay ay!. ¿En dónde jugarán?
Se está pudriendo el ________ ,
ya no hay lugar.

8 ¿Y tú?

¿Cómo vivía la generación de los abuelos?
¿Cómo vivimos nosotros?
¿Cómo vivirán nuestros hijos?

Anhang

Lección 5

9 Para practicar

B: Estás delante de la estación. Pregunta a tu compañero/-a por

1 una farmacia — 2 la oficina de turismo
3 un banco — 4 el hospital

▼ *Oiga, por favor, ¿hay un / una … cerca de aquí?*
Por favor, ¿dónde está el / la … ?

◆ *Sí, está… .*
Usted sigue …, gira … , cruza … .

◆ *Está …*

A

2 ¿Y tú?

B: Trabajas en un hotel. Aquí tienes una lista para contestar las preguntas de A.

HOTEL «DOS ESTRELLAS»

Agosto	No. 33 balcón 12.000 pts.	No. 34 balcón 11.000 pts.	No. 35 – 5.400 pts.	No. 36 – 10.500 pts.	No. 37 balcón 11.000 pts.	No. 38 – 14.000 pts.
1					*Sres. García*	
2	*Sres. Mateo*		*Sr. González*		*Sres. García*	
3	*Sres. Mateo*					
4	*Sres. Mateo*					
5						
6						*Sres. Pons*
7						*Sres. Pons*
8		*Sres. Sánchez*				

2 Para practicar

¿Qué diferencias hay entre los objetos? Descríbelos.

▼ *Tengo un/a ...*
◆ *El mío/la mía es .../de color ....*

Arbeitsbuch – Lerntipps

In diesem Arbeitsbuchteil finden Sie zu jeder Lektion Übungen, mit denen Sie den Lektionsstoff vertiefen können. Die Übungen sind für die individuelle Arbeit zu Hause oder im Kurs geeignet. Die Lösungen dazu finden Sie ab Seite 216. Zu Anfang geben wir Ihnen ein paar Tipps, wie Sie zu Hause angenehmer und erfolgreicher lernen können.

- Teilen Sie sich Ihren Lernstoff ein. Es ist besser, jeden Tag (oder jeden zweiten) eine Viertelstunde zu lernen, als einmal in der Woche eine Stunde oder länger. Wenn Sie zum Beispiel jeden Tag fünf neue Vokabeln lernen, werden Sie diese besser behalten, als wenn Sie versuchen, sich einmal in der Woche 35 Vokabeln einzuprägen.

- Planen Sie Ihre Lernzeiten fest in Ihren Tagesablauf ein, damit Sie Ihre Absicht zu lernen nicht immer wieder aufschieben. Außerdem können Sie zwischendurch, bei der Hausarbeit, an der Ampel oder wenn Sie eine Treppe hinaufgehen, Spanisch üben. Zählen Sie doch einmal die Treppenstufen auf Spanisch oder benennen Sie die Farben oder die Namen der Gegenstände, die Sie sehen. Zu Anfang ist Ihr Wortschatz natürlich auf bestimmte Themen beschränkt, aber mit der Zeit können Sie immer mehr Situationen beschreiben.

- Finden Sie heraus, wo Sie am besten lernen können. Suchen Sie sich Ihren «Lernort» in Ihrer Wohnung. Man muss beim Lernen nicht immer nur am Schreibtisch sitzen! Ein angenehmer Platz fördert die Lust anzufangen.

- Auch wenn wir in **Mirada** Themen aufnehmen, die von allgemeinem Interesse sind, gibt es bestimmt Wörter (z. B. bei den Berufen oder bei den Hobbys), die Sie nicht besonders interessieren oder die für Sie nicht wichtig sind. Treffen Sie eine Auswahl. Man behält Dinge, die für einen wichtig sind, besser als unwichtige. Wenn dann noch Zeit bleibt, lernen Sie auch noch Wörter und Sätze, die von anderen gesagt werden und die Sie vor allem verstehen sollen (z. B. was der Kellner oder der Verkäufer äußert).

- Finden Sie heraus, was für ein Lerntyp Sie sind. Jeder Mensch hat unterschiedlich ausgeprägte Vorlieben für oder Abneigungen gegen bestimmte Arten zu lernen. Der eine kann erst etwas behalten, wenn er sich «ein Bild» gemacht hat, der Nächste muss etwas «hören», ein anderer lernt am besten, wenn er etwas «tut». Vielen Menschen helfen die Grammatikregeln einer Sprache, sie besser zu verstehen, für andere sind Grammatikregeln «ein rotes Tuch», die mehr verwirren, als dass sie zum Lernerfolg beitragen. Wenn Sie wissen, welcher Lerntyp Sie sind, können Sie den für Sie besten Weg wählen.

- Lassen Sie nach der Kursstunde zu Hause den Unterricht in Ihrem Kopf noch einmal Revue passieren. Fassen Sie zusammen, was Sie gelernt haben.

Wenn Sie merken, dass Sie nicht alles verstanden haben, schauen Sie noch einmal im Buch nach oder notieren Sie Ihre Fragen für die nächste Kursstunde.

- Probieren Sie aus, wie Sie am besten Vokabeln lernen. Es gibt verschiedene Möglichkeiten, sich den neuen Wortschatz einzuprägen. Wir möchten Ihnen Vorschläge machen, unter denen sicher einer der richtige für Sie ist:

Die Vokabellisten mit dem Lektionswortschatz in **Mirada** dienen dazu, Ihnen Hilfen für das Verständnis der Dialoge und Texte zu geben. Sie haben damit eine Vorlage, welcher Wortschatz zu den einzelnen Themen ausgesucht wurde. Diese Listen auswendig zu lernen ist wenig effektiv und sehr mühsam.

Viele Lernerinnen und Lerner kommen sehr gut mit einer individuell erstellten Lernkartei zurecht. Dazu schreiben Sie die neuen Vokabeln – am besten in einem ganzen Satz – auf eine kleine Karteikarte. Das neue Wort wird unterstrichen. Auf die Rückseite kommt die Übersetzung. Dann brauchen Sie noch einen Karteikasten mit vier oder fünf Fächern. In das erste Fach kommen die neuen Kärtchen. Bereits beim Schreiben der Karteikärtchen prägen Sie sich viel ein. Wenn Sie jetzt dieses erste Fach durcharbeiten (am besten übersetzten Sie den Satz oder den Begriff vom Deutschen ins Spanische), wandern alle Vokabeln, die Sie «können» in das nächste Fach. Die, die Sie noch nicht behalten haben, bleiben im ersten. Nach ein paar Tagen arbeiten Sie das zweite Fach durch. Die Vokabeln, die Sie immer noch «können», kommen in das dritte Fach, die anderen zurück in das erste usw. Sie wiederholen also immer nur den Lernstoff, der Ihnen Schwierigkeiten macht, bis Sie ihn sich eingeprägt haben. Das erste Fach enthält den Lernstoff, den Sie häufig bearbeiten, der Inhalt der anderen Fächer wird in größeren Zeitabständen wiederholt.

Eine andere Methode ist das Ankern. Wenn man sich etwas merken will, ist es nützlich, es zusammen mit einem Bild, einem Gefühl, einer Bewegung oder einer anderen Sinneswahrnehmung im Gedächtnis zu verbinden (oder zu ankern). Verben können Sie beispielsweise mit einer Bewegung verankern, so dass Sie jedes Mal, wenn Sie diese Bewegung machen, an das spanische Wort denken. Oder assoziieren Sie ein Geräusch, eine Farbe, einen Geruch mit einer neuen Vokabel. Ihrer Fantasie sind keine Grenzen gesetzt!

Ordnen Sie den Wortschatz nach Themenbereichen. Man kann so Wörter viel besser behalten. Sie können die Themenbereiche auch grafisch darstellen, indem Sie Sätze oder Begriffe um den Oberbegriff anordnen. Machen Sie sich also ein Bild von den Themen. Lassen Sie dabei Ihrer Fantasie freien Lauf.

- Sprechen Sie mit anderen im Kurs über deren Lerngewohnheiten. Sie bekommen dadurch noch einige Ideen, wie Sie das Lernen leichter und angenehmer gestalten können. Das Wichtigste ist, Ihren eigenen Lernstil zu finden. Probieren Sie es aus. Bald werden Sie feststellen, dass sich der Erfolg einstellt.

- Zum Schluss noch eine Ermunterung: Haben Sie den Mut, Fehler zu machen! Durch Fehler lernen Sie. Fehler sind normal, denn wer ist schon von Anfang an perfekt? Wie Sie sicher aus eigener Erfahrung wissen, kann man auch fehlerhafte Sprache eines Ausländers vestehen. Durch Übung und möglichst häufige Anwendung der neuen Sprache kommen Sie zum Erfolg.

1 Saludos

Wie grüßen Sie zu den angegebenen Uhrzeiten? Schreiben Sie den passenden Gruß.

¡Buenos dias!

¡Buenas trades!

¡Buenos dias!

¡Buenas trades!

¡Buenos dias! Hola

¡Buenas noches!

2 Setzen Sie ein.

1. Me llamo Carmen. Soy de Barcelona.
2. Y tú, ¿de dónde eres? • soy alemán.
3. ¿Cómo se llama Vd.? • Rosa Cortina.
4. Mi mujer y yo somos de Suiza, de Zurich.
5. ¿Cómo te llamas? • Felipe.
6. ¿De dónde son Rosa y Pedro?

llamas llamo soy eres llama son somos soy

3 Welche Nationalität haben sie?

1. Sabine es de Berlín, es alemana.
2. Christian es de Zurich, es suizo.
3. Charles es de Londres, es inglés.
4. José es de La Habana, es cubano.
5. Mario es de Roma, es italiano.
6. Isabel es de Toledo, es española.
7. Mary es de Liverpool, es inglesa.
8. Evita es de Buenos Aires, es argentina.
9. Harald es de Viena, es austriaco.
10. Pierre es de París, es francés.

4 Was gehört zusammen? Verbinden Sie die Dialogteile.

¡Hola!, ¿qué tal?	Bien, gracias.
¿Cómo está usted?	De Austria.
¿De dónde eres?	¡Hola!
Ésta es mi amiga Ana.	Encantado.

5 Setzen Sie das passende Fragewort ein.

1. !Hola!, ¿ qué tal?
2. ¿ como se llama usted?
3. ¿ de dónde es usted?
4. ¿ como estás?
5. ¿ de dónde eres?

¿cómo? ¿de dónde? ¿qué?

6 Wie lautet die Frage? Schreiben Sie in der Du-Form.

1. ¿ de dónde eres ? De Alemania.
2. ¿ eres suiza ? Sí, soy suiza.
3. ¿ Como te llamas ? Noel Martínez.
4. ¿ como estás ? Muy bien, gracias.

7 Schreiben Sie die Zahlen in Buchstaben. Welche Zahlen ergeben sich aus den markierten Kästchen?

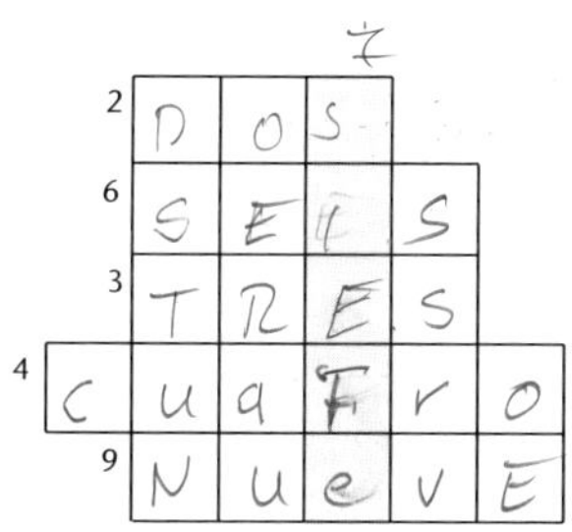

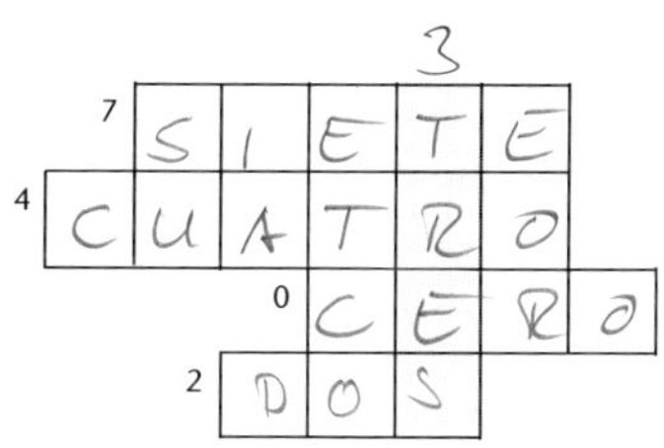

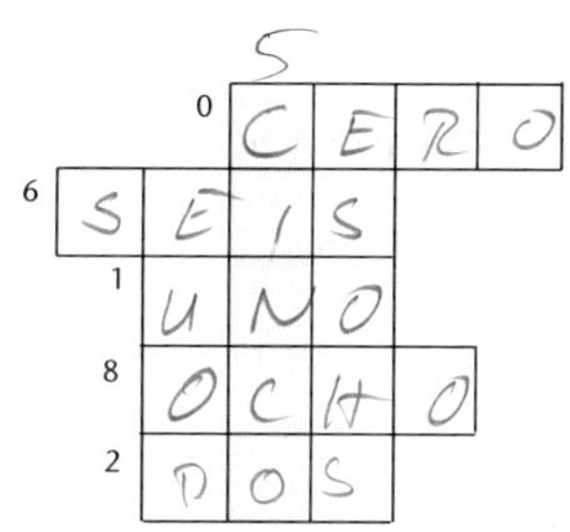

8 Was sagen Sie wenn, ...

1. Sie sich bedanken.
2. Sie auf einen Dank reagieren.
3. jemand zu schnell spricht.
4. Sie etwas nicht verstanden/gehört haben.

gracias más despacio, por favor de nada ¿cómo?

1

9 Aussprachetraining

1. Hören Sie die Wörter und unterstreichen Sie die betonte Silbe.

hola · amigo · española · Felipe · me llamo · te llamas · eres

español · señor · mujer · usted · por favor

número · Málaga · alemán · está · adiós · teléfono

Wörter, die auf *a, e, i, o, u,* oder *n, s* enden, werden auf der ...... Silbe betont.
Wörter, die auf einen der anderen Buchstaben enden, werden auf der ......
Silbe betont.
Alle Abweichungen davon werden an der betonten Stelle mit einem Akzentzeichen gekennzeichnet.

2. Hören Sie die Namen und sprechen Sie sie nach.

Alejandro · Miguel · Diego · Juana · Guillermo · Gabriela · Jorge ·

Sergio · Gustavo

Tragen Sie jetzt die Namen in die entsprechende Spalte ein.

ch wie in Kuchen	g wie in Garten	
Alejandro	Miguel	Gabriela
Juana	Diego	Gustavo
Jorge	Guillermo	
Sergio		

10 Rückblick

Wir schlagen Ihnen vor, am Ende einer Lektion all das aufzuschreiben, was Sie über sich selbst oder über andere in Spanisch ausdrücken können.
Zum Beispiel wie Sie heißen, woher Sie kommen, welche Telefonnummer Sie haben usw. Wenn Sie Lust haben, schreiben Sie dies in ein separates Heft; am Ende des Kurses haben Sie dann Ihr persönliches «Spanischbuch».

Me llamo .... .

Mi madre/padre/mujer/marido/amigo/amiga ...se llama .... .

Soy de .... .

1 Bilderrätsel

Welche Berufe haben die Personen? Schreiben Sie sie in die waagerechten Kästchen. Die markierten Kästchen ergeben, von oben nach unten gelesen, einen weiteren Beruf.

2 Wo arbeiten die Personen aus Übung 1?

1. en un Bar
2. En un hospidal
3. En un banco/una oficina
4. En una oficina
5. En una oficina
6. En una esuela/un colegio
7. En un hospidal

3 Welches Wort passt?

1. Y tú, ¿qué haces ? - soy estudiante. estudio matemáticas.
2. ¿Qué hacen Felipe y Sofía? - Felipe es arquitecto y Sofía trabaja de camarera.
3. ¿Nosotros? Sí, hablamos inglés.
4. Y usted, señora Labanda, ¿qué hace Vd. ? - Soy ama de casa.
5. Mi amiga María habla inglés y holandés.

haces · es · hacen · hablamos · estudio · soy · hace · soy · trabaja · habla

2

4 Schreiben Sie die passenden Fragen in den Dialog.

¿ Como te llamas ? ? Ricardo.
¿ De donte eres ? ? De Burgos.
¿ Que haces ? ? Soy estudiante.
¿ Que estudias ? ? Matemáticas.

5 Diese Personen stellen sich vor. Was sagen sie?

Griselda	Ana	Carlos
Valencia	Córdoba	Montevideo
programadora	fotógrafa	profesor
casada	casada	casado
3 hijos	no tengo hijos	una hija

Me llamo ..., vivo en ... Valencia, soy programadora, estoy casada y tengo 3 hijos

Und nun stellen Sie sie vor:

Éste/-a es ..., vive ... ...

6 Vervollständigen Sie das Schema mit den passenden Formen der regelmäßigen Verben auf -ar und -ir.

	yo	tú	él, ella usted	nosotros /-as	vosotros /-as	ellos/-as ustedes
trabajar	trabajo	trabajas	trabajas	trabajamos	trabajáis	trabajan
estudiar	estudio	estudias	estudia	estudiamos	estudiáis	estudian
hablar	hablo	hablas	habla	hablamos	habláis	hablan
buscar	busco	buscas	busca	buscamos	buscáis	buscan
vivir	vivo	vives	vive	vivimos	vivis	viven

7 Welche Zahlen sind in der Wortschlange versteckt? Schreiben Sie sie in Ziffern.

13 / 25 / 47 / 14 / 19 / 58 / 11

8 Aussprachetraining

1. Hören Sie die Wörter und kreuzen Sie an, wie die markierten Buchstabenkombinationen ausgesprochen werden.

	k	θ	tsch
mu**ch**o			x
camarero	x		
ofi**ci**na		x	
cuántos	x		
vene**zo**lano		x	
qué	x		
ban**co**	x		
ar**qui**tecto	x		
Vene**zu**ela		x	
Celia		x	

θ = wie ein gelispeltes s, wie im Englischen th (thing)

Welche Buchstabenkombinationen werden wie [k] gesprochen? ca/co/cu/que/qui

Welche Buchstabenkombinationen werden wie [θ] gesprochen? ce/ci/za/zo/zu

Welche Buchstabenkombinationen werden wie [tsch] gesprochen? cha/che/chi/cho/chu

2. Hören Sie die Wörter und unterstreichen Sie die betonte Silbe.

camarero · profesor · enfermera · fotógrafo · oficina

hospital · años · programadora · casa · profesora

9 Rückblick

Was können Sie am Ende dieser Lektion über sich in Spanisch sagen/schreiben? Schreiben Sie, was Sie beruflich machen, wo Sie wohnen, über Ihre Familie, wie alt Sie sind … .

1 Wörtersalat

Hier sind die Buchstaben durcheinander geraten. Welche Wörter sind in der Schüssel?

el vino
la tortilla
la racion
el vaso
el cafe
la comida
la botella
el agua
la leche
la cerveza

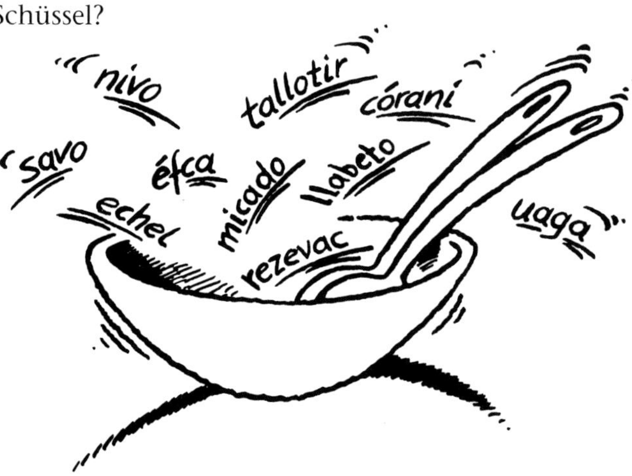

Schreiben Sie nun *el* oder *la* vor die Wörter.

2 Ordnen Sie die Sätze so, dass ein Dialog entsteht.

Una cerveza también.

Una cerveza. ¿Y tú?

Voy a comer un bocadillo de jamón.

¿Y para comer?

¿Qué vas a beber?

Yo, una tortilla.

¿Qué vas a beber?
Una cerveza ¿Y tu?
Una cerveza también
¿Y para comer? Voy a comer una bocadillo de jamón.
Yo, una tortillia

3 Vervollständigen Sie das Schema mit den Wörtern im Singular bzw. im Plural.

Singular	Plural
el vaso	los vasos
la botella	las botellas
el/la estudiante	los/las estudiantes
el bar	los bares
la ración	las raciones

Bei Wörtern, die mit einem Vokal (*a, e, i, o, u*) enden, wird der Plural gebildet durch Anhängen von s.

Bei Wörtern, die mit einem Konsonanten enden, wird es angehängt.

3

4 In einer Bar sitzt eine Gruppe Touristen. Ergänzen Sie die Bestellungen mit den fehlenden Wörtern.

1. Para mí _una_ cerveza, por favor.
2. Voy a tomar _un_ vaso de vino blanco y _una_ ración de calamares.
3. Yo _un_ café con leche.
4. Y para mí, a ver, _un_ bocadillo de queso, por favor.
5. Yo voy a tomar _un_ té.

5 Welche Form passt?

1. Señora García, ¿qué _va_ a tomar?
2. Y vosotras, ¿qué _vais_ a comer?
3. (Yo) _voy_ a comer una ración de tortilla.
4. Los amigos _van_ a tomar café.
5. ¿Qué _vas_ a beber? (tú)
6. ¿_vamos_ a tomar algo? (Nosotros)

vais va vamos voy vas van

6 Wer sagt das, Kellner oder Gast?

	camarero	cliente
1. ¿Qué van a tomar?	☒	☐
2. ¿Podría traer otro vino?	☐	☒
3. ¿Qué tienen?	☐	☒
4. Para mí, una sopa de ajo.	☐	☒
5. Y, ¿ para beber?	☒	☐
6. Perdón, faltan los vasos.	☐	☒
7. ¿Quieren algo más?	☒	☐
8. La cuenta, por favor.	☐	☒

7 Fügen Sie die Formen des Verbs *querer* in die Sätze ein.

1. ¿Qué ___________ ustedes?
2. Yo ___________ un coñac.
3. Celia y Felipe, ¿ ___________ tomar algo?
4. Ana ___________ un café con leche.
5. Mi amigo y yo ___________ calamares.

1 quieren 2 quiero 5 queremos 4 quiere 3 queréis

3

8 Aussprachetraining

Hören Sie die Wörter und sprechen Sie nach.

ll	**ñ**	**b,v**
botella	coñac	vaso
tortilla	España	beber
bocadillo	español	a ver
Mallorca	señor	bar
me llamo		vamos

Trabalenguas: Wie im Deutschen gibt es auch in der spanischen Sprache zahlreiche Zungenbrecher, also Sätze und Reime, die meistens wenig bedeuten, oft sogar Nonsens sind, aber durch die Häufung bestimmter Laute eben die Zunge schon mal stolpern lassen. Probieren Sie es doch einmal.

Guillermo llama papilla a la tortilla
y panecillo al bocadillo
y cuando pide un panecillo de papilla
le dan un bocadillo de tortilla.

9 Rückblick

Stellen Sie sich vor, Sie sitzen auf der Terrasse einer Bar in einer spanischen Stadt. Der Kellner kommt.

▼ Buenas tardes, ¿qué va a tomar?

Sie bestellen ein Bier.
◆ Una cerveza por favor

▼ ¿Cerveza española o alemana?

Sie sagen, was Sie möchten.
◆ Española

▼ Bien.

Sie möchten auch etwas essen und fragen, was es gibt.
◆ ¿Que hay para coma?

▼ Hay bocadillos, sandwiches y tortilla.

Sie entscheiden sich für ein bocadillo und fragen, was für welche es gibt.
◆ Un bocadillo ¿De que son?

▼ De queso y tomate o de jamón.

Sie sagen, was Sie möchten. Der Kellner bringt das Bestellte.
◆ De tomate

▼ Una cerveza y un bocadillo.

Sie bedanken sich und möchten dann gleich bezahlen.
◆ Muchas gracias la cuenta por favor.

1 Welche Tätigkeiten sind hier abgebildet?

2 Wem gefällt Spanisch?

Ordnen Sie die Pronomen in die Tabelle ein.

os le a mí les a ti les a ellas me le a nosotros les a ella a ustedes a ellos a usted le

a mí me		gusta hablar español
a ti	te	
a él le		
a ella le		
a usted le		
a nosotros	nos	
a vosotros os		
a ellos les		
a ellas les		
a ustedes les		

3 Ergänzen Sie die fehlenden Pronomen.

1. A mí me gusta leer.
2. A nosotros nos gusta ir al cine.
3. Y a ti, ¿qué te gusta hacer?
4. A ellos les gusta jugar al fútbol.
5. Y a usted, ¿qué le gusta hacer?
6. ¿A vosotros os gusta trabajar en el jardín?

4 Was machen sie gern, was gefällt ihnen nicht?

A ... (no) ... gusta ...

a Pedro le gusta dormir

a Mónica no le gusta cocinar (cocinar)

a José no le gusta trabajar en el jardín

a Celia le gusta ver la televisión

a Fernando no le gusta caminar

a María le gusta hacer deporte

5 Setzen Sie die passende Form von *preferir* ein.

1. No me gusta ir al cine, prefiero ir al teatro.
2. No nos gusta bailar, preferimos escuchar música.
3. Roberto, qué prefieres : ¿el tenis o el fútbol?
4. A ellos no les gusta nadar, prefieren caminar.
5. ¿Qué prefére usted: el cine o la televisión?

6 *gusta* oder *gustan*?

1. Me gustan mucho los libros de ciencia ficción.
2. Les gusta ir al restaurante.
3. A Pedro le gustan las películas americanas.
4. ¿Te gustan las telenovelas?
5. A mí me gusta leer novelas policíacas.
6. A nosotros nos gusta el rock.

7 Reagieren Sie auf die Aussagen entsprechend der Angaben in der Klammer.

▼ Me gusta mucho nadar.
(Sie schwimmen auch gern.)
● A mí también.

1. ▼ Me gusta mucho dormir.
(Sie schlafen auch gern.)
● A mí también

2. ▼ A José no le gustan las revistas musicales.
(Sie mögen Musicals auch nicht.)
● A mí tampoco

3. ▼ Nos gusta bailar.
(Sie tanzen nicht gern.)
● A mí no

4. ▼ A mí no me gusta ir de compras.
(Sie gehen auch nicht gern einkaufen.)
● A mí tampoco

5. ▼ A Felipe no le gustan los cómics.
(Sie mögen Comics.)
● A mí sí

8 Schreiben Sie die Uhrzeiten.

__________ __________ __________ __________ __________ __________

4

9 Aussprachetraining

El trompetista trompetero trompetea la trompeta.

1. Hören Sie die Wörter und sprechen Sie sie nach.

r = entrevista · libre · teatro · prefiero · hablar · cocinar · leer · libros · naranja
rr = Garrido · Serrano · Inglaterra · espárragos · arroz

2. Welche Silbe wird betont? Unterstreichen Sie.

radio · televisión · película · música · bicicleta · deporte · novela · minutos

10 Rückblick

Schreiben Sie über Ihre Hobbys, Ihre Vorlieben, Abneigungen: Was machen Sie gern in Ihrer Freizeit? Welche Bücher, Filme, Musik mögen Sie? Wenn Sie möchten, schreiben Sie auch über andere Familienmitglieder oder Freunde.

1 Wo sind die Städte?

Beschreiben Sie die Lage der eingezeichneten Orte.

1. Madrid ________ en el ______ de España.
2. Santander ______________________ .
3. Barcelona ______________________ .
4. Málaga ______________________ .
5. Cáceres ______________________ .

5

2 Ergänzen Sie den Text mit den fehlenden Artikeln und den Endungen der Adjektive.

____ casa de mi padre es pequeñ__ y viej__ .Está en ____ pueblo muy bonit__ .El pueblo me gusta mucho porque es tranquil__ . ____ ciudad donde vivo es muy famos__, ____ avenidas son anch__ y ____ parques son grande__ . Mi casa está cerca de ____ Plaza Mayor, es grande y antigu__ .

3 Pedraza

Setzen Sie *muy* oder *mucho/-a/-os/-as* ein.

Pedraza es un pueblo _____ pequeño cerca de Segovia. Es _____ antiguo, tiene _____ casas viejas y una plaza _____ bonita. No tiene _____ habitantes. Es _____ tranquilo y provinciano.

4 **Schreiben Sie die Richtungsangaben entsprechend den Zeichnungen.**

1. Sigue ____________ .
2. Sigue ________ el semáforo.
3. Gira ____________________ .
4. Toma la ________ calle ______________ .

5 **Wo ist das Haus?**

Zeichnen Sie den Weg anhand der Notizen in den Plan ein.

A la calle Victoria:
primera a la izquierda
cruza plaza
en el supermercado a la derecha
todo recto
segunda a la derecha
tercera casa a la izquierda

6 **Wo ist Pablo?**

_________ de la casa _________ de la casa _________ de la casa _________ de la casa

7 Was passt? *Hay* oder *estar*?

1. Disculpe, ¿ ______ una farmacia por aquí?
   Sí, ______ en la primera calle a la derecha.
2. El cine ______ al lado del museo.
3. Por favor, ¿ ______ un supermercado cerca de aquí?
4. El hotel "La Mirada" ______ en la Plaza de la Iglesia.
5. En la ciudad ______ parques bonitos.

8 Wie sagt man auf Spanisch?

1. Entschuldigen Sie, ... ________________
2. Es tut mir leid, ... ________________
3. Wie schön! ________________
4. Hören Sie bitte,... ________________
5. Überhaupt nicht! ________________

9 Aussprachetraining

1. Hören Sie die Wörter und sprechen Sie nach.

el oeste · el país · la ración · la televisión · correos · el pueblo

el edificio · luego · viejo · industrial · antigua

2. Hören Sie die folgenden Wörter und unterstreichen Sie die betonte Silbe.

farmacia · está · ciudad · estación · tranquilo · delante

Ésta está con éste
y éste con ésta está
¿y ésta con quién está?

10 Rückblick

Beschreiben Sie die Lage Ihres Wohnortes, Ihres Hauses ...
Wie ist Ihr Wohnort, Ihr Haus?
Was gibt es in Ihrem Wohnort?

1 Welches Wort passt nicht in die Reihe?

1. naranja · melocotón · pan · plátano · manzana
2. leche · cebollas · mantequilla · yogur · queso
3. mortadela · huevos · jamón · chorizo · salchichón
4. miel · azúcar · pimientos · mermelada
5. lechuga · patatas · limones · pimientos · ajo

2 Wer sagt das? Der Verkäufer oder der Kunde?

	dependiente	cliente
1. Me toca a mí.	☐	☐
2. ¿Cómo los quiere?	☐	☐
3. Me pone dos kilos de patatas.	☐	☐
4. ¿Me corta el queso?	☐	☐
5. ¿Desea algo más?	☐	☐
6. Son 985 pts.	☐	☐
7. ¿Es todo?	☐	☐
8. Y una lata de atún.	☐	☐

3 Setzen Sie die fehlenden Pronomen ein.

1. ▼ ¿A quién ______ toca?
   ◆ ______ toca a mí.
2. ▼ ¿Qué ______ pongo a ustedes?
   ◆ ______ pone un kilo de manzanas.
3. ▼ A vosotros, ¿______ gustan los plátanos?
   ◆ Sí, ______ gustan mucho.
4. ▼ ¿______ podría cortar el jamón, por favor?
   ◆ Sí, claro.
5. ▼ Y a tí, ¿qué ______ pongo?
   ◆ Un kilo de azúcar, por favor.

4 Ergänzen Sie die Pronomen *lo, los* oder *la, las.*

1. ■ Medio kilo de plátanos, por favor.
   ● ¿Cómo ______ quiere?
2. ■ 100 gramos de mortadela.
   ______ quiero en lonchas finas.
3. ■ ¿Cómo quiere las manzanas?
   ● ______ quiero maduras.
4. ■ Un té con limón, ¿y el café?
   ● ______ quiero con leche.
5. ■ Tenemos mermelada de melocotón y de naranja.
   ● ______ quiero de naranja.

5 Familienprobleme

Ersetzen Sie die unterstrichenen Wörter durch *lo, los, la,* oder *las* und ändern Sie die Stellung der Satzteile entsprechend.

1. Mi marido siempre compra los tomates verdes y yo quiero tomates maduros.
2. Si yo compro vino blanco, mi marido quiere vino tinto.
3. Cuando compramos yogures naturales, mi hija quiere yogures con fruta.
4. Mi marido compra manzanas grandes, y mi madre quiere manzanas pequeñas.
   ¡Qué familia!

6 Ergänzen Sie die passenden Endungen.

1. Paloma tiene pantalones marron____, azul____ y verde____ .
2. Me gustan las faldas blanc____ y las chaquetas amarill____ .
3. Pablo lleva un traje negr____ y una corbata roj____ .
4. Los zapatos azul____ son de Mónica.
5. Le gustan los bañadores amarill____ .

7 Denksportaufgabe

Pablo Blanco, Felipe Verde, Gustavo Gris und Carlos Rojo haben beschlossen, sich für ein Karnevalsfest in den Farben ihrer Namen zu verkleiden. Vor dem Fest treffen sie sich und tauschen einige Kleidungsstücke untereinander aus.

Pablo Blanco: Llevo la chaqueta de Felipe, los pantalones de Carlos y mi camisa.
Felipe Verde: Llevo mi camisa, la chaqueta de Gustavo y los pantalones de Pablo.
Gustavo Gris: Llevo los pantalones de Felipe, la chaqueta de Carlos y mi camisa.
Carlos Rojo: Y yo, ¿qué llevo?

Welche Farbkombinationen tragen die Freunde?

Pablo lleva una chaqueta _______, pantalones _______ y una camisa _________.

Felipe lleva ____.

Gustavo lleva ____.

Carlos lleva ____.

8 Was passt: *este/-a/-os/-as* oder *ese/-a/-os/-as*?

1. Me gusta ____ jersey.
2. ____ falda cuesta 3500 pts.
3. ¿Te gusta ____ blusa?
4. ____ pantalones le quedan muy bien.
5. ¿Cuánto cuestan ____ zapatos?
6. Juan va a llevar ____ corbata.
7. ¿Me puedo probar ____ bañador?

9 Was ist das Gegenteil?

blanco ________

ancho ________

caro ________

largo ________

grande ________

Un limón y medio limón
dos limones y medio limón
tres limones y medio limón
cuatro limones y medio limón ...

10 Ausspracheträining

Hören Sie die Wörter und sprechen Sie sie nach.

arroz · azúcar · jamón · melocotón · plátano
yogur · café · huevos · miel

11 Rückblick

Welche Lebensmittel mögen Sie gern, welche nicht?
Was kaufen Sie für ein langes Wochenende ein?
Welche Kleidungsstücke haben Sie? Welche Farben? ...

1 Wie sind die Öffnungszeiten?

Setzen Sie die passenden Präpositionen ein.

1. Está abierto ________ las 9 y las 14.30.
2. Está cerrado ________ de las 14.30.
3. Está abierto ________ la mañana.
4. Cierra ________ de las 9 de la noche.
5. Está abierto ________ las 8 de la tarde.

2 Setzen Sie die passenden Formen von *empezar* und *volver* ein.

1. ▼ Trabajo en una oficina de turismo. ________ a las 9 y ________ a casa a las 6. ¿Y tú, a qué hora ________?
   ■ A las 9 también, pero no ________ a casa antes de las 7.
2. ▼ Nosotros ________ el trabajo a las 10. Y vosotros, ¿cuándo ________ por la mañana?
   ■ A las 8.30.
   ▼ ¿Y a qué hora ________ a casa?
   ■ A las 7.
3. Pedro tiene un horario muy bueno. ________ a las 8 y ________ a casa antes de las 6.

3 Beschreiben Sie den Tagesablauf von Sebastián.

7 h	levantarse	20 h	volver a casa
9 h	empezar a trabajar	21 h	cenar
14 h	comer	22 h	salir con amigos
18 h	ir a un bar	24 h	acostarse

A las 7 Sebastián ...

Schreiben Sie den Text in der Ich-Form.

4 Ergänzen Sie das Schema mit den fehlenden Formen der Verben.

	yo	tú	él,ella usted	nosotros /-as	vosotros /-as	ellos/-as ustedes
empezar			empieza			
cerrar					cerráis	
querer	quiero					
acostarse			se acuesta			
volver		vuelves				
dormir						duermen
jugar				jugamos		

Bei welchen Personen verändert sich der Stamm der Verben?
Bei welchen bleibt er unverändert?

5 Setzen Sie die fehlenden Reflexivpronomen ein.

Frau García klagt, dass ihre Kinder morgens nicht aus dem Bett kommen und sie als erste aufstehen muss, um alles vorzubereiten.

«En esta casa todos ____ levantan tarde, menos (außer) yo; yo ____ levanto todos los días temprano para preparar todo. ¿Y por qué? ¡Porque soy idiota! Claro, los «señoritos» tienen que dormir, ¿y a qué hora ____ acostáis? No lo sé. ____ levantáis para comer y a veces tampoco eso. Papa y yo ____ acostamos y vosotros nunca estáis en casa. ¡Basta! Carlos, mañana ____ levantas a las 7 y preparas tú todo. ¡Y yo voy a levantar____ más tarde!»

7

6 Welcher Tag, welcher Monat?

1. ¿El día después del lunes? ______________
2. ¿El mes entre abril y junio? ______________
3. ¿El día antes del domingo? ______________
4. ¿El primer mes del año? ______________
5. ¿El día antes del viernes? ______________
6. ¿El mes después de septiembre? ______________

7 Ein Brief aus dem Urlaub

Ergänzen Sie die fehlenden Zeitangaben.

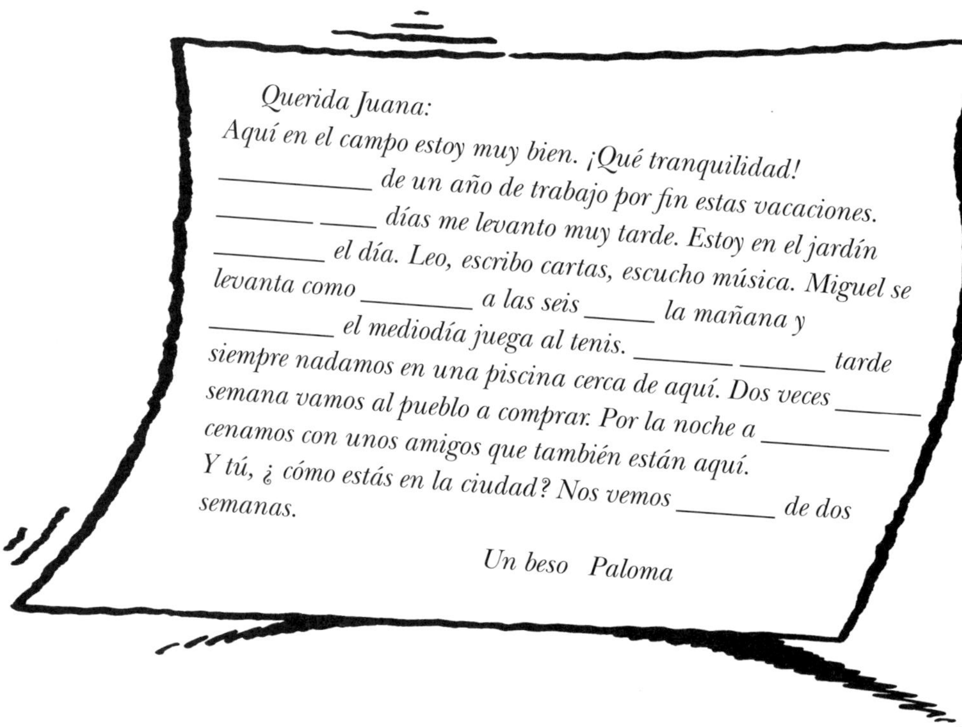

Querida Juana:
Aquí en el campo estoy muy bien. ¡Qué tranquilidad!
__________ de un año de trabajo por fin estas vacaciones.
______ ____ días me levanto muy tarde. Estoy en el jardín
________ el día. Leo, escribo cartas, escucho música. Miguel se
levanta como ________ a las seis ______ la mañana y
__________ el mediodía juega al tenis. ________ _______ tarde
siempre nadamos en una piscina cerca de aquí. Dos veces _______
semana vamos al pueblo a comprar. Por la noche a __________
cenamos con unos amigos que también están aquí.
Y tú, ¿ cómo estás en la ciudad? Nos vemos _______ de dos
semanas.

Un beso Paloma

8 Aussprachetraining

Bei den folgenden Wörtern fehlen die Akzentzeichen.
Hören Sie und ergänzen Sie sie.

periodico · ademas · despues · informacion · sabado · ingles

9 Rückblick

Schreiben Sie über Ihren Tagesablauf, Ihre Gewohnheiten.

1 Was gehört zusammen? Verbinden Sie die Ausdrücke.

dar	un partido de fútbol
tener	una barbacoa
ver	un paseo
ir	entradas para un concierto
quedarse	a la playa
hacer	en casa

2 Ein Telefongespräch

Ergänzen Sie den Dialog.

▼ ¿Diga?

◆ Hola Manuel, soy Paloma. __________ para saber qué __________ tienes para mañana. ¿Vas a montar en bicicleta?

▼ Sí, si hace ______________ tiempo.

◆ ¿Y si hace mal _______________ ?

▼ Pienso _______________ en casa. ¿Y tú?

◆ Tengo dos _____________ para el tenis. ¿Por qué no ____________?

▼ Es una __________ idea. Ya ___________ que me gusta mucho el tenis.

◆ ¡Qué bien! ______________ hasta mañana.

▼ ¡Hasta ______________!

buena · buen · tiempo · entonces · quedarme · entradas · llamo · mañana · sabes · planes · vienes

8

3 Welche Pläne haben sie?

Setzen Sie die passenden Formen der angegebenen Verben ein.

1. El miércoles Juan (querer) _________ ir al zoo.
2. ◆ Y ustedes, ¿qué (ir) _______ a hacer?

   ▼ (Pensar) _________ dar un paseo por el parque.
3. Me gusta el fútbol. (ir) ______ a ver un partido en la tele.
4. El domingo nosotros (querer) _____________ dormir hasta tarde.
5. El próximo año Celia (ir) _____ a ir a Francia.

4 Am Montag kann ich nicht.

Ein Freund möchte sich mit Ihnen verabreden. In der nächsten Woche ist Ihr Terminkalender aber schon voll. Begründen Sie, warum Sie nicht können. Benutzen Sie *tener que* oder *querer*.

- El lunes no puedo; es que *tengo que ir al médico.*
- El martes no puedo; es que ________________ .
- El miércoles ________________________ .
- ________________________________ .
- ________________________________ .
- ________________________________ .
- ________________________________ .

LU	médico
MA	trabajar
MI	cine
JU	cenar con Paco
VI	festival de flamenco
SA	fiesta de Ana
DO	barbacoa

5 Setzen Sie die fehlenden Fragewörter ein.

1. ¿ _________ te apetece hacer? ● Me gustaría ir al cine.
2. ¿ _________ no vienes también? ● No, hoy no puedo.
3. ¿ _________ quedamos? ● En la plaza Mayor.
4. ¿ _________ empieza la película? ● A las ocho.
5. ¿ _________ personas vienen? ● Seis o siete.

cuándo | por qué | qué | dónde | cuántas

6 Was passt? *Quedar* oder *quedarse*?

1. El fin de semana __________ en casa. Quiero leer y descansar.
2. Mis amigos y yo vamos a bailar. __________ a las 11 en el bar Flores.
3. ¿Cómo __________ (nosotros)? ¿Vienes a buscarme?
4. Los jueves __________ (yo) hasta tarde en la oficina.
5. ¿Cuántos días __________ (tú) en Madrid?

7 Was sagen Sie wenn, ...

1. Sie einen Vorschlag gut finden?
2. Sie keine Lust haben auf ... ?
3. Sie es noch nicht wissen?
4. Sie jemanden nach seiner Meinung fragen?

No tengo ganas de ... .

Todavía no lo sé.

¿Qué te/le parece?

Es una buena idea.

8 Formen Sie die Sätze wie im Beispiel um.

¿Te quieres quedar en casa?
¿Quieres quedarte en casa?

1. ¿Me vienes a buscar sobre las ocho?
2. Os quiero visitar la semana que viene.
3. Le tengo que decir que no puedo.
4. ¿Me vas a contestar?
5. Les voy a mostrar mi ciudad.

9 Ein schönes Wochenende

Setzen Sie die passenden Formen der Verben ein.

El fin de semana (venir) ________ mi amiga a visitarnos y (ir) ______ a ir al circo con los niños; a los pequeños les (gustar) _______ mucho y (ser) ________ estupendo escucharles cuando (volver) ________ porque todos (querer) ______hablar al mismo tiempo (zur gleichen Zeit). Yo (pensar) ________ quedarme en casa con Juan, tranquilos y sin niños. Me (parecer)________ que (ir) ________ a dormir una buena siesta.

10 Aussprachetraining

Hören Sie und entscheiden Sie, welches Wort (aufgrund der Betonung) nicht in die Reihe gehört.

semana · mucho · sábado · partido

niños · programador · jardín · ciudad

miércoles · película · próximo · parque

> El bibliófilo bibliotecario
> lee en la biblioteca
> una biografía
> del bíblico Abdías.

11 Rückblick

Welche Pläne haben Sie für das nächste Wochenende? Was wollen Sie machen?

1 Welches Bild passt zu welchem Satz?

1. Ayer estuve en una fiesta.
2. El domingo me quedé en casa.
3. Ayer charlamos hasta tardísimo.
4. Ayer conocí a Marta.
5. El fin de semana ayudé a recoger la casa de Juana.

2 Ein Tag zu Hause

Ergänzen Sie die Sätze mit den folgenden Verben.

acostó escuchó quedó recogió cenó escribió llamó hizo comió

Ayer Pedro se ________ en casa. No ________ nada especial. Por la mañana ________ la casa, a mediodía ________ un bocadillo. Por la tarde ________ música, ________ una carta y ________ por teléfono. ________ en casa y se ________ temprano.

Schreiben Sie den Text in der Ich-Form.

3 Eine Postkarte

Ramón und Maite schreiben eine Postkarte an ihre Freunde. Setzen Sie die richtige Form der Verben ein.

estar | ser | visitar | hacer | ver

Queridos Carlos y Ana:
¡Saludos desde Madrid! Ayer ______ en Toledo. ____ un día muy divertido. _______ la catedral y las sinagogas, que son muy interesantes. ______ muchas fotos. También ______ la casa El Greco, ya sabéis que nos gustan los museos...
Un abrazo muy fuerte y ¡hasta pronto!
Ramón y Maite

Carlos y Ana López
Avda. Tabares Bartlet, 18
38208 La Laguna - Tenerife

4 Setzen Sie die Verben in der passenden Form ein.

1. ▼ ¿Dónde (estar) ________ tú la semana pasada?
   ◆ (estar) ________en la costa, en Andalucía.
   ▼ ¿Y qué (hacer) ________ allí?
   ◆ Nada especial. Descansar, nadar, leer...
2. ▼ Ayer (tú/ir) _______ de compras, ¿no? ¿Qué (comprar) __________ ?
   ◆ (comprar) _______ este jersey. ¿Te gusta?
   ▼ Sí, mucho.
3. ▼ ¿Cuándo (vosotros/ir) __________ al cine por última vez?
   ◆ La semana pasada. (ver) ________ una comedia. (ser) _____ muy divertida.
4. ▼ Ayer en la fiesta, ¿(tú/conocer) __________ a Juan?
   ◆ Sí, y a Ramón también.
5. ▼ ¿Qué (vosotros/hacer) _____ el sábado?
   ◆ (salir) ________ con Antonio e Isabel. (cenar) __________ en el restaurante «Don Miguel».

5 Ergänzen Sie das Schema mit den fehlenden Formen der Verben im Indefinido.

	yo	tú	él,ella usted	nosotros /-as	vosotros /-as	ellos/-as ustedes
hablar	hablé					
comer					comisteis	
escribir			escribió			escribieron
estar		estuviste				
ser/ir				fuimos		
hacer			hizo			

6 Kennen Sie sich mit dem Wetter aus?

Ergänzen Sie die Sätze.

1. Irlanda es una isla verde, porque ________ mucho. No hace mucho ________ pero tampoco ________ frío.
2. En invierno en el centro de España normalmente ________ sol, pero también ________ frío.
3. En Finlandia hace _______ frío en invierno y ________ bastante.
4. En Arabia no ________ mucho, ________ mucho calor todo el año.

7 Aussprachetraining

Hören Sie und unterstreichen Sie die betonte Silbe.

ayer · fiesta · divertido · último · calor · especial

En la plaza pública
se publica la república
que el público publicó

8 Rückblick

Und was haben Sie am letzten Wochende gemacht? Wo waren Sie? Wie war es? Wie war das Wetter? Wie ist das Wetter jetzt?...

1 Buchstabensuppe

Hier sind 7 Verkehrsmittel versteckt (waagerecht und senkrecht); finden Sie sie?

M	O	A	L	E	P	I
A	C	U	L	M	R	A
M	O	T	O	E	A	V
E	C	O	B	T	L	I
C	H	B	A	R	C	O
A	E	U	R	O	E	N
J	X	S	T	R	E	N

2 Ordnen Sie den Dialog.

3 Vergleiche

Setzen Sie *más* oder *que* ein.

1. ▼ El AVE es mucho _____ rápido _____ otros trenes, ¿no?
   ◆ Sí, pero también es _____ caro.
2. ▼ Vamos a ir en coche. Es _____ cómodo _____ ir en autobús.
   ◆ Sí, y es _____ rápido.
3. ▼ ¿Qué prefieres para viajar?
   ◆ Prefiero ir en moto; es _____ divertido _____ ir en coche.
   ▼ Pero también es _____ peligroso.

10

4 Ändern Sie die Sätze nach dem Muster.

Ir en tren es *más* cómodo *que* ir en coche.
Ir en coche *no* es *tan* cómodo *como* ir en tren.

1. El viaje en el AVE es más caro que el viaje en autobús.
2. Gomera está más lejos que Tenerife.
3. Ir en bicicleta es más divertido que ir en coche.
4. El avión es más rápido que el tren.
5. Ir en taxi es más caro que ir en tranvía.

5 *Ir a* oder *ir en*?

Setzen Sie *a, al* oder *en* ein.

1. ▼ ¿Cómo vas ____ trabajo?
   ◆ Tengo que ir ____ autobús. Me gustaría más ir ____ metro, pero no hay una estación cerca. Y para ir ___ pie, la oficina está bastante lejos.
2. ▼ ¿Y tú?
   ◆ Normalmente voy ___ bicicleta ___ la agencia donde trabajo. Pero cuando llueve prefiero ir ___ coche.

3. ▼ En verano queremos ir ___ Francia ___ bicicleta.
   ◆ ¿___ bicicleta? ¡Qué viaje tan largo!
   ▼ Bueno, hasta Irún vamos ___ coche, pero desde allí ___ bicicleta.

6 Was ist das Gegenteil von *salir*?

Die Lösung finden Sie in den markierten Kästchen,
wenn Sie das Gegenteil folgender Wörter eintragen.

1. cerca
2. ida
3. rápido
4. seguro
5. terminar
6. caro

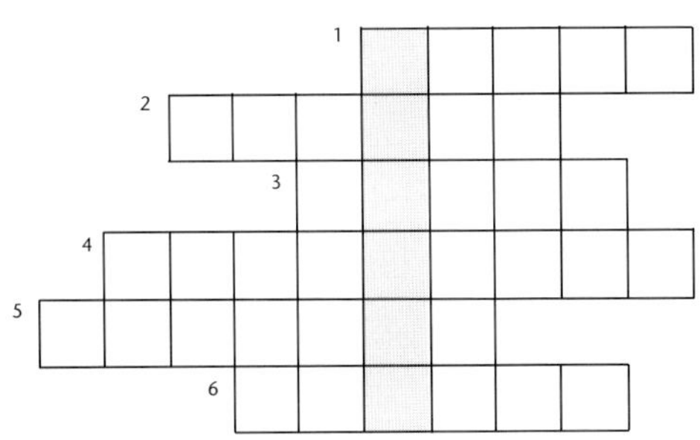

7 Wie heißt es auf Spanisch?

Ich werde es mir überlegen. ____________________

Das Flugzeug macht mir Angst. ____________________

Vielen Dank für die Information. ____________________

Wie teuer! ____________________

8 Ergänzen Sie den Text mit den Wörtern aus den Kästchen.

estación | esperamos | llega | llegamos | andén

directo | salgo | retraso | tren

Todos los días voy en __________ al trabajo. __________ de casa a las ocho y voy a pie a la __________ . En el __________ me encuentro con unos compañeros. Juntos __________ al tren. A veces viene con __________, pero normalmente __________ con puntualidad. Es un tren __________ y __________ a la oficina sobre las nueve.

9 Mit oder ohne *a*?

1. El año pasado visité ___ mi amigo Zander en Trinidad.
2. Este verano vamos a visitar ___ Gomera.
3. Voy a ir a Toledo. Quiero ver ___ la catedral.
4. El lunes pasado vi ___ Carlos en el metro.
5. ¿Conoces ___ Manolo? Es el amigo de Luis.
6. Conozco ___ ese bar. Está al lado de la estación, ¿no?

10 Aussprachetraining

Bei einigen der folgenden Wörter fehlen die Akzentzeichen. Hören Sie und ergänzen Sie, wenn nötig, die Akzente.

rapido · interesante · comodo · aburrido · barato · ecologico

11 Rückblick

Erstellen Sie Ihre persönliche «Hitliste» der Transportmittel und begründen Sie Ihre Vorlieben oder Abneigungen.
Welche Verkehrsmittel benutzen Sie? Wie fahren Sie in Urlaub?...

1 Wörterfragmente

Welche Möbel und Räume sind hier gemeint? Ergänzen Sie die fehlenden Vokale und die Artikel.

1. ___ n_v_r_	7. ___ s_ll_
2. ___ t_rr_z_	8. ___ c_c_n_
3. ___ tr_st_r_	9. ___ p_s_ll_
4. ___ c_m_	10. ___ _sp_j_
5. ___ d_rm_t_r_ _	11. ___ c_ _rt_ de b_ñ_
6. ___ m_s_	12. ___ _rm_r_ _

2 Bei der Autovermietung

Ersetzen Sie die kursiv gesetzten Verben durch die Konditionalform.

▼ ¡Buenas tardes! ¿*Puede* darme algunas informaciones?
◆ Sí, claro. ¿Qué desea?
▼ *Quiero* alquilar un coche para el fin de semana.
◆ A ver, tenemos un Nada Siesta.
▼ ¿*Puede* decirme cuánto cuesta?
◆ Sí, el fin de semana cuesta 25.000 pesetas.
▼ *Quiero* saber si hay sitio para cinco personas.
◆ Bueno, es un poco estrecho, pero ... creo que sí.
▼ ¿*Es* posible hacer una reserva?
◆ Sí, claro.

3 Ergänzen Sie den Text mit *ser, estar* oder *tener.*

Vivo en un piso moderno en una ciudad del norte. _______ muy cerca del mar y puedes ver la playa desde allí.

El piso _______ bastante grande: _______ un salón y dos dormitorios. Además _______ terraza y un trastero. La cocina _______ un poco pequeña, pero _______ todo lo que necesitas: cocina, horno, nevera .... El salón _______ grande y soleado. _______ una habitación muy bonita y _______ un sofá muy cómodo. Los dormitorios me gustan también. Uno _______ muy práctico porque _______ el cuarto de baño al lado. El segundo _______ al final del pasillo. _______ muy tranquilo ¡Puedes dormir una buena siesta allí!

11

4 Ferienhaus oder Hotel?

Lucía und ihr Mann planen den nächsten Urlaub.
Setzen Sie die Verben in der entsprechenden Form im Konditional ein.

▼ Mira, Lucía, yo (preferir) ________ alquilar una casa. (ser) _______ más barato que un hotel.

◆ Sí, claro, y también (ser) _______ más trabajo.Tú (pasar) _______ las vacaciones en la terraza y no (hacer) ________ nada. Y yo ..., (trabajar) ________ todo el día en la casa.

▼ Tranquila, tranquila. No (ser) _______ así. Te (ayudar) ________ . Nos (levantar) __________ tarde. Yo (preparar) __________ el desayuno, (hacer) _________ el café ...

◆ Y el café lo (comprar) _________ yo, ¡como siempre! ... ¿Por qué no vamos a un hotel? No (tener) _________ que hacer nada. (salir) _________ de la habitación, sin hacer las camas, (comer) _________ en un restaurante, (conocer) _________ a gente interesante ...

11

5 Ergänzen Sie das Schema mit den Formen des Konditional.

	yo	tú	él,ella usted	nosotros /-as	vosotros /-as	ellos/-as ustedes
llamar	llamaría			llamaríamos		
comer					comeríais	
escribir		escribirías				

6 Wie heißt der Infinitiv der kursiv gesetzten Verbformen?

1. ¿Qué *harías* tú? ____________
2. Para llegar a las 11 *saldrían* a las 10. ____________
3. Yo *pondría* la lámpara al lado del sofá. ____________
4. ¿*Podríais* decirme cuándo llegáis? ____________
5. *Tendríamos* tiempo para acompañaros. ____________
6. ¿*Vendrías* a las siete? ____________

7 Man spricht Deutsch

Schreiben Sie eine Werbeanzeige für das Hotel und Apartmenthaus «La Gaviota». Benutzen Sie dabei die unpersönliche Form mit «se ...».

Alquilamos apartamentos para 1 - 6 personas. Limpiamos los apartamentos dos veces por semana y cambiamos las toallas y las sábanas cada dos días. Hablamos alemán. Organizamos excursiones y barbacoas.

8 Aussprachetraining

Hören Sie die Sätze und kreuzen Sie an, ob es sich um eine Frage oder eine Aussage handelt. Lesen Sie danach die Sätze mit der entsprechenden Betonung.

1. Podría hacer una reserva. ☐
   ¿Podría hacer una reserva? ☐

2. Sería posible alquilar la casa en agosto. ☐
   ¿Sería posible alquilar la casa en agosto? ☐

3. Llamaría al mecánico. ☐
   ¿Llamaría al mecánico? ☐

4. Le gustaría vivir en el centro. ☐
   ¿Le gustaría vivir en el centro? ☐

9 Rückblick

Beschreiben Sie Ihre Wohnung. Wohnen Sie gerne dort oder würden Sie lieber anders wohnen? Wie wohnen Sie am liebsten, wenn Sie Urlaub machen?...

1 Der Familienstammbaum

Schreiben Sie die Namen der Familienmitglieder in den Stammbaum.

· Pilar es la abuela.
· Isidro es el padre de Luis y Alicia.
· Concha es la madre de Sofía y Rafael.
· Luis es el marido de Concha.
· Ernesto es el tío de Sofía y Rafael.
· Alicia es la mujer de Ernesto.
· Alberto, Raúl y Sara son los hijos de Ernesto y Alicia.

12

2 Setzen Sie die passenden Possessivpronomen ein.

Tengo una familia grande, pero no vivimos juntos. _____ padres viven en Cáceres, que está en el oeste. Yo vivo con _____ marido en Valencia, en el este, pero él es de Cádiz, del sur, donde viven _____ padres. _____ hijos viven en el centro, en Madrid. _____ hija estudia y Roberto, _____ hijo, trabaja en un banco. _____ tíos y tías, los hermanos de _____ madre, viven en Asturias, en el norte. Ya ves que _____ familia está repartida (verstreut) por toda España.

3 Setzen Sie die entsprechende Form von *estar* + Gerundium ein.

1. ▼ ¿Podría hablar con el señor Martínez?
   ◆ Lo siento (hablar) __________ por teléfono.
2. ▼ ¿Dónde está mamá?
   ◆ En la cocina. (preparar) __________ la cena.
3. ▼ ¡Luis! ¿qué haces?
   ◆ (leer) ______________ .
4. ▼ ¿Sabes dónde están Fernando y Álvaro?
   ◆ Creo que (jugar) __________ en el jardín.
5. ▼ Y el niño, ¿ (dormir) __________ ya?
   ◆ No, todavía no, (cenar) __________ .
6. ▼ Mira, ¡Pepe y Susanita (bailar) __________ desde hace dos horas!
7. ▼ Federico, ¿puedes ayudarme?
   ◆ Sí, un momento. (comer) __________ .

4 Was machen sie gerade?

Bilden Sie Sätze mit *estar* + Gerundium.

1. Miguel __________ 2. Alba __________ 3. Pedro __________ 4. Carlos y Diego __________

5. Gustavo __________ 6. Juana __________ 7. Ricardo __________ 8. Rosa __________

5 Was sagen Sie

- wenn Sie jemandem zum Geburtstag gratulieren?
- wenn Sie wissen wollen, wie alt die Person wird?
- wenn Sie sich freuen?
- wenn jemand ein Examen bestanden hat?
- zu Neujahr?
- zu Weihnachten?

6 Was heißt Silvester auf Spanisch?

Sie finden die Lösung, wenn Sie die passenden Wörter in die Kästchen schreiben.

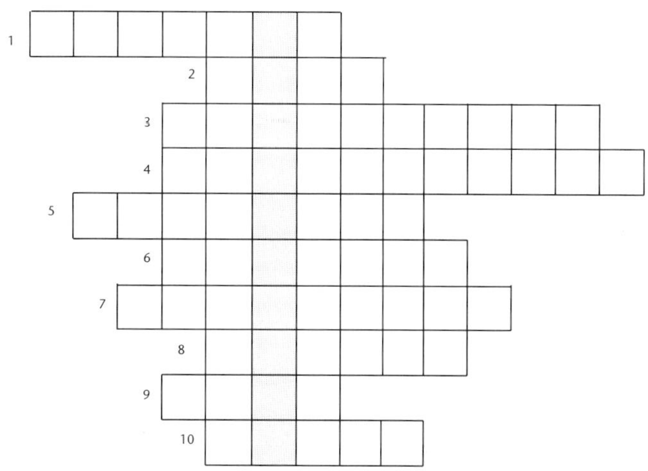

1. El hijo de mis padres es mi ...
2. Si dos personas se casan, se celebra una ...
3. El 24 de diciembre se llama ...
4. Es lo mismo que ¡Felicidades!
5. Los niños juegan con ...
6. El 25 de diciembre es el día de ...
7. Tíos, primos, abuelos son ...
8. Para tu cumpleaños te compré este ...
9. Puedes regalar una ... de bombones
10. Mi mamá es mi ...

7 Aussprachetraining

Hören Sie und sprechen Sie nach.

¡Qué interesante! · ¡Qué bien! · ¡Qué frío! · ¡Qué va! · ¡Qué bonito! ¡Qué aburrido! · ¡Qué casa tan bonita! · ¡Qué caro!

Pepe es hermano de Pepa
y gusta fumar en pipa,
cuando viajó en la popa
a la Pepa con la pipa
le hizo pupa
y eso a Pepe le preocupa

8 Rückblick

Interessieren Sie Verwandschaftsbeziehungen? Dann schreiben Sie doch alle «Verwandschaftsrollen» auf, die Sie haben. Oder beschreiben Sie Ihre Familie. Welche Verwandten haben Sie?
Was machen Ihre Familienmitglieder oder Ihre Freunde gerade?...

1 Was gehört zusammen?

Schreiben Sie die Wörter in die passende Rubrik.

feo | el pelo corto | rubio | alto | gafas | los ojos castaños | calvo | barba | delgado | moreno

ser	tener	llevar	estar
______	______	______	______
______	______	______	______
______	______	______	______

2 Wie sieht Fernando aus?

Celia hat einen Bruder, der fast genauso aussieht wie sie. Beschreiben Sie Fernando.

13

Celia es bastante alta y delgada. Es morena y tiene el pelo largo. Tiene los ojos castaños y es muy guapa.

Fernando es ______________________

3 Bilden Sie Vergleiche wie im Muster.

Juan, 120 kg / Alberto, 90 kg
Juan es más gordo que Alberto.

1. Carmen, 52 años / Carlos, 28 años ______________________
2. Luis, 95 kg / Pedro, 76 kg ______________________
3. María, 1,59 m / Paloma, 1,68 m ______________________
4. Rosita, 18 años / Julia, 35 años ______________________
5. Pepe, 1,82 m / Alfredo, 1,65 m ______________________

4 Setzen Sie *gusta/n, parece/n* oder *cae/n* ein.

1. ▼ Y a ti, ¿qué te ________ el nuevo profesor?
   ◆ No me ________ nada. Me ________ demasiado serio.
2. ▼ A mí, Rosalía me ________ muy bien, es alegre y siempre cuenta cosas interesantes.
   ◆ A mí me _______ también.
3. ▼ Esos amigos de Luisa me ________ muy simpáticos.
   ◆ Sí, a mí también. Me ________ bien.
4. ▼ La novia de Alberto es muy guapa, ¿no?
   ◆ Guapa sí, pero me _______ un poco aburrida.
5. ▼ Señor Ruiz, ¿le ________ los nuevos vecinos?
   ◆ Son demasiado modernos y me ________ mal.

5 Wieviele Kombinationen sind möglich? Bilden Sie Sätze.

Paloma		durmiendo
Felipe	está	en la playa
Nosotras	estamos	cansadas
Mis padres	están	contento
		enfermos
		nerviosa

6 *Ser* oder *estar*?

Setzen Sie die passende Form ein.

1. ▼ ¿Cómo _____ tu nuevo compañero?
   ● _____ muy simpático.
2. ▼ ¿Por qué _____ nervioso?
   ● Tengo que ir en avión y me da miedo.
3. ▼ ¿Y cómo _____ tu madre?
   ● No muy bien. Duerme mal y siempre _____ cansada.
4. ▼ ¡Hola Luisa! ¿Qué tal el nuevo trabajo?
   ● _____ contenta. _____ bastante interesante y el horario _____ bueno.
5. ▼ Ayer conocí a los hermanos de Julia.
   ● Y, ¿cómo _____?
   ▼ _____ bastante aburridos.
6. ▼ ¿Por qué _____ tan enfadado?
   ● Otra vez tengo que trabajar el fin de semana ...
7. ▼ ¡Hola Paco! ¿Cómo _______?
   ● Mmh, regular, _______ un poco enfermo.
8. ▼ ¿Por qué _______ triste?
   ● Porque mi novio no me escribe.

7 Wer spricht mit wem?

Verbinden Sie die Dialogteile.

1. Y, ¿qué tal es?	a. ¡Mucha suerte!
2. ¿Vienes a buscarme?	b. No está mal.
3. Mañana tengo el examen final.	c. ¡Qué mala pata!
4. La semana pasada estuve enfermo.	d. Sí, de acuerdo.

8 Aussprachetraining

Bei einigen der folgenden Wörter fehlen die Akzentzeichen. Hören Sie und ergänzen Sie, wo es nötig ist, die Akzente.

sincero · timido · inteligente · antipatico · divertido · abierto · simpatico

Hombre pequeñito gasta poca capa
el que poca capa gasta
poca capa compra,
yo que poca capa gasté
poca capa compré.

9 Rückblick

Beschreiben Sie sich oder eine andere Person. Wie sehen Sie aus, wie sind Sie?
Wie müsste Ihr Idealmann / Ihre Idealfrau sein?
Wie geht es Ihnen? Beschreiben Sie Ihr momentanes Befinden ...

1 Ein tierisches Durcheinander ...

Jeweils zwei Tiere sind durcheinander geraten.Wie heißen sie richtig?

garro	peto	________	________
ovebra	caja	________	________
varo	toca	________	________
cado	cerballo	________	________
gajaro	pállina	________	________

2 Der neue Kollege

Ordnen Sie den Dialog.

- ● Pero no estabas contento, ¿no?
- ● Y, ¿qué tal?
- ● ¿Qué hacías antes de trabajar en esta empresa?

- ▼ El trabajo me gustaba. Hablaba con mucha gente, los compañeros eran simpáticos, a veces podía viajar.
- ▼ No. Ganaba poco dinero y tenía que trabajar muchas más horas.
- ▼ Trabajaba en una agencia de turismo.

14

3 Alle Jahre wieder

Ergänzen Sie den Text mit den Formen der Verben im Imperfekt.

Todos los años mi familia y yo (pasar) ________ las vacaciones en un pequeño pueblo cerca de Málaga. (vivir) ________ en una casa en las afueras del pueblo. Desde allí (ver) ________ el mar. El pueblo (ser) ________ muy tranquilo. Nos (levantar) ________ bastante tarde y, después del desayuno (ir) ________ a la playa, (tomar) ________ el sol y (nadar) ________ en el mar. (comer) ________ en un restaurante en la playa y después (volver) ________ a casa. (dormir) ________ una siesta o (leer) ________ . Por las tardes (hacer) ________ excursiones. (cenar) ________ en casa. Por las noches (jugar) ________ a las cartas o (tocar) ________ la guitarra y (cantar) ________ .
A nuestros padres les (gustar) ________ pasar las vacaciones así, pero para nosotros (ser) ________ bastante aburrido.

4 Schreiben Sie Sätze wie im Beispiel.

Todos los domingos/cenar en un restaurante.
Todos los domingos cenaba en un restaurante.

1. Normalmente/ir en bicicleta a la oficina
2. Antes / tocar el piano
3. Nunca / fumar
4. Antes / ser vegetariano
5. Cuando era joven / salir mucho
6. Siempre / hacer deporte
7. Todos los días / ver a los amigos
8. Cuando era niño / tener un perro

5 Ergänzen Sie das Schema mit den fehlenden Formen der Verben im Imperfekt.

	yo	tú	él,ella usted	nosotros /-as	vosotros /-as	ellos/-as ustedes
tomar		tomabas				
tener			tenía			
escribir	escribía				escribíais	
ser		eras				
ver				veíamos		
ir	iba		iba			iban

6 Welche Sätze gehören zusammen?

Ordnen Sie zu und ergänzen Sie die passende Zeitform der Verben in Klammern.

1. Pedro siempre llegaba puntual.
2. Mi abuela nunca tomaba alcohol.
3. Mis padres siempre se quedaban en Madrid en las vacaciones.
4. Todos los años íbamos al pueblo.
5. Siempre hacía camping.

a. Pero en 1994 (quedarse) ________ en Madrid.

b. Un día (llegar) ________ tarde.

c. Pero en la boda de mi hermano (beber) ________ champán.

d. Pero aquel año (estar) ________ en un hotel.

e. Aquel año (hacer) ________ un viaje.

7 Studentenleben

Unterstreichen Sie im folgenden Text die Verbformen und schreiben Sie sie dann in die entsprechende Spalte der Liste.

Cuando era estudiante vivía con unos compañeros en un piso en el centro. El piso no era grande y no teníamos salón, pero nos reuníamos en la cocina. Allí comíamos, discutíamos ... Cuando Ricardo terminó sus estudios y dejó su habitación, yo recomendé (empfehlen) a Ernesto. Le conocía de la universidad y me parecía simpático. Cuando Ernesto llegó al piso, todo cambió: había un plan para limpiar, un plan para cocinar, no podíamos fumar ...

8 Ausspracheträining

Hören Sie und sprechen Sie nach.

¿Qué vas a hacer?
Alicia habla con Miguel.

Éste es un regalo para Alberto.
Entre el hotel y la agencia hay un banco.

Alfredo fríe fresas frescas.
Las fresas frescas que freía Alfredo
no estaban frescas.

9 Rückblick

Wie war Ihr Leben früher? Welche Gewohnheiten hatten Sie, an welche besonderen Begebenheiten erinnern Sie sich? ...

1 Buchstabensuppe

Finden Sie die spanischen Wörter für diese Körperteile?

L	O	S	T	R	A	N	E
B	R	A	Z	O	D	A	B
S	E	T	A	M	E	M	O
I	J	O	R	D	I	A	C
O	A	P	I	E	R	N	A
N	R	I	C	D	I	O	R
O	L	E	S	O	J	O	E

Hand
Ohr
Finger
Arm
Fuß
Mund
Bein
Auge

2 Du oder Sie?

Kreuzen Sie das Zutreffende an.

	tú	usted
1. ¡Duerme mucho!	☐	☐
2. ¡Tome estas pastillas!	☐	☐
3. ¡Descansa!	☐	☐
4. ¡Beba mucho!	☐	☐
5. ¡Coma verduras!	☐	☐
6. ¡Trabaja menos!	☐	☐
7. ¡Métete en la cama!	☐	☐

15

3 Verpflichtungen

Wandeln Sie die Sätze in Ratschläge / Aufforderungen um.

1. Tienes que quedarte en cama.
2. Tienes que beber leche caliente.
3. Tienes que llamar al médico.
4. Tienes que comer comida ligera.
5. Tienes que dormir una siesta.
6. Tienes que comprar pastillas.

Schreiben Sie sie auch in der Usted-Form.

4 Ergänzen Sie die Sätze mit den passenden Formen des Imperativs.

1. Si estás resfriado, ¡no (fumar) __________ !
2. Si tienes dolor de muelas, ¡no (comer) __________ bombones!
3. Si estás enfermo, ¡no te (acostar) __________ tarde!
4. Si estás cansado, ¡no (trabajar) __________ tanto!
5. Si quieres ir en coche, ¡no (tomar) __________ alcohol!
6. Si tienes dolor de estómago, ¡no (beber) __________ café!

5 Ruf mich heute an!

Beantworten Sie die Fragen wie im Beispiel. Ändern Sie, wenn es nötig ist, die Pronomen.

▼ ¿Te llamo hoy o mañana? ◆ ¡*Llámame* hoy!

1. ▼ ¿Me quedo en casa o salgo? ◆ ¡______________ en casa!
2. ▼ ¿Le regalo bombones o flores? ◆ ¡______________ flores!
3. ▼ ¿Te espero en el bar o en casa? ◆ ¡______________ en el bar!
4. ▼ ¿Le escribo una carta o una postal? ◆ ¡______________ una postal!
5. ▼ ¿Me meto en la cama o trabajo? ◆ ¡______________ en la cama!
6. ▼ ¿Me levanto a las 6 o a las 8? ◆ ¡______________ a las 8!

6 Eine Notiz für den kranken Sohn.

Maite muss für einige Tage verreisen. Da ihr Sohn krank ist, schreibt sie ihm auf einen Zettel, was er beachten soll. Ergänzen Sie die Verben in der Imperativ-Form

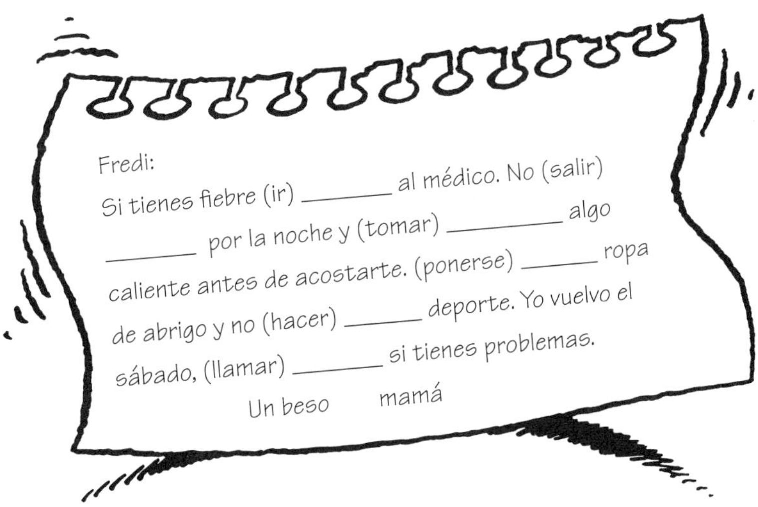

7 Widersprüchliches

Verneinen Sie die Aufforderungen wie im Beispiel; achten Sie dabei auf die Stellung der Pronomen.

La palabra, ¡dila! La palabra, ¡*no la digas*!

1. Los ejercicios, ¡hazlos! ¡ ______________________ !
2. La lección, ¡repítela! ¡ ______________________ !
3. El texto, ¡escríbelo! ¡ ______________________ !
4. Los acentos, ¡ponlos! ¡ ______________________ !
5. El libro, ¡ábrelo! ¡ ______________________ !

8 Was gehört zusammen?

Verbinden Sie die Satzteile.

¡No tengas	deporte!
¡Ven	del agua!
¡Vaya	miedo!
¡Haga	aquí!
¡Sal	al médico!

9 Aussprachetraining

Hören Sie und sprechen Sie nach.

El amor es una locura
que sólo el cura la cura
y cuando el cura la cura
comete una gran locura

¡Levántate! · ¡Métase en la cama! · ¡Llámame! · ¡Escríbele!

¡Quédese en el campo! · ¡Espérame en la oficina!

10 Rückblick

Schreiben Sie, was Sie bei welchen Krankheiten empfehlen. Was machen Sie selbst, wenn Sie krank sind? Leiden Sie an einer Allergie? Was machen Sie, um die Umwelt zu schonen?

1 Welches Wort passt?

estado · tenido · vuelto · visto · hecho · ido · pasado · viajado · dado · orientado

1. ▼ Y tú, ¿cómo has ________ las vacaciones?
   ◆ He __________ en Francia.
2. ▼ Y usted, ¿ya se ha __________ un poco?
   ◆ Sí, esta mañana he ________ un paseo por la ciudad.
3. ▼ ¿Habéis _________ a Cusco alguna vez?
   ◆ No, hasta ahora no. Todavía no hemos _______ a Latinoamérica.
4. ▼ Dime, ¿Pedro y Juana ya han ________ ?
   ◆ Sí, les he ________ esta mañana.
5. ▼ Señora López, ¿ha _______ un crucero alguna vez?
   ◆ No, hasta ahora no. Todavía no he ________ la oportunidad (Gelegenheit).

2 Ergänzen Sie die fehlenden Formen von *haber.*

1. ● Y tú, ¿qué ____ hecho esta tarde?
   ■ Yo _____ visto la televisión.
   ● ¿Y Susana?
   ■ Susana _____ escuchado música.
2. ● Y vosotros, ¿qué ____ hecho?
   ■ Pilar y yo ___ montado en bicicleta, y Pablo y Ramón se _____ quedado en casa.

3 Ein Urlaubstag

Beim Abendessen erzählt Fernando von seinem Tag. Was hat er gemacht?

7 h	levantarse
9 h	ver la catedral
10 h	visitar el museo
12 h	hacer compras
14 h	comer
16 h	ir a la playa
19 h	volver al hotel

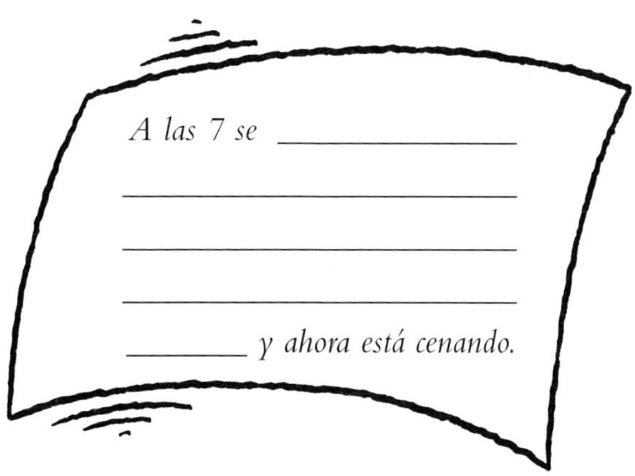

4 Übersetzen Sie die Zeitangaben.

1. ▼ Y tú, ¿qué has hecho (in letzter Zeit) _________ ?
   ● Pues he trabajado mucho, pero (diese Woche) _________ me he quedado en casa para descansar.
2. ▼ Oye, ¿Susana ha vuelto (schon) _________de las vacaciones? (noch nicht) _________ la he visto.
   ● Sí, volvió el domingo, pero (bis jetzt) _________ no ha tenido tiempo para nada. Nosotras nos hemos visto (heute morgen) _________ .
3. ▼ ¿Vosotros habéis hecho (irgendwann) _________ montañismo?
   ● Nosotros (nie) _________ lo hemos hecho, pero si quieres informaciones puedes preguntar a Carmen y Luis, ellos han ido a los Pirineos (dieses Jahr) _________ .

5 Wortfelder

Ordnen Sie die Wörter den Oberbegriffen zu.

saco de dormir · surf · raqueta de tenis · tienda · buceo · gafas de sol · crucero · guía de viaje · cámara · camping gas · vela · linterna

6 Ergänzen Sie die Sätze mit *el mío/la mía/el tuyo ...*

1. ◆ ¿ Cómo te quedan tus botas nuevas? A mí, _________ no me quedan bien. Son muy incómodas.
2. ◆ He perdido mis gafas de sol. ¿Las has visto?
   ● Aquí en la mesa hay varias. ¿Cuáles son ________?
3. ◆ ¿Dónde está mi bolso?
   ● _________ está aquí, pero _______ no lo he visto.

7 Bei der Polizei

Ordnen Sie den Dialog.

- ◆ En la entrada del metro. El chico venía corriendo ... lo típico, el tirón...
- ◆ Vengo a hacer una denuncia.
- ◆ Un chico me ha robado el bolso, con bastante dinero y la documentación: el carnet de identidad, el carnet de conducir, las tarjetas de crédito ...

- ▼ ¿Y dónde ha sido?
- ▼ ¿Qué le ha pasado?
- ▼ Bueno, pues rellene este impreso.

8 Aussprachetraining

Me han dicho que has dicho
un dicho que he dicho yo;
ese dicho que te han dicho
que dicen que he dicho
ese dicho no lo he dicho yo.

extranjero · cámara · linterna · información · vacaciones · anorak · hotel · turística · autostop

Welche Silbe wird betont? Hören Sie und schreiben Sie die Wörter in die entsprechende Spalte.

letzte Silbe	zweitletzte Silbe	drittletzte Silbe

9 Rückblick

Welche Länder, Städte und Sehenswürdigkeiten haben Sie schon besucht? Was haben Sie noch nie in den Ferien gemacht? Welche Dinge nehmen Sie auf einer Reise mit?...

1 Eine Biografie

Dies sind einige Daten aus dem Leben von Rosana.
Schreiben Sie ihre Biografie aus ihrer Sicht, also in der Ich-Form.

1965	nacer
1971	empezar la escuela
1974	estar en el hospital
1979	ir a la universidad
1984	terminar los estudios
1985	hacer prácticas en un banco
1986	empezar a trabajar en una empresa francesa
1988	casarse

2 Schreiben Sie die Sätze im Indefinido.

1. Esta semana Carmela ha vuelto de viaje y ha tenido mucho trabajo en la oficina. No ha podido visitar a su familia.
   La semana pasada Carmela ...

2. Hoy he dormido muy mal y me he levantado muy cansada. Por la mañana he tenido una reunión muy importante y ha salido mal.
   Ayer ...

3. Este año hemos ahorrado todo el año y por fin hemos ido todos de vacaciones a un hotel. Nos ha gustado mucho y hemos vuelto muy contentos.
   El año pasado ...

17

3 Welche Form der Vergangenheit ist erforderlich?

Bilden Sie mit den Satzanfängen je 4 Sätze.

Cuando iba a la escuela	levantarse temprano tener un accidente jugar al fútbol hacer una excursión a París
Cuando tenía 18 años	vivir con la familia fumar mucho comprar una guitarra terminar el bachillerato (Abitur)
Cuando trabajaba en el restaurante	ganar poco dinero conocer a Pedro siempre estar cansado dejar de fumar

4 Ergänzen Sie die Verben in der entsprechenden Zeitform (Perfecto, Indefinido oder Imperfecto).

1. ▼ ¿Qué (hacer) _______ todos estos años?
   ◆ Hace 5 años (mudarse) _______ a Gijón y (casarse) _______ . Antes (vivir) _______ en Oviedo.
2. ▼ ¿(ver) _______ a Juan últimamente?
   ◆ Sí, lo (ver) _______ anteayer.
3. ▼ Y antes, ¿dónde (trabajar) _______ ?
   ◆ En una fábrica. Pero lo (dejar) _______ hace tres meses.
4. ▼ ¿(estar) _______ en paro alguna vez?
   ◆ Sí, cuando (terminar) _______ la universidad no (poder) _______ encontrar trabajo.

5 Schreiben Sie den Text in der Vergangenheit (Indefinido oder Imperfecto).

Se levanta y va a la cocina. Prepara el café No hay pan. Entra en el cuarto de baño. Se pone los pantalones y la camisa. Toma el bolso que está en el armario. Sale de casa y va a la panadería que está enfrente. Compra pan y leche y vuelve a casa. El café ya está listo (fertig) y empieza a desayunar. Cuando termina ya son las ocho y media y tiene que irse.

6 *Desde, desde hace* oder *hace*?

Trabajo en esta empresa _______ 10 años. _______ 8 años empecé a trabajar en la sección B y _______ mayo del año pasado soy el director. _______ un año fuimos a Londres para contactar (Kontakt aufnehmen) con otras empresas y tuve problemas con el inglés. _______ 4 meses voy a clases de inglés.

7 Was sagen Sie

- wenn Sie sich sehr freuen?
- wenn Sie jemanden lange nicht gesehen haben?
- wenn Sie wissen wollen, wie es jemandem ergangen ist?
- wenn Sie ein Missgeschick kommentieren?

¡Cuánto tiempo sin verte!

¡Qué mala suerte!

¿Qué es de tu vida?

¡Cuánto me alegro!

8 Wie sagt man auf Spanisch?

Ich bin in ... geboren. ______________________

Als ich in die Schule kam ... ______________________

Als ich 16 war ... ______________________

Früher habe ich viel gelesen. ______________________

Meine Eltern heirateten nach dem Krieg. ______________________

Im letzten Jahr bin ich umgezogen. ______________________

9 Aussprachetraining

Bei einigen Wörtern fehlen die Akzentzeichen. Hören Sie und ergänzen Sie sie, wo es nötig ist.

Pilar Garcia nacio en Jaen (Andalucia). Despues de la guerra empezo a trabajar en una fabrica. En 1960 se fue a Peru. Alli trabajo en un hospital. Ahora esta jubilada.

10 Rückblick

Schreiben Sie einen Lebenslauf oder eine kleine Biografie von sich selbst oder einer anderen Person. Was waren besondere Ereignisse? Was hat sich (in den letzten Jahren) nicht verändert?

1 Was bleibt übrig?

Schreiben Sie die passenden Wörter in die Kästchen. Welche Wörter passen nicht?

visiones · teoría · agricultura · optimista · alimentación · cambio · salud · peligroso · enfermedad · técnica

2 Eine Zeitungsnotiz

será · aumentarán · cambiará · presentará · quedará · contestará · asistirá · provocarán

La semana que viene el escritor José María Torres _________ su nuevo libro sobre su visión del futuro en Granada. Escribe que el clima _________ y el sol _________ más peligroso. Las enfermedades de la piel _________ y las nuevas técnicas de alimentación _________ enfermedades congénitas. El escritor se _________ dos días en la ciudad. _________ al congreso «Nuevas Tecnologías» organizado por la universidad.

3 Veränderungen

Setzen Sie die Verben im Futur ein.

El año que viene

- Pedro (estar) ______ jubilado.
- mis amigos se (mudar) ______ a Murcia.
- vosotros (construir) ______ una casa.
- yo (leer) ______ mi primer libro en español.
- Sara y Luis se (casar) ______ .
- tú (asistir) ______ a un curso de informática.
- nosotros (viajar) ______ a México.

4 Ergänzen Sie das Schema mit den Formen des Futur.

	yo	tú	él,ella usted	nosotros /-as	vosotros /-as	ellos/-as ustedes
cambiar				cambiaremos		
ser					seréis	
escribir			escribirá			
tener						
decir						

5 Wie heißt der Infinitiv?

1. ¿Qué *harás* tú? __________
2. *Tendré* que aprender inglés. __________
3. La semana que viene *saldremos* mucho. __________
4. Después del curso *sabréis* más. __________
5. Mañana *podrán* dar más informaciones. __________
6. ¿Qué *dirá* Federico en la entrevista? __________

6 Wahrsager

Stellen Sie sich vor, Sie gehen zu einem Wahrsager/einer Wahrsagerin. Hier sind einige Stichworte für eine Voraussage. Formulieren Sie diese.

muy pronto	tener	en tu ciudad
dentro de un año	conocer	buena salud
en el futuro	ganar	con una buena amiga
la próxima semana	salir	a un hombre/una mujer interesante
	quedarse	mucho dinero
	hacer	contento/-a con tu trabajo
	estar	un viaje

18

7 Aussprachetraining

Si Pancha Plancha
plancha con cuatro planchas
¿con cuántas planchas plancha
Pancha Plancha?

El guitarrero en la guitarrería
dijo al guitarrista:
Guitarrista, ¿qué guitarra
quieres de la guitarrería?

Dijo un jaque de Jerez
con su fajo y traje majo:
Yo al más guapo el juego atajo
que soy jaque de ajedrez.

Se me traba la lengua
la lengua se me traba
se me traba la lengua
la lengua se me traba.

César deshace la cesta
que ase sin cesar.

Ahí hay un niño que dice 'ay'.

8 Rückblick

Wie sieht für Sie die Zukunft aus? Sind Sie optimistisch oder sehen Sie eher schwarz?

Was werden Sie jetzt machen? Werden Sie Spanisch weiterlernen? Werden Sie in spanischsprachige Länder reisen?

Wie hat Ihnen der Kurs gefallen? Was war gut, was war nicht so gut?
Wir sind an Ihrer Meinung interessiert. Schreiben Sie uns.
Hier ist unsere Adresse:

Max Hueber Verlag
«MIRADA»
Postfach 1142
85729 Ismaning

Grammatik

Auf den folgenden Seiten finden Sie eine systematische Übersicht über die wichtigsten Formen und Regeln der spanischen Sprache. Zuerst geben wir Ihnen eine Übersicht über die Ausspracheregeln des Spanischen und das Alphabet. Dann wird für jede Lektion der neue grammatische Lernstoff in Tabellen, Übersichten und mit Erklärungen ausführlich dargestellt. Sie können diese Übersicht benutzen, um das Gelernte weiter zu vertiefen, um sich Regeln einzuprägen oder wenn Sie etwas nachschlagen möchten.

Aussprache

Buchstabe	*Aussprache*	*Beispiel*
c (+e/i)	[θ] gelispeltes *s*, wie im Englischen *think*	**ce**na, **ci**nco
c (+ a/o/u)	[k] *Kante*	**ca**sa, **co**pa, **Cu**ba
ch	[tsch] *Tschechien*	**Chi**le
g (+ e/i)	[ch] *Rachen*	**ge**nte, **Gi**braltar
g (+ a/o/u)	[g] *Gas*	**ga**s, **go**rdo, **gu**sto
g (+ ue/ui)	[g] *Gas*	**gue**rra, **guí**a
h	nicht gesprochen	hola
j	[ch] *Rachen*	**Jo**sé, **Ju**an
ll	[j] *jung*	Ma**ll**orca
ñ	[nj] *Cognac*	ni**ñ**o
qu	[k] *Kilo*	**qu**é
r (zw. Vokalen)	[r] ‹gerollt›	ce**r**o
r (am Wortanf.)	[rr] ‹stark gerollt›	**r**egalo
rr	[rr] ‹stark gerollt›	pe**rr**o
s	[s] *Fass*	**s**eñor
v (am Wortanf.)	[b] *bunt*	**v**aso
v (i.d. Wortmitte)	[ß] zwischen *b* und *v*	in**v**ierno
x (+ a,e,i,o,u)	[gs|ks] *Taxi*	taxi
x (+ Kons.)	[s] *Fass*	Extremadura
Ausnahme	[ch] nur bei	México
y	[j] *Jo-Jo*	**y**o, ma**y**onesa
-y	[i] *Magie*	so**y**
z	[θ] gelispeltes *s*, wie im Englischen *think*	**zu**mo, Fernández

Wie die Sprachen in allen Ländern wird auch das Spanische nicht überall gleich (aus)gesprochen. Es gibt Varianten innerhalb Spaniens und in Lateinamerika. So zum Beispiel bei der Aussprache von **c + e / i** bzw. **z**:
Auf den Kanarischen Inseln, in Andalusien und in Lateinamerika wird statt des [θ] ein scharfes «s» gesprochen.

Wortbetonung und Akzent

1. Wörter, die auf einen Vokal (*a, e, i, o, u*) oder auf *-n* oder *-s* enden, werden auf der zweitletzten Silbe betont:
   alemana, gente, Pedro, llaman, casas

2. Wörter, die auf einen Konsonanten (außer *n* und *s*) enden, werden auf der letzten Silbe betont:
   señor, usted, español

3. Alle Ausnahmen dieser Regeln werden durch ein Akzentzeichen (´) gekennzeichnet:
   alemán, ración, adiós, Málaga, número

Wenn Endungen angefügt werden, verändert sich die Schreibweise (mit oder ohne Akzent), um die Wortbetonung zu erhalten.
Akzent entfällt: alemán – alemana, ración – raciones
Akzent wird hinzugefügt: ¡cuenta! (erzähl!)– ¡cuéntame! (erzähl mir!)

Diphthonge

Nur die Verbindungen von *i* oder *u* mit einem anderen Vokal sind im Spanischen Diphthonge, die als Doppellaut ausgesprochen werden und die nicht getrennt werden (Beispiel: *far-ma-cia*). Steht ein Akzent über i oder u, handelt es sich nicht mehr um einen Diphthong, die Buchstabenkombinationen werden getrennt und auch zweisilbig gesprochen (Beispiel: *Ma-rí-a, dí-a*).

Alphabet

a [a]	e [e]	j [ota]	n [ene]	r [ere]	v [ube]
b [be]°	f [efe]	k [ka]	ñ [enje]	rr [erre]	w [ube doble]
c [θe]	g [xe]	l [ele]	o [o]	s [ese]	x [ekis]
ch [tʃe]*	h [atʃe]	ll [elje]*	p [pe]	t [te]	y [i griega]
d [de]	i [i]	m [eme]	q [ku]	u [u]	z [zeta]

* Dies ist die traditionelle Zuordnung; seit 1994 keine eigenständigen Buchstaben mehr.
° in Lateinamerika: be larga

á = a con acento
B = be mayúscula
b = be minúscula

Lección 1

1. Die Subjektpronomen (wer?)

yo	ich
tú	du
él	er
ella	sie
usted	Sie (Höflichkeitsform)
nosotros	wir (maskulin)
nosotras	wir (feminin)
vosotros	ihr (maskulin)
vosotras	ihr (feminin)
ellos	sie (maskulin)
ellas	sie (feminin)
ustedes	Sie (Höflichkeitsform)

Bei den Pluralformen wird zwischen maskulinen und femininen Formen unterschieden. Werden maskuline und feminine Substantive zusammen genannt, wird die maskuline Form benutzt.

▷ (zwei) Männer = **ellos**
▷ (zwei) Frauen = **ellas**
▷ ein Mann und eine Frau = **ellos**

Die höfliche Anrede für eine Einzelperson ist **usted**, für mehrere **ustedes**. In geschriebenen Texten werden beide Formen meist mit **Vd.** / **Ud.** und **Vds.** / **Uds.** abgekürzt.
In Lateinamerika wird **ustedes** anstelle von **vosotros/-as** zur Anrede von mehreren Personen benutzt, auch wenn man sich duzt.

G1

Duzen oder Siezen?

In Spanien und in Lateinamerika setzt sich immer mehr durch, dass die Menschen sich «duzen», auch wenn sie sich (noch) nicht kennen, etwa in Geschäften, Bars usw. Das **tú** ist bei der Arbeit, unter Kollegen und Vorgesetzten, in Kursen oder anderen Gruppen, unabhängig vom Alter oder der Stellung, die normale Anrede.
Usted wird in formellen Situationen gebraucht, bei der ersten Begegnung und gegenüber älteren Menschen.

2. *Ser* (sein)

(yo)	**soy**	(ich bin)
(tú)	**eres**	(du bist)
(él/ella / usted)	**es**	(er/sie ist , Sie sind)
(nosotros / -as)	**somos**	(wir sind)
(vosotros / -as)	**sois**	(ihr seid)
(ellos/-as / ustedes)	**son**	(sie/Sie sind)

Da die Verbform die Person angibt, werden die Subjektpronomen nur zur Betonung oder Hervorhebung der Person gebraucht.

3. *Llamarse* (heißen)

(yo)	**me llamo**	(ich heiße)
(tú)	**te llamas**	(du heißt)
(él/ella / usted)	**se llama**	(er/sie heißt, Sie heißen)
(nosotros / -as)	**nos llamamos**	(wir heißen)
(vosotros / -as)	**os llamáis**	(ihr heißt)
(ellos/-as / ustedes)	**se llaman**	(sie/Sie heißen)

Llamarse ist ein regelmäßiges Verb. So wie **llamar** werden alle regelmäßigen Verben gebildet, die mit *-ar* enden. Außerdem ist es ein reflexives Verb (wörtlich: *llamar-se* = sich nennen, *me llamo* = ich nenne mich).

4. Das Geschlecht der Substantive

maskulin (männlich)	*feminin (weiblich)*
el amig**o** (der Freund)	la amig**a** (die Freundin)
el padr**e** (der Vater)	la madr**e** (die Mutter)

Substantive sind entweder maskulin oder feminin. Die meisten Substantive, die auf *-o* enden, sind maskulin, die meisten auf *-a* sind feminin. Substantive, die auf *-e* enden, können maskulin oder feminin sein.

G1

5. Der bestimmte Artikel (Singular)

maskulin	*feminin*
el amigo	**la** amiga
el señor	**la** señora

Vor *señor, señora* und *señorita* steht in Verbindung mit einem Eigennamen immer der bestimmte Artikel, außer bei der Anrede.

○ **El** señor Suárez es de Valencia. (Herr Suárez ist aus Valencia.)
○ **La** señora Mateo es española. (Frau Mateo ist Spanierin.)
○ ¡Buenos días, señor Suárez! (Guten Morgen, Herr Suárez!)
○ ¿Qué tal, señora García? (Wie geht es Ihnen, Frau García?)

Señor/señora/señorita werden mit *Sr./Sra./Srta.* abgekürzt.

6. Die Präposition *a* in Verbindung mit *el*

▷ a + el = **al**

○ Le presento **al** señor Suárez. (Ich stelle Ihnen Herrn Suárez vor.)

Mit der Präpositon *a* verbindet sich der bestimmte maskuline Artikel zu **al**.

G1

7. Die Nationalitätenadjektive

maskulin	*feminin*
Juan es españo**l**.	Paloma es españo**la**.
Pedro es perua**no**.	Celia es perua**na**.
Jack es canadien**se**.	Mary es canadien**se**.

Für die Bezeichnung der Nationalität (Substantiv und Adjektiv) wird im Spanischen immer das Adjektiv gebraucht.
Nationalitätenadjektive, die
▷ mit einem Konsonanten enden, bilden die feminine Form durch Anhängen von *-a*.
▷ mit *-o* enden, erhalten für die weibliche Form stattdessen *-a*.
▷ mit *-e* enden, bleiben unverändert.

○ Juan es español. (Juan ist Spanier.)
○ Juan es mi amigo español. (Juan ist mein spanischer Freund.)

Die Nationalitätenadjektive stehen hinter dem Substantiv.

8. *Tener* (haben / besitzen)

(yo)	ten**go**	(ich habe)
(tú)	ti**enes**	(du hast)
(él/ella / usted)	ti**ene**	(er / sie hat, Sie haben)
(nosotros / -as)	ten**emos**	(wir haben)
(vosotros / -as)	ten**éis**	(ihr habt)
(ellos / -as / ustedes)	ti**enen**	(sie / Sie haben)

Tener ist ein unregelmäßiges Verb.

9. Die Verneinung

○ ¿Eres de Málaga? (Bist du aus Málaga?)
□ **No, no** soy de Málaga. (Nein, ich bin nicht aus Málaga.)
○ ¿Tienes teléfono? (Hast du Telefon?)
□ **No, no** tengo teléfono. (Nein, ich habe kein (habe nicht) Telefon.)

No steht für «nein» und «nicht/kein». Im Gegensatz zum Deutschen steht **no** vor dem Verb.

10. Die Fragepronomen *¿cómo?, ¿de dónde?, ¿qué?*

¿**Cómo** te llamas?	(Wie heißt du?)
¿**De dónde** eres?	(Woher bist / kommst du?)
¿**Qué** + Substantiv ...?	Welche / -r / -s + Substantiv ...?
¿**Qué** teléfono tienes?	(Welche Telefonnummer hast du?)

¿**Qué tal?** (Wie geht es? / Wie ist es?) ist ein feststehender Ausdruck, der häufig zur Begrüßung gebraucht wird oder um zu fragen, wie eine Person oder Sache ist.
Fragepronomen tragen im Spanischen immer einen Akzent.

Lección 2

1. Der unbestimmte Artikel (Singular; ein, eine)

maskulin	*feminin*
un médico	**una** médica
un banco	**una** oficina

2. Berufsbezeichnungen

maskulin	*feminin*
el médic**o**	la médic**a**
el profesor	la profesor**a**
el estudiant**e**	la estudiant**e**
el guí**a**	la guí**a**

Berufsbezeichnungen, bei denen die maskuline Form
- ▷ mit *-o* endet, erhalten für die weibliche Form stattdessen *-a*.
- ▷ mit einem Konsonanten endet, bilden die feminine Form durch Anhängen von *-a*.
- ▷ mit *-e* oder *-a* endet, bleiben unverändert.

3. Das Präsens der regelmäßigen Verben auf *-ar*

	trabaj*ar* (arbeiten)
(yo)	trabaj**o**
(tú)	trabaj**as**
(él/ella / usted)	trabaj**a**
(nosotros / -as)	trabaj**amos**
(vosotros / -as)	trabaj**áis**
(ellos / -as / ustedes)	trabaj**an**

Bei allen regelmäßigen Verben auf *-ar* werden die Endungen an den Wortstamm angehängt.

4. *Hacer* (machen/tun)

(yo)	hago
(tú)	haces
(él/ella/usted)	hace
(nosotros/-as)	hacemos
(vosotros/-as)	hacéis
(ellos/-as/ustedes)	hacen

Bei **hacer** ist die erste Person unregelmäßig. Die anderen Formen folgen dem Schema der Verben auf *-er* (vgl. L. 3).

5. *Estar* (sein / sich befinden)

(yo)	estoy
(tú)	estás
(él/ella/usted)	está
(nosotros/-as)	estamos
(vosotros/-as)	estáis
(ellos/-as/ustedes)	están

○ **Estoy** casado. (Ich bin verheiratet.)
○ ¿Cómo **estás**? (Wie geht es dir / ist es dir?).

Estar bezeichnet einen Zustand, der veränderlich ist.

6. Das Präsens der regelmäßigen Verben auf *-ir*

	viv*ir* (leben)
(yo)	vivo
(tú)	vives
(él/ella / usted)	vive
(nosotros / -as)	vivimos
(vosotros / -as)	vivís
(ellos / -as / ustedes)	viven

Bei allen regelmäßigen Verben auf *-ir* werden die Endungen an den Wortstamm angehängt.

7. Die Fragepronomen *¿dónde?, ¿cuántos?, ¿qué?*

○ ¿**Dónde** vives?	(Wo wohnst du?)
○ ¿**Cuántos** años tienes?	(Wie alt bist du? *wörtlich:* Wie viele Jahre hast du?)
¿**Qué** + Verb?	Was +Verb …?
○ ¿**Qué** haces?	(Was machst du?)

Qué wird auch in Ausrufen verwendet:

○ ¡**Qué** interesante! (Wie interessant!)

Lección 3

1. Der bestimmte und unbestimmte Artikel (Singular und Plural)

Singular	*Plural*	*Singular*	*Plural*
maskulin		*feminin*	
el bocadillo	**los** bocadillos	**la** botella	**las** botellas
un bocadillo	**unos** bocadillos	**una** botella	**unas** botellas

○ En la mesa hay **unas** botellas. (Auf dem Tisch stehen Flaschen.)

Im Spanischen gibt es auch den unbestimmten Artikel im Plural. Er wird in der Bedeutung «einige» gebraucht, aber meist nicht übersetzt. Feminine Substantive, die mit betontem *a*- oder *ha*- beginnen, erhalten im Singular den Artikel *el*: **el agua, el hambre.**

2. Die Pluralbildung der Substantive

Singular	*Plural*	*Singular*	*Plural*
maskulin		*feminin*	
el bocadillo	los bocadillo**s**	la botella	las botella**s**
el bar	los bar**es**	la ración	las racion**es**

Der Plural wird gebildet
- ▷ durch Anhängen von *-s* bei Wörtern, die auf einen Vokal enden.
- ▷ durch Anhängen von *-es* bei Wörtern, die auf einen Konsonanten enden.

3. *Ir* (gehen, fahren, reisen, sich fortbewegen)

(yo)	voy
(tú)	vas
(él/ella / usted)	va
(nosotros / -as)	vamos
(vosotros / -as)	vais
(ellos / -as / ustedes)	van

Ir ist ein unregelmäßiges Verb.

4. *Ir a* + Verb zum Ausdruck von Absichten / Plänen

○ ¿**Vamos a** tomar algo? (Gehen/Wollen wir etwas trinken?)
○ ¿Qué **vas a** comer? (Was wirst du essen?)
○ **Voy a** comer una tortilla. (Ich werde eine Tortilla essen.)

Ir a + Verb im Infinitiv wird benutzt, um eine für die Zukunft geplante, beabsichtigte Handlung auszudrücken.

5. *Hay* (es gibt, es befindet sich, es ist/sind)

○ ¿Qué **hay** en la mesa? (Was ist (befindet sich) auf dem Tisch?)
○ En la mesa **hay** dos vasos. (Auf dem Tisch sind zwei Gläser.)

Hay ist unveränderlich. Es ist eine unregelmäßige Form von *haber* (vgl. L. 16).

6. *Uno / una* als Pronomen

○ Para mí *un vino* blanco. (Für mich einen Weißwein.)
□ Y para mí **uno** tinto. (Und für mich einen roten.)
○ Para mí *una tortilla* de espárragos. (Für mich ein Omelett mit Spargel.)
□ Y para mí **una** de champiñones. (Und für mich eins mit Champignons.)

Wenn man ein bereits genanntes Substantiv nicht wiederholen will, gebraucht man **uno** bzw. **una.**

7. Das Präsens der regelmäßigen Verben auf *-er*

	com*er* (essen)
(yo)	com**o**
(tú)	com**es**
(él/ella / usted)	com**e**
(nosotros / -as)	com**emos**
(vosotros / -as)	com**éis**
(ellos / -as / ustedes)	com**en**

Bei allen regelmäßigen Verben auf *-er* werden die Endungen an den Wortstamm angehängt.

G3

8. *Querer* (wollen, mögen)

(yo)	quiero
(tú)	quieres
(él/ella / usted)	quiere
(nosotros / -as)	queremos
(vosotros / -as)	queréis
(ellos / -as / ustedes)	quieren

Querer gehört zu der Gruppe der Verben, die bei den Singularformen und bei der 3. Person Plural den Stamm *-e-* in *-ie-* ändern.

9. Der Gebrauch von *otro/-a*

○ ¿Podría traer **otro** vino? (Könnten Sie noch einen Wein bringen?)
○ ¿Podría traer **otra** cerveza? (Könnten Sie noch ein Bier bringen?)

Otro / -a (noch ein / noch eine) wird ohne Artikel benutzt.

1. Die indirekten Objektpronomen (Dativ; wem?)

betont	*unbetont*		
A mí	me	(mir)	
A ti	te	(dir)	
A él	le	(ihm)	
A ella	le	(ihr)	
A usted	le	(Ihnen)	gusta el español.
A nosotros/-as	nos	(uns)	
A vosotros/-as	os	(euch)	
A ellos	les	(ihnen)	
A ellas	les	(ihnen)	
A ustedes	les	(Ihnen)	

2. Der Gebrauch der unbetonten und betonten Objektpronomen

○ ¿**Te** gusta cocinar? (Kochst du gern? *wörtlich:* Gefällt dir kochen?)

Die unbetonten Objektpronomen stehen vor dem Verb.

○ Y **a ti**, ¿**te** gusta cocinar? (Und du, kochst du gern? *wörtlich:* Und dir, gefällt dir kochen?)

○ **A mí me** gusta ir al cine. (Ich gehe gern ins Kino.)

Zusätzlich zu einem unbetonten Objektpronomen kann ein betontes Objektpronomen dem unbetonten vorangestellt werden. Damit wird die Person hervorgehoben oder betont.

○ **A la señora Garrido le** gusta bailar. (Frau Garrido tanzt gern.)

Ein betontes Objektpronomen wird nie ohne ein unbetontes verwendet. Dasselbe gilt, wenn anstelle des betonten Objektpronomen ein Dativobjekt (z. B. ein Name/eine Person) im Satz steht.

Das betonte Objektpronomen steht immer vor dem unbetonten.

3. *Gusta / gustan*

○ Me **gusta** trabajar en el jardín. (Ich arbeite gern im Garten.)

Objektpronomen + **gusta** + Verb im Infinitiv
wird benutzt um auszudrücken, was man gerne tut.

○ Me **gusta** el rock. (Ich mag Rockmusik./Mir gefällt Rockmusik.)
○ Me **gustan** los comics. (Ich mag Comics./Mir gefallen Comics.)

Objektpronomen + **gusta/n** + Artikel + Substantiv
wird benutzt um auszudrücken, welche Sachen oder Personen man gerne mag.

Im Gegensatz zum Deutschen muss der bestimmte Artikel vor dem Substantiv stehen.

4. Verstärkung und Verneinung von *gusta/gustan*

○ Me gusta **mucho** ir al cine. (Ich gehe sehr gerne ins Kino.)
○ Me gustan **mucho** los comics. (Ich mag Comics sehr gerne. / Mir gefallen Comics sehr.)

Zur Verstärkung der Aussage (= sehr) wird **mucho** gebraucht.

G4

○ **No** me gusta caminar. (Ich wandere nicht gern.)
○ A ella **no** le gustan los comics. (Sie mag keine Comics./Ihr gefallen Comics nicht)

Im verneinten Satz steht **no** vor dem unbetonten Objektpronomen.

○ A mí **no** me gusta **nada** caminar. (Ich wandere gar nicht gerne.)
○ A ella **no** le gustan **nada** los comics. (Sie mag Comics überhaupt nicht./Ihr gefallen Comics überhaupt nicht.)

Zur Verstärkung der Verneinung wird **no … nada** benutzt. **Nada** steht immer direkt hinter *gusta/gustan*.

5. *Preferir* (vorziehen)

(yo)	pref**ie**ro
(tú)	pref**ie**res
(él/ella / usted)	pref**ie**re
(nosotros / -as)	preferimos
(vosotros / -as)	preferís
(ellos / -as / ustedes)	pref**ie**ren

Preferir gehört zu der Gruppe der Verben, die bei den Singularformen und der 3. Person Plural den Stamm *-e-* in *-ie-* ändern (wie *querer*).

6. Zustimmung oder Ablehnung

	Zustimmung	*Ablehnung*
○ *Me gusta* el rock. (Mir gefällt Rockmusik.)	□ A mí **también.** (Mir auch.)	▷ A mí **no.** (Mir nicht.)
○ *No me gusta* el rock. (Mir gefällt Rockmusik nicht.)	□ A mí **tampoco.** (Mir auch nicht.)	▷ A mí **sí.** (Mir schon.)

7. Die Uhrzeit

○ ¿Qué hora es? (Wie viel Uhr ist es?)
□ Es la una./Son las dos. (Es ist ein/zwei Uhr.)

In der Alltagssprache wird die Uhrzeit meist im 12-Stunden-Rhythmus angegeben. Zur Unterscheidung der Tageszeiten wird dann, wenn es nicht aus dem Zusammenhang hervorgeht, *de la mañana/tarde/noche* hinzugefügt.

○ Son las veintiuna horas, las noticias ... (Es ist 21 Uhr, die Nachrichten ...)

In offiziellen Zeitangaben (Nachrichten, Fahrplanangaben etc.) wird wie im Deutschen der 24-Stunden-Rhythmus benutzt.

8. Die Fragepronomen *¿a qué hora?, ¿cuándo?*

○ ¿**A qué hora** abre el bar? (Um wie viel Uhr öffnet die Bar?)
○ ¿**Cuándo** abre el bar? (Wann öffnet die Bar?)

Lección 5

1. Der Gebrauch von *estar* (sein / sich befinden)

○ Venezuela **está** en el norte. (Venezuela ist/liegt im Norden.)
○ ¿Dónde **están** los otros países? (Wo sind/liegen die anderen Länder?)
○ Sofía **está** en Madrid. (Sofía ist in Madrid.)

Estar wird verwendet zur Angabe des Ortes/der Lage.

○ ¿**Está** el señor López? (Ist Herr López da?)

Estar wird auch verwendet, wenn man das Vorhandensein, die Anwesenheit einer Person oder Sache ausdrücken will.

2. Das Adjektiv

Singular, maskulin	*Plural, maskulin*
el pueblo pequeñ**o**	los pueblos pequeñ**os**
el parque grande	los parques grande**s**
el centro industrial	los centros industrial**es**
Singular, feminin	*Plural, feminin*
la casa pequeñ**a**	las casas pequeñ**as**
la plaza grande	las plazas grande**s**
la zona industrial	las zonas industrial**es**

Adjektive richten sich in Geschlecht und Zahl nach dem Substantiv, auf das sie sich beziehen.
Adjektive, die auf *-o* enden, erhalten für die feminine Form die Endung *-a*.
Adjektive, die auf *-e* oder auf einen Konsonanten enden, sind in der maskulinen und femininen Form gleich.
Für die Pluralbildung gelten die gleichen Regeln wie für die Substantive.

3. Die Stellung der Adjektive

○ Mérida es una ciudad **moderna.**
(Mérida ist eine moderne Stadt.)

Adjektive stehen meistens hinter dem Substantiv.

○ Hay **muchos** estudiantes en Mérida.
(In Mérida gibt es viele Studenten.)
○ ¿Dónde están los **otros** países?
(Wo sind die anderen Länder?)

Mucho/-a/-os/-as und **otro/-a/-os/-as** stehen vor dem Substantiv.

4. *Ser* + Adjektiv

○ El ambiente **es alegre.**
(Die Atmosphäre ist fröhlich/heiter.)
○ **Es** una ciudad **moderna.**
(Es ist eine moderne Stadt.)

Mit **ser** werden Eigenschaften angegeben.

5. *Muy* (sehr) – *mucho* (viel/sehr)

○ La ciudad es **muy bonita.**
(Die Stadt ist sehr schön.)

Muy ist unveränderlich und steht vor einem Adjektiv.

○ Hay **muchos estudiantes** en Mérida.
(In Mérida gibt es viele Studenten.)
○ En Mérida hay **mucha gente** joven.
(In Mérida gibt es viele junge Leute.)

Mucho als Adjektiv steht vor einem Substantiv und muss dem Geschlecht und der Zahl des Substantives angepasst werden.

○ Mérida **me gusta mucho.**
(Mérida gefällt mir sehr.)
○ Pedro lee **mucho.** (Pedro liest viel.)

Mucho als Adverb ist unveränderlich und steht hinter dem Verb, auf das es sich bezieht.

6. Der Gebrauch von *hay* und *está/están*

○ ¿Dónde **hay un** mercado? (Wo ist ein Markt?)
○ ¿**Hay un** mercado por aquí?
(Gibt es in der Nähe einen Markt?)
○ **Hay un** mercado cerca de aquí.
(Hier in der Nähe gibt es einen Markt.)
○ En Mérida **hay** avenidas anchas.
(In Mérida gibt es breite Alleen.)

Hay entspricht dem deutschen «es gibt».
Das Substantiv steht zusammen mit **hay** mit dem unbestimmten Artikel, im Plural (meist) ohne Artikel.

○ ¿Dónde **está el** mercado? (Wo ist der Markt?)
○ ¿Dónde **están los** coches?
(Wo sind die Autos?)
○ El hotel **está** al lado de la estación.
(Das Hotel ist neben dem Bahnhof.)

Está/están benutzt man, wenn man von der (geografischen) Lage einer bestimmten Sache/Person spricht, und wenn man weiß, dass die Sache/Person existiert.
Das Substantiv steht zusammen mit **está/están** mit dem bestimmten Artikel.

7. *Seguir* (folgen, befolgen, fortsetzen)

(yo)	**sigo**
(tú)	**sigues**
(él/ella/usted)	**sigue**
(nosotros/-as)	seguimos
(vosotros/-as)	seguís
(ellos/-as/ustedes)	**siguen**

Seguir gehört zu der Gruppe der Verben, die bei den Singularformen und der 3. Person Plural den Stamm *-e-* in *-i-* ändern.
Bei der 1. Person Singular fällt außerdem, um die Aussprache beizubehalten, das *-u-* weg.
(Vgl. die Ausspracheregeln.)

G5

8. Die Ordnungszahlen

1° **primero**	4° **cuarto**	7° **séptimo**	10° **décimo**
2° **segundo**	5° **quinto**	8° **octavo**	
3° **tercero**	6° **sexto**	9° **noveno**	

Ordnungszahlen über 10° werden üblicherweise mit den Grundzahlen ausgedrückt.

○ Usted toma **la** primer**a** calle a la derecha.
(Sie nehmen die erste Straße rechts.)

Die Ordnungszahlen sind Adjektive und richten sich in Geschlecht und Zahl nach ihrem Beziehungswort. Sie stehen vor dem Substantiv.

○ El **primer** edificio es un banco.
(Das erste Gebäude ist eine Bank.)
○ Usted gira al **tercer** semáforo.
(Sie biegen an der dritten Ampel ab.)

Primero und *tercero* werden vor einem maskulinen Substantiv zu **primer** bzw. **tercer** verkürzt.

○ la primera calle = la **1ª** calle
○ el segundo edificio = el **2°** edificio
○ el tercer sémaforo = el **3**^er^ sémaforo

Schreibt man Ordnungszahlen als Ziffern, so erhalten sie keinen Punkt, sondern die entsprechende Endung.

9. Die Präposition *de* in Verbindung mit *el*

○ de + el = **del**
○ El coche está detrás **del** hotel.
(Das Auto ist hinter dem Hotel.)

So wie die Präposition *a* (vgl L. 1) wird die Präposition *de* mit dem bestimmten maskulinen Artikel im Singular verbunden.

Lección 6

1. Die direkten Objektpronomen (Akkusativ; wen oder was?) *lo, los, la, las*

maskulin		*feminin*	
el queso	**lo**	la mortadela	**la**
los tomates	**los**	las manzanas	**las**

○ ¿Cómo quiere *el queso*? (Wie möchten Sie den Käse?)
□ **Lo** quiero en lonchas finas. (Ich möchte ihn in dünnen Scheiben.)
○ ¿Cómo quiere *los tomates*? (Wie möchten Sie die Tomaten?)
□ **Los** quiero maduros. (Ich möchte sie reif.)

Die direkten Objektpronomen werden anstelle des vorher genannten direkten Objektes (Akkusativobjekt) benutzt, um eine Wiederholung zu vermeiden. Sie stimmen in Geschlecht und Zahl mit dem direkten Objekt überein und stehen vor dem Verb.

○ *¿Dónde hay un mercado?* - No **lo** sé. (Ich weiß es nicht.)

Lo kann sich auch auf einen ganzen Satz oder eine Frage beziehen.

G6

2. Indirekte und direkte Objektpronomen in einem Satz

○ Quiero tomates. ¿**Me los** mete en una bolsa?
(Ich möchte Tomaten. Packen Sie sie mir in eine Tüte?)

Wird in einem Satz ein indirektes und ein direktes Objektpronomen benutzt, so steht das indirekte vor dem direkten. Beide stehen vor dem Verb.

3. *Poner* (setzen, stellen, legen; geben)

(yo)	pongo
(tú)	pones
(él/ella / usted)	pone
(nosotros / -as)	ponemos
(vosotros / -as)	ponéis
(ellos / -as / ustedes)	ponen

Poner ist im Präsens in der 1. Person Singular unregelmäßig. Alle anderen Formen folgen dem Schema der Verben auf *-er*.

4. Mengenangaben

- ¿Me pone **una lata de atún**, por favor? (Geben Sie mir bitte eine Dose Thunfisch?)
- Quiero **un kilo de azúcar.** (Ich möchte ein Kilo Zucker.)
- **Una docena de huevos**, por favor. (Ein Dutzend Eier, bitte.)

Mengenangaben und Produkte werden immer mit der Präposition *de* verbunden.

- Quiero **medio** kilo de queso. (Ich möchte ein halbes Kilo Käse.)
- **Medio** litro de leche, por favor. (Einen halben Liter Milch, bitte.)
- ¿Me podría traer **media** botella de vino? (Könnten Sie mir eine halbe Flasche Wein bringen?)

Vor **medio/-a** wird im Gegensatz zum Deutschen nie der unbestimmte Artikel gebraucht.

5. Die Demonstrativpronomen

maskulin	*feminin*	*maskulin*	*feminin*
este vestido	**esta** falda	**ese** vestido	**esa** falda
estos vestidos	**estas** faldas	**esos** vestidos	**esas** faldas

G6

Este/-a/-os/-as verweisen auf Personen oder Sachen, die sich in unmittelbarer Nähe des Sprechers befinden (im Deutschen etwa «dieser/diese»).

Ese/-a/-os/-as verweisen auf Personen oder Sachen, die vom Sprecher etwas weiter entfernt sind (im Deutschen etwa «jener/jene»).

- Me gusta **este bañador**. (Mir gefällt dieser Badeanzug.)
- **Éste** es el bañador de Ana. (Dies ist Anas Badeanzug.)

Die Demonstrativpronomen können vor einem Substantiv oder allein stehen. Wenn sie allein stehen, wird der Anfangsbuchstabe mit Akzent geschrieben.

6. *Poder* (können)

(yo)	**pue**do
(tú)	**pue**des
(él/ella / usted)	**pue**de
(nosotros / -as)	podemos
(vosotros / -as)	podéis
(ellos / -as / ustedes)	**pue**den

Poder gehört zu der Gruppe der Verben, die bei den Singularformen und der 3. Person Mehrzahl das *-o-* des Stammes in *-ue-* ändern.

7. Das Fragepronomen *¿quién?, ¿cuánto/-a/os/-as?*

¿Quién lleva una minifalda? (Wer trägt einen Minirock?)
¿Quién es ese señor? (Wer ist der Herr dort?)
¿Quiénes son esos señores? (Wer sind die Herren dort?)

Wenn man nach mehreren Personen fragt (und diese in der Frageform bereits genannt werden), benutzt man **¿quiénes?**

¿Cuántas naranjas quieres? (Wie viele Apfelsinen möchtest du?)

¿cuánto/-a/-os/-as? richtet sich in Geschlecht und Zahl nach dem Substantiv, das vor dem Verb steht.

¿Cuánto cuesta el jersey? (Wie viel kostet der Pullover?)
¿Cuánto cuestan las naranjas? (Wie viel kosten die Apfelsinen?)

Vor einem Verb ist **cuánto** unveränderlich.

Lección 7

G7

1. Tageszeitangaben

- La farmacia abre **a las 9 de la mañana**. (Die Apotheke öffnet um 9 Uhr vormittags/morgens.)
- La taquilla del cine abre **a las 4 de la tarde**. (Die Kinokasse öffnet um 4 Uhr nachmittags.)

Wenn man Tageszeiten mit einer bestimmten Uhrzeit angibt, verwendet man die Uhrzeit + *de* + die Tageszeit.

- La farmacia está abierta **por la mañana**. (Die Apotheke ist morgens/vormittags geöffnet.)
- El bar está abierto **por la noche.** (Die Bar ist abends/nachts geöffnet.)

Wenn man Tageszeiten ohne eine bestimmte Uhrzeit angibt, verwendet man *por* + die Tageszeit.

2. Übersicht über die verschiedenen Verbkonjugationen

Wie Sie bereits wissen, gibt es im Spanischen

a. regelmäßige Verben auf *-ar, -er* oder *-ir* wie z.B. *trabajar, comer, vivir*.
Diese Verben bilden alle Formen entsprechend dem Schema.

b. unregelmäßige Verben auf *-ar, -er* oder *-ir* wie z. B. *estar, ser, ir*.
Diese Verben sind bei vielen Formen unregelmäßig.
(Auf S. 212 finden Sie eine Übersicht.)

c. Verben auf *-ar, -er* oder *-ir*, bei denen sich der Stammvokal ändert, wenn die Betonung auf dem Wortstamm liegt (bei den Singularformen und bei der 3. Person Plural).

Diese Verben lassen sich in Gruppen zusammenfassen, die jeweils die gleichen Unregelmäßigkeiten aufweisen.

Verben der Gruppe *e > ie*

	cerrar	**querer**	**preferir**
(yo)	ci**e**rro	qu**ie**ro	pref**ie**ro
(tú)	ci**e**rras	qu**ie**res	pref**ie**res
(él/ella / usted)	ci**e**rra	qu**ie**re	pref**ie**re
(nosotros / -as)	cerramos	queremos	preferimos
(vosotros / -as)	cerráis	queréis	preferís
(ellos / -as / ustedes)	ci**e**rran	qu**ie**ren	pref**ie**ren

Verben der Gruppe *e > i*

	seguir
(yo)	s**i**go
(tú)	s**i**gues
(él/ella / usted)	s**i**gue
(nosotros / -as)	seguimos
(vosotros / -as)	seguís
(ellos / -as / ustedes)	s**i**guen

Verben der Gruppe *o > ue*

	volver	**dormir**
(yo)	v**ue**lvo	d**ue**rmo
(tú)	v**ue**lves	d**ue**rmes
(él/ella / usted)	v**ue**lve	d**ue**rme
(nosotros / -as)	volvemos	dormimos
(vosotros / -as)	volvéis	dormís
(ellos / -as / ustedes)	v**ue**lven	d**ue**rmen

Verben der Gruppe *u > ue*

	jugar
(yo)	j**ue**go
(tú)	j**ue**gas
(él/ella / usted)	j**ue**ga
(nosotros / -as)	jugamos
(vosotros / -as)	jugáis
(ellos / -as / ustedes)	j**ue**gan

3. Reflexive Verben

Reflexive Verben sind Ihnen bereits in der ersten Lektion begegnet.

○ ¿Cómo **te llamas**? (Wie heißt du? *wörtlich:* Wie nennst du dich?)
□ **Me llamo** Paloma. (Ich heiße/nenne mich Paloma.)

Viele Verben, die im Spanischen reflexiv sind, sind es im Deutschen nicht (aber auch umgekehrt).

Die Konjugation von **levantarse** (aufstehen, *wörtlich:* sich erheben)

(yo)	me levanto	(mich)
(tú)	te levantas	(dich)
(él/ella / usted)	se levanta	(sich)
(nosotros / -as)	nos levantamos	(uns)
(vosotros / -as)	os levantáis	(euch)
(ellos / -as / ustedes)	se levantan	(sich)

Reflexive Verben werden wie alle anderen Verben konjugiert. Es gibt also regelmäßige (z.B. *llamarse, levantarse*), unregelmäßige und Gruppenverben (z.B. *acostarse, o > ue*).

G7

○ Pedro **se** levanta a las 7. (Pedro steht um 7 Uhr auf.)

Das Reflexivpronomen steht vor dem konjugierten Verb.

○ Voy a levantar**me** a las 7. = **Me** voy a levantar a las 7.

Wird das reflexive Verb in einem Satz im Infinitiv benutzt, so wird das Pronomen entweder an den Infinitiv angehängt oder es steht vor dem konjugierten Verb.

○ Paloma **no** se levanta antes de las 7. (Paloma steht nicht vor 7 Uhr auf.)

Die Verneinung **no** steht vor dem Pronomen und dem Verb.

4. *Salir* (aus-, weggehen)

(yo)	salgo
(tú)	sales
(él/ella / usted)	sale
(nosotros / -as)	salimos
(vosotros / -as)	salís
(ellos / -as / ustedes)	salen

Salir ist in der 1. Person Singular unregelmäßig. Die anderen Formen des Präsens entsprechen dem regelmäßigen Schema.

5. Zeitangaben mit *todo/todos*

Bei diesen Zeitangaben verändert sich die Bedeutung, je nachdem ob sie im Singular oder im Plural verwendet werden.
Todo/todos steht immer vor dem bestimmten Artikel + Substantiv.

- todo **el** día = den ganzen Tag
- toda **la** semana = die ganze Woche
- todo **el** año = das ganze Jahr

- todos **los** días = jeden Tag
- todas **las** semanas = jede Woche
- todos **los** años = jedes Jahr

6. Wochentage

- **El sábado** voy al cine.
  (Am Samstag gehe ich ins Kino.)

Wochentage werden immer mit dem bestimmten Artikel gebraucht.

- **Los sábados** voy al cine.
  (Samstags gehe ich ins Kino.)

Der Wochentag im Plural drückt aus, dass etwas jede Woche am gleichen Tag geschieht.

- el lunes - los lunes
- el martes - los martes

Endet das Wort für einen Wochentag auf *-s*, bleibt es im Plural unverändert.

7. Das Datum

- 9–2 = el nueve de febrero
- 1–8 = el uno de agosto/el primero de agosto

Das Datum wird mit den Grundzahlen angegeben, außer beim Monatsersten, bei dem beide Möglichkeiten üblich sind.

Lección 8

1. Pläne und Absichten ausdrücken

Pläne und Absichten werden ausgedrückt mit

ir a
pensar + Infinitiv
querer

- El domingo **voy a ir** a la playa. (Am Sonntag werde ich an den Strand gehen.)
- El domingo **pienso ir** a la playa. (Am Sonntag habe ich vor an den Strand zu gehen.)
- El domingo **quiero ir** a la playa. (Am Sonntag will ich zum Strand gehen.)

2. Der Gebrauch von *ya* (schon) und *todavía no* (noch nicht)

○ ¿**Ya** sabes que vas a hacer el domingo? (Weißt du schon, was du am Sonntag machen wirst?)
○ No, **todavía no** lo sé. (Nein, ich weiß es noch nicht.)

3. *Quedar* (sich verabreden/verbleiben) und *quedarse* (bleiben)

○ ¿**Quedamos** para el sábado?
(Verabreden wir uns für Samstag?)
○ **Me quedo** en casa. (Ich bleibe zu Hause.)

Im Spanischen gibt es eine Reihe von Verben, die nichtreflexiv und reflexiv gebraucht werden; dadurch verändert sich die Bedeutung.

4. Die betonten Objektpronomen in Verbindung mit Präpositionen

○ Este vaso es **para ti**. (Dieses Glas ist für dich.)

In Verbindung mit Präpositionen wie z.B. *para* werden die betonten Objektpronomen verwendet. In Verbindung mit der Präposition *con* sind die 1. + 2. Person Singular unregelmäßig.

(yo)	para mí	**conmigo**
(tú)	para ti	**contigo**
(él/ella / usted)	para él,ella, usted	con él, ella, usted
(nosotros / -as)	para nosotros/-as	con nosotros/-as
(vosotros / -as)	para vosotros/-as	con vosotros/-as
(ellos / -as / ustedes)	para ellos/-as, ustedes	con ellos/-as, ustedes

G8

5. *¿Por qué?, porque* und *es que*

○ ¿**Por qué** no vienes?
(Warum kommst du nicht?)
□ **Porque** no tengo tiempo.
(Weil ich keine Zeit habe.)

Die Antwort auf eine Frage mit *¿por qué?* kann mit *porque* eingeleitet sein. Die beiden Wörter unterscheiden sich durch die Bedeutung, die Schreibweise und die Betonung.

○ ¿Vamos a tomar algo?
□ No, no puedo. **Es que** tengo que trabajar.
(Gehen wir etwas trinken?
Nein, ich kann nicht. Ich muss nämlich arbeiten.)

Die Begründung mit *es que* ist eine Art Erklärung, Rechtfertigung, Entschuldigung.

1. Das Indefinido der regelmäßigen Verben (el pretérito indefinido)

	bail*ar*	**com*er***	**abr*ir***
(yo)	bail**é**	com**í**	abr**í**
(tú)	bail**aste**	com**iste**	abr**iste**
(él/ella / usted)	bail**ó**	com**ió**	abr**ió**
(nosotros / -as)	bail**amos**	com**imos**	abr**imos**
(vosotros / -as)	bail**asteis**	com**isteis**	abr**isteis**
(ellos / -as / ustedes)	bail**aron**	com**ieron**	abr**ieron**

2. Der Gebrauch des Indefinido

- ○ Ayer **comí** en un restaurante. (Gestern aß ich in einem Restaurant.)
- ○ El año pasado Alberto **visitó** la Catedral de Toledo. (Im letzten Jahr besuchte Alberto die Kathedrale von Toledo.)
- ○ En 1995 **compraron** un coche. (1995 kauften sie ein Auto.)

Das Indefinido wird gebraucht, um über Ereignisse zu sprechen, die in der Vergangenheit zu einem bestimmten Zeitpunkt stattgefunden haben und abgeschlossen sind.
Das Indefinido steht deshalb häufig mit Zeitausdrücken wie *ayer, la semana pasada, en* + Jahreszahl usw.

3. Das Indefinido von *ser* und *ir*

	ser	**ir**
(yo)	fui	fui
(tú)	fuiste	fuiste
(él/ella / usted)	fue	fue
(nosotros / -as)	fuimos	fuimos
(vosotros / -as)	fuisteis	fuisteis
(ellos / -as / ustedes)	fueron	fueron

Die Formen von *ser* und *ir* sind gleich. Durch den Zusammenhang, in dem sie gebraucht werden, versteht man, welches Verb gemeint ist.

- ○ La fiesta de Julia **fue** muy divertida. (Das Fest von Julia war sehr lustig.)
- ○ Ayer Pablo **fue** a Toledo. (Gestern fuhr Pablo nach Toledo.)

4. Das Indefinido der unregelmäßigen Verben

	estar	hacer	decir		
(yo)	estuve	hice	dije		-e
(tú)	estuviste	hiciste	dijiste	venir → vin	-iste
(él/ella / usted)	estuvo	hizo	dijo	poder → pud	-o
(nosotros / -as)	estuvimos	hicimos	dijimos	poner → pus	-imos
(vosotros / -as)	estuvisteis	hicisteis	dijisteis	querer → quis	-isteis
(ellos / -as / ustedes)	estuvieron	hicieron	dijeron		-ieron/jeron

Unregelmäßige Verben haben im Indefinido einen unregelmäßigen Wortstamm, die Endungen sind bei allen gleich.

5. Das Indefinido einiger Gruppenverben auf *-ir*

Gruppenverben auf *-ir* erhalten in der 3. Person Singular und Plural:

-i- (Verben der Gruppe e > ie) wie z.B. **preferir**
-u- (Verben der Gruppe o > ue) wie z.B. **dormir**

(yo)	preferí	dormí
(tú)	preferiste	dormiste
(él/ella / usted)	pref**i**rió	d**u**rmió
(nosotros / -as)	preferimos	dormimos
(vosotros / -as)	preferisteis	dormisteis
(ellos / -as / ustedes)	pref**i**rieron	d**u**rmieron

G10

Lección 10

1. Der Vergleich und die Steigerung der Adjektive

Komparativ		*Superlativ*
Gleichheit	*Ungleichheit*	
tan + Adjektiv + **como**	**más** + Adjektiv + **que** **menos** + Adjektiv + **que**	bestimmter Artikel + Substantiv + **más** + Adjektiv

○ El tren es **tan** rápido **como** el coche. (Der Zug ist genauso schnell wie das Auto.)
○ El avión es **más** rápido **que** el tren. (Das Flugzeug ist schneller als der Zug.)
○ El tren es **menos** rápido **que** el avión. (Der Zug ist weniger schnell als das Flugzeug.)
○ El avión es **el** transporte **más** rápido. (Das Flugzeug ist das schnellste Verkehrsmittel.)

2. Verben der Gruppe c > zc

	conocer (kennen)
(yo)	cono**zc**o
(tú)	conoces
(él/ella / usted)	conoce
(nosotros / -as)	conocemos
(vosotros / -as)	conocéis
(ellos / -as / ustedes)	conocen

Verben, die auf *-cer* (außer *hacer*) oder *-cir* enden, erhalten im Präsens in der 1. Person Singular die Endung *-zco;* alle anderen Formen entsprechen dem bekannten Schema.

3. Das direkte Objekt (Akkusativ)

Das direkte Objekt wird mit der Präposition **a** angeschlossen, wenn es eine Person darstellt.

- ¿Conoces **a** mi amigo Alberto? (Kennst du meinen Freund Alberto?)
- ¿Conoces el museo? (Kennst du das Museum?)
- Ayer visité **a** Alberto. (Gestern besuchte ich Alberto.)
- Ayer visité el museo. (Gestern besuchte ich das Museum.)

Ausnahme: *tener*

- Tengo dos hijos. (Ich habe zwei Kinder.)
- Tengo un coche nuevo. (Ich habe ein neues Auto.)

G11

3. Besonderheiten bei der Schreibweise einiger Verben im Indefinido

- empezar = empe**cé**, empezaste, ...
- sacar = sa**qué**, sacaste, ...
- llegar = lle**gué**, llegaste, ...

Um die Aussprache zu erhalten verändert sich die Schreibweise bei Verben, deren Stamm auf *-z*, *-c* oder *-g* endet.

Lección 11

1. Der Konditional (el condicional)

	compr*ar*	**com*er***	**dorm*ir***
(yo)	compra**ría**	come**ría**	dormi**ría**
(tú)	compra**rías**	come**rías**	dormi**rías**
(él/ella / usted)	compra**ría**	come**ría**	dormi**ría**
(nosotros / -as)	compra**ríamos**	come**ríamos**	dormi**ríamos**
(vosotros / -as)	compra**ríais**	come**ríais**	dormi**ríais**
(ellos / -as / ustedes)	compra**rían**	come**rían**	dormi**rían**

Die Endungen des Konditionals sind für alle Verben gleich. Sie werden an den Infinitiv angehängt.

2. Unregelmäßige Formen des Konditionals

decir	→	**diría**	saber	→	**sabría**
hacer	→	**haría**	salir	→	**saldría**
poder	→	**podría**	tener	→	**tendría**
poner	→	**pondría**	venir	→	**vendría**
querer	→	**querría**			

Einige Verben haben beim Konditional einen unregelmäßigen Wortstamm, an den die regelmäßigen Endungen angehängt werden.

3. Der Gebrauch des Konditionals

Der Konditional wird gebraucht

a. um höfliche Bitten auszusprechen.

- ○ ¿Sería posible hacer una reserva?
  (Wäre es möglich, eine Reservierung zu machen?)
- ○ ¿Podría ver el piso?
  (Könnte ich die Wohnung sehen?)

b. um Ratschläge zu geben

- ○ Yo en tu lugar alquilaría el piso.
  (An deiner Stelle würde ich die Wohnung mieten.)

c. um auszudrücken, was man tun würde / wie etwas sein könnte ...

- ○ ¿Qué harías en esta situación?
  (Was würdest du in dieser Lage tun?)
- ○ Me quedaría en casa.
  (Ich würde zu Hause bleiben.)
- ○ ¿Cómo debería ser un piso de vacaciones?
  (Wie müsste eine Ferienwohnung sein?)

G11

4. Vergleich und Steigerung des Adverbs *mucho*

- ○ La casa cuesta **mucho.** (Das Haus kostet *viel.*)
- ○ La casa cuesta **tanto como** el piso. (Das Haus kostet *genauso viel wie* die Wohnung.)
- ○ La casa cuesta **mucho más** que el piso. (Das Haus kostet *viel mehr* als die Wohnung.)

5. Der unpersönliche Gebrauch von *se*

- ○ **Se habla** alemán. (Man spricht Deutsch./ Es wird Deutsch gesprochen.)
- ○ ¿Dónde **se pone** la barbacoa? (Wo stellt man den Grill hin?/Wo wird der Grill hingestellt?)
- ○ **Se alquilan** apartamentos. (Man vermietet Apartments./Es werden Apartments vermietet.)

Die unpersönliche Form «man» wird oft durch *se* + Verb in der 3. Person ausgedrückt. Ob das Verb in der Singular- oder der Pluralform gebraucht wird, richtet sich danach, ob das Objekt im Singular oder Plural steht.

6. Das Fragepronomen *¿cuál?* (welche/r/s?)

○ ¿**Cuál** es el anuncio del diálogo? (Welches ist die Anzeige aus dem Dialog?)

¿cuál?/¿cuáles? wird anstelle eines Substantivs verwendet. Der adjektivische Gebrauch von «welche/r/s» wird mit **qué** + Substantiv ausgedrückt. (vgl. L. 1)

Lección 12

1. Die Possessivpronomen

mi	(mein)
tu	(dein)
su	(sein, ihr, Ihr)
nuestro/-a	(unser)
vuestro/-a	(euer)
su	(ihr, Ihr)

Die Possessivpronomen stehen vor dem Substantiv. Sie richten sich in der Zahl nach dem Bezugswort. In der 1. und 2. Person Plural richten sie sich darüber hinaus nach dem Geschlecht des Bezugswortes.
Der Plural wird durch *-s* gebildet.

○ **Mis** hermanos estudian. (Meine Brüder/Geschwister studieren.)
○ **Nuestra** abuela vive en Málaga. (Unsere Großmutter lebt in Málaga.)
○ Señora Garrido, ¿dónde viven **sus** hijos? (Frau Garrido, wo leben Ihre Kinder?)

G 12

2. Das Gerundium

hablar → habl**ando**
comer → com**iendo**
vivir → viv**iendo**

Das Gerundium wird gebildet durch Anhängen von **-ando** bei Verben auf *-ar* bzw. **-iendo** bei Verben auf *-er/-ir* an den Verbstamm.

dormir → durmiendo
venir → viniendo
decir → diciendo

Die Gruppenverben auf *-ir* (*e > i, e > ie ,o > ue*) haben im Gerundium einen unregelmäßigen Wortstamm.

leer → leyendo
ir → yendo

Endet der Stamm auf einen Vokal, wird die Endung *-iendo* zu **-yendo**.

3. *Estar* + Gerundium (Verlaufsform)

○ Alfredo **está cocinando.**
(Alfredo kocht gerade. *wörtlich:* A. ‹ist am Kochen›.)

Estar + Gerundium drückt aus, was gerade geschieht.

4. Der Gebrauch von *creer que*

○ ¿**Crees que** Ana viene? (Glaubst du, (dass) Ana kommt?)
□ **Creo que sí**. (Ich glaube ja.)
□ **Creo que no.** (Ich glaube nicht/nein.)

○ **Creo que** mi marido está durmiendo.
(Ich glaube, mein Mann schläft gerade.)

Hinter *creer* muss immer *que* stehen.

Lección 13

1. Die Komparativformen von *grande* und *pequeño*

Für die Adjektive *grande* und *pequeño* gibt es zwei Komparativformen mit unterschiedlicher Bedeutung.

grande	**más grande**	= größer (Ausdehnung, Umfang)
	mayor	= größer/älter (Alter)
pequeño	**más pequeño**	= kleiner (Ausdehnung, Umfang)
	menor	= kleiner/jünger (Alter)

○ Esta casa es **más grande que** la otra.
(Dieses Haus ist größer als das andere.)
○ Mi hermana es **mayor que** yo.
(Meine Schwester ist älter als ich.)

Besonderer Gebrauch:
○ El señor López es una persona **mayor.**
(Herr López ist alt.)
○ **los mayores** = die Erwachsenen
○ **los menores** = die Jugendlichen/
Minderjährigen

G13

2. Der Gebrauch von *ser* und *estar*

○ Pedro es alto. (Pedro ist groß.)
○ Manuela es simpática. (Manuela ist sympathisch.)

Ser + Adjektiv drückt eine bleibende Eigenschaft aus.

○ Pedro está nervioso. (Pedro ist nervös.)
○ Manuela está enferma. (Manuela ist krank.)

Estar + Adjektiv drückt eine veränderliche Eigenschaft oder einen Zustand aus.

○ Pedro es moreno. (Pedro ist dunkel.) = Haut/Haarfarbe

○ Después de una semana en la costa Pedro está moreno. (Nach einer Woche an der Küste ist Pedro braun.) = geworden

○ Ana es guapa. (Ana ist hübsch.)

○ Hoy Ana está muy guapa. (Heute ist Ana sehr hübsch.) = zurecht gemacht /angezogen etc.

○ Santiago es delgado. (Santiago ist schlank.)

○ Santiago hizo una dieta. Ahora está delgado. (Santiago hat eine Diät gemacht. Jetzt ist er schlank.) = geworden

Viele Adjektive können mit **ser** oder mit **estar** benutzt werden; es verändert sich dadurch die Bedeutung.

Lección 14

1. Das Imperfekt (el pretérito imperfecto)

	pas*ar*	com*er*	viv*ir*
(yo)	pas**aba**	com**ía**	viv**ía**
(tú)	pas**abas**	com**ías**	viv**ías**
(él/ella / usted)	pas**aba**	com**ía**	viv**ía**
(nosotros / -as)	pas**ábamos**	com**íamos**	viv**íamos**
(vosotros / -as)	pas**abais**	com**íais**	viv**íais**
(ellos / -as / ustedes)	pas**aban**	com**ían**	viv**ían**

Die Formen des Imperfekt werden bei allen Personen auf der gleichen Silbe betont. Die Endungen der Verben auf *-er* und *-ir* sind gleich.

2. Der Gebrauch des Imperfekts

- Antes **vivía** en una granja. (Früher lebte ich auf einem Bauernhof.)
- **Teníamos** muchos animales. (Wir hatten viele Tiere.)
- Cuando **era** pequeña, **pasábamos** las vacaciones en el campo.
  (Als ich klein war, verbrachten wir die Ferien [immer] auf dem Land.)

Das Imperfekt wird gebraucht, um zu erzählen was war, wie es war oder um über gewohnheitsmäßige Handlungen in der Vergangenheit zu sprechen. Oft werden dabei Zeitangaben wie *antes, siempre, nunca, normalmente* usw. benutzt.

G14

3. Unregelmäßige Verbformen des Imperfekts

	ser	**ir**	**ver**
(yo)	era	iba	veía
(tú)	eras	ibas	veías
(él/ella / usted)	era	iba	veía
(nosotros / -as)	éramos	íbamos	veíamos
(vosotros / -as)	erais	ibais	veíais
(ellos / -as / ustedes)	eran	iban	veían

Nur drei Verben haben unregelmäßige Formen.

4. Der Gebrauch von Imperfekt und Indefinido

○ Cuando **estaba** en octavo, **llegó** un nuevo profesor.
länger andauernde Handlung *neu einsetzende Handlung*
(Als ich in der 8. Klasse war, kam ein neuer Lehrer.)

○ Cuando **tenía** 10 años, **pasó** las vacaciones en Italia.
Begleitumstände *einmalige Handlung*
(Als sie 10 Jahre alt war, verbrachte sie ihre Ferien in Italien.)

○ **Llovía** mucho cuando **fui** al cine.
Hintergrund *einmalige Handlung*
(Es regnete sehr, als ich ins Kino ging.)

○ No **compré** el libro porque no **tenía** dinero.
einmalige Handlung *Begründung*
(Ich kaufte das Buch nicht, weil ich kein Geld hatte.)

Mit dem ***Imperfekt*** werden Begleitumstände, Hintergrundhandlungen, länger andauernde Handlungen (Beginn und Ende der Handlung ist irrelevant) oder Begründungen dargestellt.
Mit dem ***Indefinido*** werden einmalige oder neu einsetzende Handlungen ausgedrückt.
Als Unterscheidungshilfe kann man für das ***Imperfekt*** die Frage «was war?» stellen, für den ***Indefinido*** «was passierte?».

G15

5. Die Komparativformen von *bueno* und *malo*

bueno	→	**mejor**
malo	→	**peor**

○ Antes la vida era **mejor** (que hoy). (Früher war das Leben *besser* (als heute).)
○ Hoy la vida es **peor** (que antes). (Heute ist das Leben *schlechter* (als früher).)

Lección 15

1. Der Imperativ (el imperativo)

a. bejahte Formen

	tom*ar*	**beb*er***	**dorm*ir***
tú	toma	bebe	duerme
usted	tome	beba	duerma
ustedes	tome**n**	beba**n**	duerma**n**

Der bejahte Imperativ für *tú* entspricht in der Regel der Präsensform der 3. Person Singular. Bei der Höflichkeitsform wird *-a* der Präsensform zu *-e* und *-e* der Präsensform zu *-a*.

b. verneinte Formen

	tom*ar*	beb*er*	dorm*ir*
tú	no tom**es**	no beb**as**	no duerm**as**
usted	no tom**e**	no beb**a**	no duerm**a**
ustedes	no tom**en**	no beb**an**	no duerm**an**

Bei der verneinten Imperativform für *tú* wird *-a* zu *-es*, *-e* zu *-as*. Die verneinte Höflichkeitsform ist die gleiche wie die bejahte.

Der Imperativ der 2. Person Plural (*vosotros/-as*) wird selten gebraucht; man bildet ihn, indem man beim Infinitiv anstelle des *-r* ein *-d* anhängt (**tomar** = **tomad**). Statt der Imperativform wird oft der Infinitiv benutzt.

¡**Tomad** estas pastillas! = ¡**Tomar** estas pastillas!

2. Der Imperativ von unregelmäßigen Verben

	tú		*usted*	
	bejaht	*verneint*	*bejaht*	*verneint*
decir	di	no digas	diga	no diga
hacer	haz	no hagas	haga	no haga
ir	ve	no vayas	vaya	no vaya
poner	pon	no pongas	ponga	no ponga
salir	sal	no salgas	salga	no salga
tener	ten	no tengas	tenga	no tenga
venir	ven	no vengas	venga	no venga

Die Endungen der verneinten und der höflichen Formen werden an den Stamm des Verbs der 1. Pers. Singular angehängt:
hago = ich mache
¡**No hagas**! = Mach nicht!

G15

3. Imperativ und Pronomen

	tú		*usted*	
quedarse	qued**a**te	no **te** quedes	quéd**e**se	no **se** quede
meterse	mét**e**te	no **te** metas	mét**a**se	no **se** meta
escribirme	escríbe**me**	no **me** escribas	escríba**me**	no **me** escriba
decirme	di**me**	no **me** digas	díga**me**	no **me** diga

Reflexivpronomen und Objektpronomen werden an den bejahten Imperativ angehängt und dem verneinten vorangestellt. Um die Wortbetonung beizubehalten, muss bei vielen Verben ein Akzentzeichen auf die betonte Silbe gesetzt werden.

4. Der Gebrauch des Imperativs

- Si tienes fiebre, ¡**métete** en la cama! (Wenn du Fieber hast, geh ins Bett.)
- **Tome** estas pastillas tres veces por día. (Nehmen Sie diese Tabletten dreimal am Tag.)
- Por favor, **dime** qué vas a hacer. (Bitte sag mir, was du tun wirst.)
- ¡**Ven** aquí! (Komm her!)

Der Imperativ wird gebraucht bei Ratschlägen, Anweisungen, Bitten und Befehlen.

Lección 16

1. Das Perfekt (el pretérito perfecto)

	estar	**aprender**	**dormir**
(yo)	he estado	he aprendido	he dormido
(tú)	has estado	has aprendido	has dormido
(él/ella / usted)	ha estado	ha aprendido	ha dormido
(nosotros / -as)	hemos estado	hemos aprendido	hemos dormido
(vosotros / -as)	habéis estado	habéis aprendido	habéis dormido
(ellos / -as / ustedes)	han estado	han aprendido	han dormido

Das Perfekt wird (im Gegensatz zum Deutschen) immer mit den Formen von **haber** und dem Partizip (participio) gebildet.
Das Partizip wird bei den Verben auf *-ar* mit der Endung **-ado**, bei den Verben auf *-er* und *-ir* mit der Endung **-ido** gebildet, die jeweils an den Stamm angehängt wird.

- Hasta ahora no **he visto** a Ana. (Bis jetzt habe ich Ana noch nicht gesehen.)

Die Formen von **haber** und das Partizip dürfen nie getrennt werden.
Die Verneinung wird vorangestellt.

2. Unregelmäßige Partizipien

decir	→	**dicho**	ver	→	**visto**
hacer	→	**hecho**	volver	→	**vuelto**
poner	→	**puesto**			

3. Der Gebrauch des Perfekts

○ ¿Qué **has hecho** hoy? (Was hast du heute gemacht?)
○ Este año **he estado** en Perú. (Dieses Jahr bin ich in Peru gewesen.)
○ ¿**Has escalado** una montaña alguna vez? (Hast du irgendwann einmal einen Berg bestiegen?)
○ Susana todavía no **ha vuelto**. (Susana ist noch nicht zurückgekommen.)
○ Nunca **hemos bailado** flamenco. (Wir haben noch nie Flamenco getanzt.)

Das Perfekt ist eine Vergangenheitsform, die in enger Beziehung zur Gegenwart steht. Es wird deshalb mit Zeitangaben wie *hoy, esta mañana, este año* usw. benutzt. Außerdem wird mit dem Perfekt eine Zeitspanne, die von einem (beliebigen) Punkt der Vergangenheit bis in die Gegenwart reicht, ausgedrückt.

4. Die betonten Possessivpronomen

Singular		*Plural*	
el mío	la mía	los míos	las mías
el tuyo	la tuya	los tuyos	las tuyas
el suyo	la suya	los suyos	las suyas
el nuestro	la nuestra	los nuestros	las nuestras
el vuestro	la vuestra	los vuestros	las vuestras
el suyo	la suya	los suyos	los suyos

Man gebraucht die betonten Possessivpronomen, wenn man ein vorher genanntes Substantiv nicht wiederholen möchte. Das Pronomen wird dann mit dem bestimmten Artikel benutzt.

○ ¿Puede describir *sus maletas*? (Können Sie Ihre Koffer beschreiben?)
□ **La mía** es negra y **la suya** es marrón. (Meiner ist schwarz und seiner/ihrer ist braun.)

wenn man über den Besitzer einer Sache spricht; das Pronomen steht dann ohne Artikel.

○ *¿De quién* es la maleta negra? (Wem gehört der schwarze Koffer?)
□ Es **mía**. (Das ist meiner.)

wenn man von einer Person oder Sache aus einer Gruppe von mehreren spricht. Das Pronomen steht dann ohne Artikel hinter dem Substantiv.

○ Paloma es una compañera **mía**. (Paloma ist eine meiner Koleginnen.)

Lección 17

1. Der Gebrauch der Zeiten

Die Ereignisse eines Lebens (z. B. in einer Biografie) werden im ***Indefinido*** erzählt.

○ ¿Cuándo **naciste?** (Wann wurdest du geboren?)
□ **Nací** en 1970. (Ich wurde 1970 geboren.)
○ ¿Dónde **se murió** el abuelo? (Wo starb der Großvater?)
□ **Se murió** en Argentina. (Er starb in Argentinien.)

Werden in einem Text/Gespräch verschiedene Zeitebenen dargestellt, gelten für den Gebrauch der Zeiten folgende Regeln:

Presente: Was ist jetzt?
○ Ahora **trabajo** en una agencia de publicidad.

Perfecto: Was war/ist in einer Zeitspanne, die von irgendeinem Zeitpunkt in der Vergangenheit bis in die Gegenwart reicht?

○Yo siempre **he sido** fiel. (Ich bin immer treu gewesen.)
○¿Qué **has hecho** todos estos años? (Was hast du all die Jahre gemacht?)

G17

Imperfecto: Wie waren die Begleitumstände, wie war es immer/eine längere Zeit?

○ Cuando **estaba** embarazada, asistí a unos cursos.
(Als ich schwanger war, besuchte ich einige Kurse.)
○ Antes **vivía** en las afueras.
(Früher lebte ich am Stadtrand.)

Indefinido: Was passierte? Was passierte dann?

○ Cuando estaba embarazada, **asistí** a unos cursos.
○ El año pasado **decidimos** mudarnos.
(Letztes Jahr entschlossen wir uns umzuziehen.)

2. Zeitangaben mit *hace, desde* und *desde hace*

hace + Zeitspanne = vor
○ Me mudé **hace 3 años**. (Ich bin vor 3 Jahren umgezogen.)

desde + Zeitpunkt = seit
○ Vivo en este barrio **desde enero**. (Ich wohne seit Januar in diesem Viertel.)

desde hace + Zeitspanne = seit
○ Vivo en este barrio **desde hace 5 meses**. (Ich lebe seit 5 Monaten in diesem Viertel.)

Lección 18

1. Das Futur (el futuro)

	cambiar	ser	vivir
(yo)	cambiar**é**	ser**é**	vivir**é**
(tú)	cambiar**ás**	ser**ás**	vivir**ás**
(él/ella / usted)	cambiar**á**	ser**á**	vivir**á**
(nosotros / -as)	cambiar**emos**	ser**emos**	vivir**emos**
(vosotros / -as)	cambiar**éis**	ser**éis**	vivir**éis**
(ellos / -as / ustedes)	cambiar**án**	ser**án**	vivir**án**

Die Endungen des Futur sind für alle Verben gleich. Sie werden an den Infinitiv angehängt.

2. Unregelmäßige Formen des Futurs

decir	→	**diré**
hacer	→	**haré**
poder	→	**podré**
poner	→	**pondré**
querer	→	**querré**
saber	→	**sabré**
salir	→	**saldré**
tener	→	**tendré**
venir	→	**vendré**

Die gleichen Verben wie beim Konditional haben beim Futur einen unregelmäßigen Wortstamm, an den die regelmäßigen Endungen angehängt werden.

3. Der Gebrauch des Futurs

Das Futur wird verwendet, um über zukünftige Handlungen oder Ereignisse zu sprechen. Hinzu kommen Zeitangaben der Zukunft wie z. B. *mañana, la semana que viene, el próximo año, en el año 2020, en el futuro.*

Die Formen wichtiger unregelmäßiger Verben

Infinitivo	*Presente*	*Indefinido*	*Gerundio*
dar	doy	di	dando
(geben)	das	diste	*Participio*
	da	dio	dado
	damos	dimos	
	dais	disteis	
	dan	dieron	
decir	digo	dije	*Gerundio*
(sagen)	dices	dijiste	diciendo
	dice	dijo	*Participio*
	decimos	dijimos	dicho
	decís	dijisteis	*Cond./Fut.*
	dicen	dijeron	dir-ía/-é
estar	estoy	estuve	*Gerundio*
(sein/sich	estás	estuviste	estando
befinden)	está	estuvo	*Participio*
	estamos	estuvimos	estado
	estáis	estuvisteis	
	están	estuvieron	
hacer	hago	hice	*Gerundio*
(machen)	haces	hiciste	haciendo
	hace	hizo	*Participio*
	hacemos	hicimos	hecho
	hacéis	hicisteis	*Cond./Fut.*
	hacen	hicieron	har -ía/-é
ir	voy	fui	*Gerundio*
(gehen/fahren)	vas	fuiste	yendo
	va	fue	*Participio*
	vamos	fuimos	ido
	vais	fuisteis	*Imperfecto*
	van	fueron	iba,ibas ...
oír	oigo	oí	*Gerundio*
(hören)	oyes	oíste	oyendo
	oye	oyó	*Participio*
	oímos	oímos	oído
	oís	oísteis	
	oyen	oyeron	

poder	puedo	pude	*Gerundio*
(können)	puedes	pudiste	pudiendo
	puede	pudo	*Participio*
	podemos	pudimos	podido
	podéis	pudisteis	*Cond./Fut.*
	pueden	pudieron	podr-ía/-é
poner	pongo	puse	*Gerundio*
(setzen/stellen/	pones	pusiste	poniendo
legen)	pone	puso	*Participio*
	ponemos	pusimos	puesto
	ponéis	pusisteis	*Cond./Fut.*
	ponen	pusieron	pondr-ía/-é
querer	quiero	quise	*Gerundio*
(wollen)	quieres	quisiste	queriendo
	quiere	quiso	*Participio*
	queremos	quisimos	querido
	queréis	quisisteis	*Cond./Fut.*
	quieren	quisieron	querr-ía/é
saber	sé	supe	*Gerundio*
(wissen)	sabes	supiste	sabiendo
	sabe	supo	*Participio*
	sabemos	supimos	sabido
	sabéis	supisteis	*Cond./Fut.*
	saben	supieron	sabr-ía/-é
salir	salgo	salí	*Gerundio*
(weggehen)	sales	saliste	saliendo
	sale	salió	*Participio*
	salimos	salimos	salido
	salís	salistéis	*Cond./Fut.*
	salen	salieron	saldr-ía/-é
ser	soy	fui	*Gerundio*
(sein)	eres	fuiste	siendo
	es	fue	*Participio*
	somos	fuimos	sido
	sois	fuisteis	*Imperfecto*
	son	fueron	era,...,éramos

G

tener	tengo	tuve	*Gerundio*
(haben)	tienes	tuviste	teniendo
	tiene	tuvo	*Participio*
	tenemos	tuvimos	tenido
	tenéis	tuvisteis	*Cond./Fut.*
	tienen	tuvieron	tendr-ía/-é

traer	traigo	traje	*Gerundio*
(bringen)	traes	trajiste	trayendo
	trae	trajo	*Participio*
	traemos	trajimos	traído
	traéis	trajisteis	
	traen	trajeron	

venir	vengo	vine	*Gerundio*
(kommen)	vienes	viniste	viniendo
	viene	vino	*Participio*
	venimos	vinimos	venido
	venís	vinisteis	*Cond./Fut.*
	vienen	vinieron	vendr-ía/-é

ver	veo	vi	*Gerundio*
(sehen)	ves	viste	viendo
	ve	vio	*Participio*
	vemos	vimos	visto
	veis	visteis	*Imperfecto*
	ven	vieron	veía, veías, ...

Liste der Grammatikausdrücke

Adjektiv	adjetivo	Eigenschaftswort
Adverb	adverbio	Umstandswort
Artikel	artículo	Geschlechtswort
Demonstrativpronomen	demostrativo	hinweisendes Fürwort
feminin	femenino	weiblich
Futur	futuro	Zukunft
Gerundium	gerundio	Mittelwort der Gegenwart
Imperativ	imperativo	Befehlsform
Imperfekt	imperfecto	Vergangenheit
Infinitiv	infinitivo	Grundform (des Verbs)
Komparativ	comparativo	Steigerungsform
Konditional	condicional	Bedingungsform
Konjugation	conjugación	Beugung (des Verbs)
Konsonant	consonante	Mitlaut
maskulin	masculino	männlich
Objekt	objeto	Ergänzung
Partizip	participio	Mittelwort d.Vergangenheit
Perfekt	perfecto	vollendete Gegenwart
Plural	plural	Mehrzahl
Possessivpronomen	posesivo	besitzanzeigendes Fürwort
Präposition	preposición	Verhältniswort
Präsens	presente	Gegenwart
Pronomen	pronombre	Fürwort
reflexiv	reflexivo	rückbezüglich
Singular	singular	Einzahl
Subjekt	subjeto	Satzgegenstand
Substantiv	sustantivo	Hauptwort
Superlativ	superlativo	höchste Steigerungsform
Verb	verbo	Zeitwort
Vokal	vocal	Selbstlaut

Schlüssel

Lösungen der Übungen im Arbeitsbuchteil

Lección 1

1

(Hola,) buenos días. Buenas tardes. Buenos días. Buenas tardes. Buenos días. Buenas noches.

2

1. llamo - Soy; 2. eres - Soy; 3. llama; 4. somos; 5. llamas; 6. son

3

1. alemana; 2. suizo; 3. inglés; 4. cubano: 5. italiano; 6. española; 7. inglesa; 8. argentina; 9. austríaco; 10. francés

4

1. ¡Hola!, ¿qué tal?
   ¡Hola!
2. ¿Cómo está usted?
   Bien, gracias.
3. ¿De dónde eres?
   De Austria.
4. Ésta es mi amiga Ana.
   Encantado.

5

1. qué; 2. Cómo; 3. De dónde; 4. Cómo: 5. De dónde

6

1. ¿De dónde eres? 2. ¿Eres suiza? 3. ¿Cómo te llamas? 4. ¿Cómo estás?

7

a. 2 DOS, 6 SEIS, 3 TRES, 4 CUATRO, 9 NUEVE, →*SIETE*
b. 7 SIETE, 4 CUATRO, 0 CERO, 2 DOS, → *TRES*
c. 0 CERO, 6 SEIS, 1 UNO, 8 OCHO, 2 DOS, →*CINCO*

8

1. gracias; 2. de nada; 3. más despacio, por favor; 4. ¿cómo?

9

1. <u>ho</u>la · a<u>mi</u>go · espa<u>ño</u>la · Fe<u>li</u>pe · me <u>lla</u>mo
te <u>lla</u>mas · <u>e</u>res
espa<u>ñol</u> · se<u>ñor</u> · mu<u>jer</u> · us<u>ted</u> · por fa<u>vor</u>
<u>nú</u>mero · <u>Má</u>laga · ale<u>mán</u> · est<u>á</u> · a<u>diós</u> · te<u>lé</u>fono

Wörter die, auf a,e,i,o,u, oder n,s enden werden auf der zweitletzten Silbe betont.
Wörter, die auf einen der anderen Buchstaben enden, werden auf der letzten Silbe betont.

2. ch wie in Kuchen: Alejandro, Juana, Jorge, Sergio
g wie in Garten: Miguel, Diego, Guillermo, Gabriela, Gustavo

Lección 2

1

1 CAMARERO, 2 ENFERMERA, 3 PROGRAMADOR,4 ARQUITECTO, 5 SECRETARIA, 6 PROFESORA,→ *MEDICO*

2

1. En un bar; 2. En un hospital; 3. En un banco / una oficina; 4. En una oficina; 5. En una oficina; 6. En una escuela/un colegio; 7. En un hospital

3

1. haces - Soy - Estudio; **2.** hacen - es - trabaja; **3.** hablamos; **4.** hace - Soy; **5.** habla

4

¿Cómo te llamas? - ¿De dónde eres? - ¿Qué haces? - ¿Qué estudias?

5

Me llamo Griselda, vivo en Valencia, soy programadora, estoy casada y tengo 3 hijos.
Me llamo Ana, vivo en Córdoba, soy fotógrafa, estoy casada, (no tengo hijos).
Me llamo Carlos, vivo en Montevideo, soy profesor, estoy casado y tengo una hija.
Ésta es Griselda, vive en Valencia, es programadora, está casada y tiene 3 hijos.
Ésta es Ana, vive en Córdoba, es fotógrafa, está casada, no tiene hijos.
Éste es Carlos, vive en Montevideo, es profesor, está casado y tiene una hija.

6

trabajar: trabajo, trabajas, trabaja, trabajamos, trabajáis, trabajan
estudiar: estudio, estudias, estudia, estudiamos, estudiáis, estudian
hablar: hablo, hablas, habla, hablamos, habláis, hablan
buscar: busco, buscas, busca, buscamos, buscáis, buscan
vivir: vivo, vives, vive, vivimos, vivís, viven

7

13; 25; 47; 14; 19; 58; 11

8

1. [k] : camarero, cuántos, banco, arquitecto
   [θ] : oficina, venezolano, Venezuela, Celia
   [tsch] : mucho
   [k]: ca, co, cu, que, qui
   [θ]: ce, ci, za, zo, zu
   [tsch] : cha, che, chi, cho, chu

2. camar<u>e</u>ro · profes<u>or</u> · enfer<u>me</u>ra · fot<u>ó</u>grafo · ofi<u>ci</u>na
hospi<u>tal</u> · <u>a</u>ños · programa<u>do</u>ra · <u>ca</u>sa · profe<u>so</u>ra

Lección 3

1

el vino · la tortilla · la ración · el vaso · el café · la comida · la botella · el agua · la leche · la cerveza

2

¿Qué vas a beber?
Una cerveza. ¿Y tú?
Una cerveza también.
¿Y para comer?
Voy a comer un bocadillo de jamón.
Yo, una tortilla.

3

los vasos; la botella; los/las estudiantes; el bar; las raciones
Bei Wörtern, die mit einem Vokal (*a,e,i,o u*) enden, wird der Plural gebildet durch Anhängen von *-s*.
Bei Wörtern, die mit einem Konsonanten enden, wird *-es* angehängt.

4

1. una; 2. un - una; 3. un; 4. un; 5. un

5

1. va; 2. vais; 3. voy; 4. van; 5. vas; 6. Vamos

6

Camarero: 1, 5, 7
Cliente: 2, 3, 4, 6, 8

7

1. quieren; 2. quiero; 3. Queréis; 4. quiere; 5. queremos

9

Mögliche Lösung:
Una cerveza, por favor.
Alemana.
¿Qué hay para comer?
Un bocadillo. ¿De qué son?
De jamón.
Muchas gracias. La cuenta, por favor.

Lección 4

1

bailar; montar en bicicleta; ir de compras; leer; nadar; jugar al fútbol

2

a mí me; a ti te; a él le; a ella le; a usted le; a nosotros nos; a vosotros os; a ellos les; a ellas les; a ustedes les

3

1. me; 2. nos; 3. te; 4. les; 5. le; 6. os

4

A Pedro le gusta dormir.
A Mónica no le gusta cocinar.
A José no le gusta trabajar en el jardín.
A Celia le gusta ver la televisión.
A Fernando no le gusta caminar.
A María le gusta hacer deporte.

5

1. prefiero; 2. preferimos; 3. prefieres; 4. prefieren; 5. prefiere

6

1. gustan; 2. gusta; 3. gustan; 4. gustan; 5. gusta; 6. gusta

7

1. A mí también. 2. A mí tampoco. 3. A mí no. 4. A mí tampoco. 5. A mí sí.

8

1 Son las cuatro menos diez.
2 Es la una y media.
3 Son las ocho en punto.
4 Son las once y cinco.
4 Son las seis menos veinticinco.
5 Son las siete y cuarto.

9

2. <u>ra</u>dio · televi<u>sión</u> · pe<u>lí</u>cula · <u>mú</u>sica · bici<u>cle</u>ta
de<u>por</u>te · no<u>ve</u>la · mi<u>nu</u>tos

Lección 5

1

1. Madrid está en el centro de España.
2. Santander está en el norte.
3. Barcelona está en el este/noreste.
4. Málaga está en el sur.
5. Cáceres está en el oeste.

S5

2

La casa de mi padre es pequeña y vieja. Está en un pueblo muy bonito. El pueblo me gusta mucho porque es tranquilo. La ciudad donde vivo es muy famosa, las avenidas son anchas y los parques son grandes. Mi casa está cerca de la Plaza Mayor, es grande y antigua.

3

muy - muy - muchas - muy - muchos - muy

4

1. todo recto; 2. hasta; 3. a la izquierda; 4. segunda - a la derecha

5

6

Delante de la casa.
Detrás de la casa.
Al lado de la casa.
Enfrente de la casa.

S5

7

1. hay - está; 2. está; 3. hay; 4. está; 5. hay

8

1. Disculpe. 2. Lo siento. 3. ¡Qué bien! 4. Oiga, por favor. 5. No, ¡qué va!

9

2. farmacia · está · ciudad · estación · tranquilo delante

Lección 6

1

1. pan; 2. cebollas; 3. huevos; 4. pimientos; 5. limones

2

Dependiente: 2, 5, 6, 7
Cliente: 1, 3, 4, 8

3

1. le - Me; 2. les - Nos; 3. Os - nos; 4. Me; 5. te

4

1. los; 2. La; 3. Las; 4. Lo; 5. La

5

1. ... y yo los quiero maduros. 2. ... mi marido lo quiere tinto. 3. ... mi hija los quiere con fruta. 4. ...y mi madre las quiere pequeñas.

6

1. Paloma tiene pantalones marrones, azules y verdes.
2. Me gustan las faldas blancas y las chaquetas amarillas .
3. Pablo lleva un traje negro y una corbata roja.
4. Los zapatos azules son de Mónica.
5. Le gustan los bañadores amarillos .

7

Pablo lleva una chaqueta verde, pantalones rojos y una camisa blanca.
Felipe lleva una camisa verde, una chaqueta gris y pantalones blancos.
Gustavo lleva pantalones verdes, una chaqueta roja y una camisa gris.
Carlos lleva una chaqueta blanca, pantalones grises y una camisa roja.

8

1. Me gusta este jersey.
2. Esa falda cuesta 3500 pts.
3. ¿Te gusta esta blusa?
4. Estos pantalones le quedan muy bien.
5. ¿Cuánto cuestan esos zapatos?
6. Juan va a llevar esa corbata.
7. ¿Me puedo probar este bañador?

9

negro; estrecho; barato; corto; pequeño

Lección 7

1

1. entre; 2. después; 3. por/toda ; 4. antes; 5. hasta

2

1. Empiezo - vuelvo - empiezas - vuelvo;
2. empezamos - empezáis - volvéis;
3. empieza - vuelve

3

Mögliche Lösung:
A las siete Sebastián se levanta, empieza a trabajar a las nueve. A las dos come y a las seis de la tarde va a un bar. A las ocho vuelve a casa y sobre las nueve cena. Después de la cena sale con unos amigos. Normalmente se acuesta a las doce de la noche.

Me levanto a las siete, empiezo a trabajar a las nueve. A las dos como y a las seis de la tarde voy a un bar. A las ocho vuelvo a casa y sobre las nueve ceno. Después de la cena salgo con unos amigos. Normalmente me acuesto a las doce de la noche.

4

empezar: empiezo, empiezas, empieza, empezamos, empezáis, empiezan
cerrar: cierro, cierras, cierra, cerramos, cerráis, cierran
querer: quiero, quieres, quiere, queremos, queréis, quieren
acostarse: me acuesto, te acuestas, se acuesta, nos acostamos, os acostáis, se acuestan
volver: vuelvo, vuelves, vuelve, volvemos, volvéis, vuelven
dormir: duermo, duermes, duerme, dormimos, dormís, duermen
jugar: juego, juegas, juega, jugamos, jugáis, juegan

5

se - me - os - Os - nos - te - levantarme

6

1. martes; 2. mayo; 3. sábado; 4. enero; 5. jueves; 6. octubre

7

Después - Todos los - todo - siempre - de - hasta - Por la - por - veces - dentro

8

periódico, además, después, información, sábado, inglés

Lección 8

1

dar un paseo, tener entradas para un concierto, ver un partido de fútbol, ir a la playa, quedarse en casa, hacer una barbacoa

2

Llamo - planes - buen - tiempo - quedarme - entradas - vienes - buena - sabes - Entonces - mañana

3

1. quiere; 2. van - Pensamos; 3. Voy; 4. queremos; 5. va

4

Mögliche Lösung:
El martes no puedo; es que tengo que trabajar.
El miércoles no puedo; es que quiero ir al cine.
El jueves no puedo; es que quiero cenar con Paco.
El viernes no puedo; es que quiero ir al festival de flamenco.
El sábado no puedo; es que quiero ir a la fiesta de Ana.
El domingo no puedo; es que quiero hacer una barbacoa.

5

1. Qué; 2. Por qué; 3. Dónde; 4. Cuándo; 5. Cuántas

6

1. me quedo; 2. Quedamos; 3. quedamos; 4. me quedo; 5. te quedas

7

1. Es una buena idea.
2. No tengo ganas de ... .
3. Todavía no lo sé.
4. ¿Qué te/le parece?

8

1. ¿Vienes a buscarme sobre las ocho?
2. Quiero visitaros la semana que viene.
3. Tengo que decirle que no puedo.
4. ¿Vas a contestarme?
5. Voy a mostrarles mi ciudad.

9

viene - va - gusta - es - vuelven - quieren - pienso - parece - voy

10

sábado - niños - parque

Lección 9

1

4; 2 ;5 ;1 ;3

2

quedó - hizo - recogió - comió - escuchó - escribió - llamó - Cenó - acostó

Ayer me quedé en casa. No hice nada especial. Por la mañana recogí la casa, a mediodía comí un bocadillo. Por la tarde escuché música, escribí una carta y llamé por teléfono. Cené en casa y me acosté temprano.

3

estuvimos - Fue - Visitamos - Hicimos - vimos

4

1. estuviste - Estuve - hiciste
2. fuiste - compraste - Compré
3. fuisteis - vimos - fue
4. conociste
5. hicisteis - Salimos - Cenamos

5

hablar: hablé, hablaste, habló, hablamos, hablasteis, hablaron
comer: comí, comiste, comió, comimos, comisteis, comieron
escribir: escribí, escribiste, escribió, escribimos, escribisteis, escribieron
estar: estuve, estuviste, estuvo, estuvimos, estuvisteis, estuvieron
ser/ir: fui, fuiste, fue, fuimos, fuisteis, fueron
hacer: hice, hiciste, hizo, hicimos, hicisteis, hicieron

6

1. llueve - calor - hace; 2. hace - hace;
3. mucho - nieva; 4. llueve - hace

7

ayer · fiesta · divertido · último · calor · especial

Lección 10

1

M	O	A	L	E	P	I
A	C	U	L	M	R	A
M	O	T	O	E	A	V
E	C	O	B	T	L	I
C	H	B	A	R	C	O
A	E	U	R	O	E	N
J	X	S	T	R	E	N

2

▼ Para ir a Oviedo, ¿qué posibilidades tengo?
● Puede ir en tren o en autobús.
▼ Quiero un viaje rápido.
● Entonces en autobús. El tren tarda mucho más.
▼ ¿Cuánto cuesta un billete de ida y vuelta?
● 2.900 pesetas.

3

1. ▼ El AVE es mucho más rápido que otros trenes, ¿no?
   ◆ Sí, pero también es más caro.
2. ▼ Vamos a ir en coche. Es más cómodo que ir en autobús.
   ◆ Sí, y es más rápido.
3. ▼ ¿Qué prefieres para viajar?
   ◆ Prefiero ir en moto; es más divertido que ir en coche.
   ▼ Pero también es más peligroso.

4

1. El viaje en autobús no es tan caro como el viaje en el AVE.
2. Tenerife no está tan lejos como Gomera.
3. Ir en coche no es tan divertido como ir en bicicleta.
4. El tren no es tan rápido como el avión.
5. Ir en tranvía no es tan caro como ir en taxi.

5

1. ▼ ¿Cómo vas al trabajo?
   ◆ Tengo que ir en autobús. Me gustaría más ir en metro, pero no hay una estación cerca. Y para ir a pie, la oficina está bastante lejos.
2. ▼ ¿Y tú?
   ◆ Normalmente voy en bicicleta a la agencia donde trabajo. Pero cuando llueve prefiero ir en coche.
3. ▼ En verano queremos ir a Francia en bicicleta.
   ◆ ¿En bicicleta? ¡Qué viaje tan largo!
   ▼ Bueno, hasta Irún vamos en coche, pero desde allí en bicicleta.

6

1 LEJOS, 2 VUELTA, 3 LENTO, 4 PELIGROSO,
5 EMPEZAR, 6 BARATO →*LLEGAR*

7

Voy a pensármelo.
El avión me da miedo.
Muchas gracias por la información.
¡Qué caro!

8

tren - Salgo - estación - andén - esperamos - retraso - llega - directo - llegamos

9

1. a; 2. ø; 3. ø; 4. a; 5. a; 6. ø

10

rápido · interesante · cómodo · aburrido · barato · ecológico

Lección 11

1

1. la nevera; 2. la terraza; 3. el trastero; 4. la cama;
5. el dormitorio; 6. la mesa; 7. la silla; 8. la cocina;
9. el pasillo; 10. el espejo; 11. el cuarto de baño;
12. el armario

2

Podría - Querría - Podría - Querría - Sería

3

Está - es - tiene - tiene - es - tiene - es - Es - tiene - es - tiene - está - Es

4

preferiría - Sería - sería - pasarías - harías - trabajaría - sería - ayudaría - levantaríamos - prepararía - haría - compraría - tendríamos - Saldríamos - comeríamos - conoceríamos

5

llamar: llamaría , llamarías, llamaría, llamaríamos, llamaríais, llamarían
comer: comería, comerías, comería, comeríamos, comeríais, comerían
escribir: escribiría, escribirías, escribiría, escribiríamos, escribiríais, escribirían

6

1. hacer; 2. salir; 3. poner; 4. poder; 5. tener; 6. venir

7

Se alquilan apartamentos para 1-6 personas. Se limpian los apartamentos dos veces por semana, se cambian las toallas y las sábanas cada dos días. Se habla alemán. Se organizan excursiones y barbacoas.

8

1. Frage 2. Frage 3. Aussage 4. Aussage

Lección 12

1

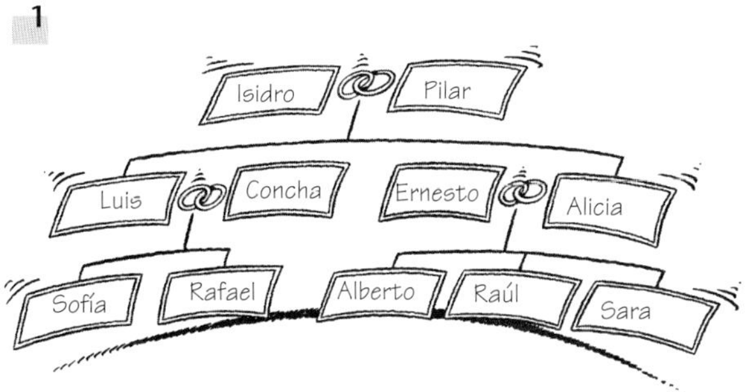

2

Mis - mi - sus - Nuestros - Nuestra - nuestro - Mis - mi - nuestra

3

1. está hablando; 2. Está preparando; 3. Estoy leyendo; 4. están jugando; 5. está durmiendo - está cenando; 6. están bailando; 7. Estoy comiendo

4

1. Miguel está montando en bicicleta.
2. Alba está viendo la tele.
3. Pedro está escribiendo una carta.
4. Carlos y Diego están jugando al fútbol.
5. Gustavo está tocando la trompeta.
6. Juana está visitando un museo.
7. Ricardo está nadando.
8. Rosa está escuchando música.

5

¡Feliz cumpleaños!
¿Cuántos años cumples?
¡Qué alegría!
¡Enhorabuena!
¡Feliz Año Nuevo!
¡Felices Navidades!

6

1 HERMANO, 2 BODA, 3 NOCHEBUENA, 4 ENHORABUENA, 5 JUGUETES, 6 NAVIDAD, 7 PARIENTES, 8 REGALO, 9 CAJA, 10 MADRE → *NOCHEVIEJA*

Lección 13

1

ser: feo, rubio, alto, delgado, moreno
tener: el pelo corto, los ojos castaños
llevar: gafas, barba
estar: calvo

2

Fernando es bastante alto y delgado. Es moreno y tiene el pelo largo. Tiene los ojos castaños y es muy guapo.

3

1. Carmen es mayor que Carlos.
2. Luis es más gordo que Pedro.
3. María es más baja que Paloma.
4. Rosita es menor que Julia.
5. Pepe es más alto que Alfredo.

4

1. parece - gusta - parece; 2. cae - gusta; 3. parecen - caen; 4. parece; 5. gustan - caen

5

Paloma está durmiendo, está en la playa, está nerviosa.
Felipe está durmiendo, está en la playa, está contento.
Nosotras estamos durmiendo, estamos en la playa, estamos cansadas.
Mis padres están durmiendo, están en la playa, están enfermos.

6

1. es - Es; 2. estás; 3. está - está; 4. Estoy - Es - es; 5. son - Son; 6. estás; 7. estás - estoy; 8. estás

7

1 - b; 2 - d; 3 - a; 4 - c

S13

8

sincero · tímido · inteligente · antipático · divertido · abierto · simpático

Lección 14

1

gato perro
oveja cabra
vaca toro
caballo cerdo
gallina pájaro

2

- ¿Qué hacías antes de trabajar en esta empresa?
- ▼ Trabajaba en una agencia de turismo.
- Y, ¿qué tal?
- ▼ El trabajo me gustaba. Hablaba con mucha gente, los compañeros eran simpáticos, a veces podía viajar.
- Pero no estabas contento, ¿no?
- ▼ No. Ganaba poco dinero y tenía que trabajar muchas más horas.

3

pasábamos, Vivíamos, veíamos, era, levantábamos, íbamos, tomábamos, nadábamos, Comíamos, volvíamos, Dormíamos, leíamos, hacíamos, Cenábamos, jugábamos, tocábamos, cantábamos, gustaba, era

4

1. Normalmente iba en bicicleta a la oficina.
2. Antes tocaba el piano.
3. Nunca fumaba.
4. Antes era vegetariano.
5. Cuando era joven, salía mucho.
6. Siempre hacía deporte.
7. Todos los días veía a los amigos.
8. Cuando era niño, tenía un perro.

5

tomar: tomaba, tomabas, tomaba, tomábamos, tomabais, tomaban
tener:tenía, tenías, tenía, teníamos, teníais, tenían
escribir: escribía, escribías, escribía, escribíamos, escribíais, escribían
ser: era, eras, era, éramos, erais, eran
ver: veía, veías, veía, veíamos, veíais, veían
ir: iba, ibas, iba, íbamos, ibais, iban

6

1 - b llegó; 2 - c bebió; 3 - e hicieron;
4 - a nos quedamos; 5 - d estuve oder estuvo

7

Beschreibungen, wiederholte Handlungen	*Einmalige Handlungen*
era, vivía, era, teníamos, reuníamos, comíamos, discutíamos, conocía, parecía, había, podíamos	terminó, dejó, recomendé, llegó, cambió

Lección 15

1

L	O	S	T	R	A	N	E
B	R	A	Z	O	D	A	B
S	E	T	A	M	E	M	O
I	J	O	R	D	I	A	C
O	A	P	I	E	R	N	A
N	R	I	C	D	I	O	R
O	L	E	S	O	J	O	E

2

tú: 1, 3, 6, 7
usted: 2, 4, 5

3

1. ¡Quédate en cama! 2. ¡Bebe leche caliente!
3. ¡Llama al médico! 4. ¡Come comida ligera!
5. ¡Duerme una siesta! 6. ¡Compra pastillas!

1. ¡Quédese en cama! 2. ¡Beba leche caliente!
3. ¡Llame al médico! 4. ¡Coma comida ligera!
5. ¡Duerma una siesta! 6. ¡Compre pastillas!

4

1. fumes; 2. comas; 3. acuestes; 4. trabajes; 5. tomes; 6. bebas

5

1. Quédate; 2. Regálale; 3. Espérame; 4. Escríbele; 5. Métete; 6. Levántate

6

ve - salgas - toma - Ponte - hagas - llama

7

1. ¡no los hagas! 2. ¡no la repitas! 3. ¡no lo escribas!
4. ¡no los pongas! 5. ¡no lo abras!

8

¡No tengas miedo! - ¡Ven aquí! - ¡Vaya al médico! - ¡Haga deporte! - ¡Sal del agua!

Lección 16

1

1. pasado - estado; 2. orientado - dado; 3. ido - viajado; 4. vuelto - visto; 5. hecho - tenido

2

1. has - he - ha; 2. habeis - hemos - han

3

A las siete se ha levantado, a las nueve ha visto la catedral, a las diez ha visitado el museo, a las doce ha hecho compras, a las dos ha comido, a las cuatro ha ido a la playa, a las siete ha vuelto al hotel y ahora está cenando.

4

1. últimamente - esta semana; 2. ya - Todavía no - hasta ahora - esta mañana; 3. alguna vez - nunca - este año

5

vacaciones: raqueta de tenis, gafas de sol, guía de viaje, cámara,
camping: saco de dormir, tienda, camping gas, linterna
mar: surf, buceo, crucero, vela

6

1. las mías; 2. las tuyas; 3. El mío - el tuyo

7

▼ Vengo a hacer una denuncia.
◆ ¿Que le ha pasado?
▼ Un chico me ha robado el bolso, con bastante dinero y la documentación: el carnet de conducir, las tarjetas de crédito ...
◆ ¿Y dónde ha sido?
▼ En la entrada del metro. El chico venía corriendo ... lo típico, el tirón ....
◆ Bueno, pues rellene este impreso.

8

letzte Silbe	*zweitletzte Silbe*	*drittletzte Silbe*
información	extranjero	cámara
anorak	linterna	turística
hotel	vacaciones	
autostop		

Lección 17

1

Nací en 1965. En 1971 empecé la escuela. En 1974 estuve en el hospital. En 1979 fui a la universidad. En 1984 terminé los estudios. En 1985 hice prácticas en un banco. En 1986 empecé a trabajar en una empresa francesa y en 1988 me casé.

2

1. La semana pasada Carmela volvió de viaje y tuvo mucho trabajo en la oficina. No pudo visitar a su familia.
2. Ayer dormí muy mal y me levanté muy cansada. Por la mañana tuve una reunión muy importante y salió mal.
3. El año pasado ahorramos todo el año y por fin fuimos todos de vacaciones a un hotel. Nos gustó mucho y volvimos muy contentos.

3

Cuando iba a la escuela, me levantaba temprano, tuve un accidente, jugaba al fútbol, hice una excursión a París.
Cuando tenía 18 años, vivía con la familia, fumaba mucho, compré una guitarra, terminé el bachillerato.
Cuando trabajaba en el restaurante, ganaba poco dinero, conocí a Pedro, siempre estaba cansado, dejé de fumar.

4

1. has hecho - me mudé - me casé - vivía
2. Has visto - vi
3. trabajabas - dejé
4. has estado - terminé - pude/podía

5

Se levantó y fue a la cocina. Preparó el café. No había pan. Entró en el cuarto de baño. Se puso los pantalones y la camisa. Tomó el bolso que estaba en el armario. Salió de casa y fue a la panadería que estaba enfrente. Compró pan y leche y volvió a casa. El café ya estaba listo y empezó a desayunar. Cuando terminó ya eran las ocho y media y tenía (tuvo) que irse.

6

desde hace - Hace - desde - Hace - desde hace

7

¡Cuánto me alegro!
¡Cuánto tiempo sin verte!
¿Qué es de tu vida?
¡Qué mala suerte!

8

Nací en ....
Cuando empezé la escuela ...
Cuando tenía 16 años ...
Antes leía mucho.
Mis padres se casaron después de la guerra.
El año pasado me mudé.

9

Pilar García nació en Jaén (Andalucía). Después de la guerra empezó a trabajar en una fábrica. En 1960 se fue a Perú. Allí trabajó en un hospital. Ahora está jubilada.

Lección 18

1

von oben nach unten:
ENFERMEDAD, AGRICULTURA, OPTIMISTA, SALUD, TEORIA, VISIONES

2

presentará - cambiará - será - aumentarán - provocarán - quedará - Asistirá

3

estará - mudarán - construiréis - leeré - casarán - asistirás - viajaremos

4

cambiar: cambiaré, cambiarás, cambiará, cambiaremos, cambiaréis, cambiarán
ser: seré, serás, será, seremos, seréis, serán
escribir: escribiré, escribirás, escribirá, escribiremos, escribiréis, escribirán
tener: tendré, tendrás, tendrá, tendremos, tendréis, tendrán
decir: diré, dirás, dirá, diremos, diréis, dirán

5

1. hacer; 2. tener; 3. salir; 4. saber; 5. poder; 6. decir

6

Mögliche Lösung:
Muy pronto conocerás a un hombre/una mujer interesante.
Dentro de un año harás un viaje.
En el futuro tendrás buena salud.
En el futuro ganarás mucho dinero.
En el futuro estarás contento/-a con tu trabajo.
La próxima semana te quedarás en tu ciudad.
La próxima semana saldrás con una buena amiga.

Liste von Ländern und Nationalitäten

país	masculino	femenino
Alemania	alemán	alemana
Austria	austríaco	austríaca
Bélgica	belga	belga
Dinamarca	danés	danesa
España	español	española
Finlandia	finlandés	finlandesa
Francia	francés	francesa
Grecia	griego	griega
Holanda	holandés	holandesa
Inglaterra	inglés	inglesa
Italia	italiano	italiana
Luxemburgo	luxemburgués	luxemburguesa
Noruega	noruego	noruega
Portugal	portugués	portuguesa
Suecia	sueco	sueca
Suiza	suizo	suiza
Turquía	turco	turca
Argentina	argentino	argentina
Bolivia	boliviano	boliviana
Chile	chileno	chilena
Colombia	colombiano	colombiana
Costa Rica	costarriqueño	costarriqueña
Cuba	cubano	cubana
Ecuador	ecuatoriano	ecuatoriana
El Salvador	salvadoreño	salvadoreña
Guatemala	gualtemateco	gualtemateca
Honduras	hondureño	hondureña
México	mexicano	mexicana
Nicaragua	nicaragüense	nicaragüense
Panamá	panameño	panameña
Paraguay	paraguayo	paraguaya
Perú	peruano	peruana
Puerto Rico	puertorriqueño	puertorriqueña
República Dominicana	dominicano	dominicana
Uruguay	uruguayo	uruguaya
Venezuela	venezolano	venezolana
Brasil	brasileño	brasileña
Canadá	canadiense	canadiense
los Estados Unidos	estadounidense	estadounidense
Rusia	ruso	rusa

Lektionswortschatz

Lección 1

¡Mucho gusto!	Angenehm!
1	
Para empezar	zum Anfangen
¡Hola!	Hallo!
¡Buenos días!	Guten Morgen, Guten Tag!
¡Buenas tardes!	Guten Tag!
¡Buenas noches!	Guten Abend! Gute Nacht!
2	
¿cómo te llamas?	wie heißt du?
¿cómo?	wie?
te llamas	du heißt
llamarse	heißen
¿qué tal?	wie geht's?
¿y tú?	und du?
y	und
tú	du
¿de dónde eres?	woher bist du?
¿de dónde?	woher?
(tú) eres (*inf.* ser)	du bist
ser	sein
soy peruana	ich bin Peruanerin
(yo) soy (*inf.* ser)	ich bin
de	von, aus
soy español	ich bin Spanier
yo	ich
3	
¿cómo se llama usted?	wie heißen Sie?
se llama	*hier:* Sie heißen
usted	Sie
(yo) me llamo	ich heiße
¿de dónde es?	woher kommen Sie
es (*inf.* ser)	hier: Sie sind
soy venezolano	ich bin Venezolaner
española	Spanierin
sí	ja
4	
España	Spanien
español/-a	spanisch; Spanier/in
venezolano/-a	venezolanisch; Venezolaner
Perú	Peru
peruano/-a	peruanisch; Peruaner/in
Alemania	Deutschland
alemán, alemana	deutsch; Deutsche/r
Austria	Österreich
austríaco/-a	österreichisch; Österreicher/in
Suiza	Schweiz
suizo/-a	schweizerisch; Schweizer/in
Inglaterra	England
inglés, inglesa	englisch; Engländer/in
5	
Para practicar	zum Üben
6	
Para escuchar	zum Zuhören
7	
el señor Moreno	Herr Moreno
la señora García	Frau García
¿cómo está?	wie geht es Ihnen?
estar	sein, sich befinden
Bien, gracias.	Gut, danke.
Le presento a ...	Ich möchte Ihnen .... vorstellen.
Mucho gusto.	Angenehm
Encantado/-a.	Sehr erfreut.
9	
ésta es ...	das ist ... (bei Frauen)
es (*inf.* ser)	er/sie ist
mi madre	meine Mutter
¿cómo estás?	wie geht es dir?
muy bien	sehr gut
mira (*inf.* mirar)	sieh mal, schau mal
mamá	Mama, Mutter
éste es ...	das ist ... (bei Männern)
10	
el marido	Ehemann
la mujer	(Ehe)Frau
el esposo	Ehemann/Gatte
la esposa	Ehefrau/Gattin
el amigo	Freund
la amiga	Freundin
el padre	Vater
13	
despedirse	sich verabschieden
¡Adiós!	Auf Wiedersehen!
¡Chao!	Tschüss! Ciao!
¡Hasta la próxima!	Bis zum nächsten Mal!
¡Hasta luego!	Bis dann! Bis später!

W1

Y además

Und außerdem

1

números	Zahlen

2

¿Qué número de teléfono tiene?	Welche Telefonnummer hat er/sie, haben Sie?
¿qué ...?	welche/r/s ...? was für ein/e ...?
el número	Nummer
el teléfono	Telefon
tiene (*inf.* tener)	er/sie hat/Sie haben
tener	haben

3

(tú) tienes	du hast
(yo) tengo	Ich habe
más despacio	langsamer
por favor	bitte
De nada.	Keine Ursache. (*Antwort auf einen Dank*)
¿Tiene usted teléfono?	Haben Sie Telefon?
¿cómo?	*hier:* wie bitte?
Lo siento,	Es tut mir leid,
no tengo teléfono.	ich habe kein Telefon.

4

el/la compañero/-a	Kollege/-in, Mitschüler/in
el curso de español	Spanischkurs
el nombre	Name

Lección 2

¿Qué haces?	Was machst du?
¿qué?	was?
hacer	machen

1

el hospital	Krankenhaus
la oficina de seguros	Versicherungsbüro
la oficina	Büro
el banco	Bank
el bar	Bar
el/la médico/-a	Arzt/Ärztin
el ama (*f.*) de casa	Hausfrau
el/la camarero/-a	Kellner/in
la secretaria	Sekretärin
el/la profesor/a	Lehrer/in)
el/la arquitecto/-a	Architekt/in
el/la programador/a	Programmierer/in
la enfermera	Krankenschwester

2

En una fiesta	Auf/bei einem Fest
la fiesta	Fest
de Argentina	aus Argentinien
el/la fotógrafo/-a	Fotograf/in
trabajar	arbeiten
en una agencia de publicidad	in einer Werbeagentur
¡Qué bien!	Wie gut!
el/la estudiante	Student/in
estudiar	studieren
el arte (*f.*)	Kunst
además	außerdem
la guía de turismo	Touristenführerin
el/la guía	(Fremden)Führer/in
¿hablas idiomas?	sprichst du (Fremd) Sprachen?
hablar	sprechen
el idioma	Sprache
por supuesto	natürlich, selbstverständlich
francés	französisch
un poco de alemán	ein wenig deutsch
el/la ingeniero/-a	Ingenieur/in

4

¿dónde?	wo?
en una oficina	im Büro/in einem Büro
la escuela	Schule
en casa	zu Hause
la casa	Haus, Wohnung

6

la consulta	Arztpraxis
el hombre	Mann
el mécanico	Mechaniker

7

italiano	italienisch
ruso	russisch
holandés	holländisch
no	nein

8

Para leer	zum Lesen
Señoras y señores:	Sehr geehrte Damen und Herren,
la empresa de exportación	Exportfirma
la empresa	Firma, Unternehmen
desde hace seis años	seit sechs Jahren
desde hace	seit
el año	Jahr
e	und (*vor einem Wort mit i-*)
conocimientos de francés	Französischkenntnisse
vivo en ...	ich lebe in ...
vivir	leben
estoy casada	ich bin verheiratet
tengo una hija	ich habe eine Tochter

el/la hijo/-a	Sohn/Tochter
busco un trabajo	ich suche eine Arbeit
buscar	suchen
el trabajo	Arbeit
de media jornada	halbtags
porque	weil
allí	dort
tres meses	drei Monate
Espero su respuesta.	Ich erwarte Ihre Antwort.
Atentamente	Hochachtungsvoll (*Briefschluss*)

9

escribir	schreiben

Y además

4

¿Cuántos años tienen?	Wie alt sind sie?
¿cuántos?	wie viele?
Tiene... años.	Er/sie ist ... Jahre alt.

5

¡Adivina!	Rate mal!
adivinar	raten
más	mehr
menos	weniger

Lección 3

¡Qué hambre!	Welch ein Hunger!

1

la cerveza	Bier
la botella	Flasche
el vino tinto	Rotwein
el vino	Wein
un bocadillo de jamón	Schinkenbrötchen
el bocadillo	belegtes Brötchen
el jamón	Schinken
la tortilla	Omelett
el vaso	Glas
el vino blanco	Weißwein
el coñac	Kognak, Weinbrand
el café con leche	Milchkaffee
el café	Kaffee
la leche	Milch
el té	(schwarzer) Tee

2

la bebida	Getränk
la comida	Gericht, Speise

3

el café solo	Espresso, kleiner schwarzer Kaffee
el café descafeinado	koffeinfreier Kaffee
el limón	Zitrone
la manzanilla	Kamille(ntee)
la tila	Lindenblütentee
la infusión	(Kräuter)Tee
el carajillo	Kaffee mit Weinbrand
la caña	*hier:* (ein kleines) Bier (vom Fass)
la doble	*hier:* (großes) Bier vom Fass
la cerveza sin alcohol	alkoholfreies Bier
la copa	(Stiel)Glas
el aperitivo	Aperitif
el agua (f) mineral	Mineralwasser
el refresco	Erfrischungsgetränk
el zumo de naranja	Orangensaft
la naranja	Orange, Apfelsine
la piña	Ananas
la tapa	Tapa, (= *eine Kleinigkeit zum Essen*)
la ración	Portion
la aceituna	Olive
las patatas fritas	Pommes frites, Kartoffelchips
la empanadilla	(kleine) Fleischpastete
la ensaladilla rusa	*russischer Salat*
el pincho de tortilla	ein Stück Tortilla
el chorizo	Paprikawurst
las gambas cocidas	gekochte Garnelen
los calamares	Tintenfische
los boquerones en vinagre	Sardinen in Essig
el vinagre	Essig
el queso	Käse
el tomate	Tomate
el atún	Thunfisch
¿Vamos a tomar algo?	Wollen wir etwas trinken?
tomar	nehmen, *hier:* verzehren, essen, trinken
ir a	*hier:* werden, wollen
oye (*inf.* oír)	hör mal
¡qué hambre tengo!	ich habe vielleicht Hunger!
el hambre (*f.*)	Hunger
aquí	hier
Vale.	Einverstanden.
¿Qué vas a beber?	Was wirst du trinken?
beber	trinken
pues	nun
a ver qué hay para comer	mal sehen, was es zu essen gibt
hay	es gibt
comer	essen
también	auch

5

el plato	Teller
el cuchillo	Messer
el tenedor	Gabel
la cuchara	Löffel
la cucharilla	Teelöffel
la servilleta	Serviette
el pan	Brot
la sal	Salz
el aceite	Öl
la mesa	Tisch

6

¡Perdón, falta un vaso!	Entschuldigung, es fehlt ein Glas.
¡Perdón!	Entschuldigung!
faltar	fehlen
enseguida	sofort
¿podría traer más pan por favor?	könnten Sie bitte noch etwas Brot bringen?
Sí, claro.	Selbstverständlich.

8

el restaurante	Restaurant
cenar	(zu Abend) essen
hoy	heute
el asado de cordero	Lammbraten
la especialidad de la casa	Spezialität des Hauses
las almejas a la marinera	Muscheln auf Seemannsart
yo quiero	ich möchte
querer (e>ie)	wollen, mögen
de primero	als Vorspeise
la sopa	Suppe
el ajo	Knoblauch
de segundo	als Hauptgericht
con patatas	mit Kartoffeln
la ensalada	Salat
para dos	für zwei
sin gas	ohne Kohlensäure
el menú	Menü, Speisekarte
entradas	*hier:* Vorspeisen
los entremeses variados	gemischte Vorspeisen
la ensalada mixta	gemischter Salat
los espárragos con mahonesa	Spargel mit Majonäse
las judías verdes	grüne Bohnen
patatas bravas	Kartoffeln mit einer scharfen Soße
el pescado	(Speise)Fisch
la crema de ave	Geflügelkremsuppe
el gazpacho	(kalte) Gemüsesuppe
la carne	Fleisch
el escalope	Schnitzel
la ternera	Kalbfleisch
el solomillo	Filet, Lendenstück
el champiñón	Champignon
el pollo	Hähnchen
pollo al ajillo	Knoblauchhähnchen
la merluza	Seehecht
al horno	aus dem Backofen
el lenguado	Seezunge
a la plancha	vom Grill
calamares a la romana	panierte Tintenfischringe
chipirones en su tinta	kleine Tintenfische im eigenen Saft
el postre	Dessert, Nachtisch
la tarta helada	Eistorte
el flan	Vanillekrem mit Karamelsoße
la nata	Sahne
el sorbete	Halbgefrorenes
la frambuesa	Himbeere
el helado	(Speise)Eis
la vainilla	Vanille
el chocolate	Schokolade

10

la cuenta	Rechnung
pero	aber
¿Quieren algo más?	Möchten Sie noch etwas?

12

las cigalas	Kronenhummer
el salmón	Lachs
la langosta	Languste
las codornices rellenas	gefüllte Wachteln
la tarta nupcial	Hochzeitstorte
el champán	Champagner, Sekt

Y además

3

la peseta	Pesete (span. Währung)
el marco	Mark

Lección 4

Ocio	Freizeit

1

montar en bicicleta	Fahrrad fahren
la bicicleta	Fahrrad
jugar al tenis	Tennis spielen
el tenis	Tennis
jugar	spielen
bailar	tanzen
escuchar música	Musik hören
la música	Musik
nadar	schwimmen
el fútbol	Fußball

2

¿Te gusta?	Gefällt es dir?

te	dir
¿Qué te gusta hacer en tu tiempo libre?	was machst du gerne in deiner Freizeit?
a mí me gusta jugar al tenis	ich spiele gerne Tennis
a mí	mir
me	mir
¿y a ti?	und dir?
el jardín	Garten

3

leer	lesen
ver la televisión	fernsehen
ver	sehen
la televisión	Fernsehen
ir al cine	ins Kino gehen
ir	gehen
el cine	Kino
hacer deporte	Sport treiben
el deporte	Sport
caminar	wandern
cocinar	kochen
dormir (o>ue)	schlafen
ir de compras	Einkaufen gehen

4

la entrevista	Interview
¿Qué le gusta hacer?	Was machen Sie gerne?
a mí me gusta mucho el teatro	mir gefällt Theater sehr
normalmente	normalerweise
(yo) voy (inf. ir)	ich gehe
con mi esposo	mit meinem Mann
nos gusta ...	uns gefällt ...
no me gusta ir al cine	ich gehe nicht gerne ins Kino
prefiero ver las películas en la tele	ich ziehe es vor, Filme im Fernsehen zu schauen
preferir (e>ie)	vorziehen, lieber (tun)

5

la radio	Radio

7

la pregunta	Frage
«El Pedales»	«Die Pedale» (*Spitzname*)
el/la ciclista	Fahrradfahrer/in
por	*hier:* von
muchas personas tienen como hobby	viele Personen haben als Hobby
el hobby	Hobby
tu profesión	dein Beruf
bueno	gut
para ganar carreras hay que entrenar muchas horas	um Rennen zu gewinnen, muss man viele Stunden trainieren
algo diferente	etwas anderes
toco el piano	ich spiele Klavier
tocar	(ein Instrument) spielen
un campeón pianista	‹ein Meisterpianist›
el campeón	(im Sport) Meister
el pianista	Pianist, Klavierspieler
¿por qué no?	warum nicht?
de momento	im Moment, zur Zeit
ni ... ni	weder ... noch
los planes	die Pläne
para el futuro	für die Zukunft
Pues, suerte.	Nun, viel Glück.

8

tus gustos	deine Vorlieben
a mí me gustan	mir gefallen
las películas americanas	Hollywoodfilme
a mí también	mir auch
a mí no	mir nicht
el arte moderno	moderne Kunst
a mí tampoco	mir auch nicht
a mí sí	mir (aber) doch
los libros de ciencia ficción	Sciencefictionbücher
las películas de acción	Actionfilme
las novelas policíacas	Kriminalromane
los cómics	Comics
las revistas musicales	Musicals
las telenovelas	(Fernseh) Seifenopern
el rock	Rockmusik
la música clásica	klassische Musik

9

¿Conoces a tu media naranja?	Kennst du deine bessere Hälfte?
conocer (-zco)	kennen
le gusta la cocina de su mujer	er mag die Art, wie seine Frau kocht

Y además

1

¿Qué hora es?	Wie viel Uhr ist es?
la hora	Stunde
Es la una.	Es ist ein Uhr.
Son las tres.	Es ist drei Uhr.
las tres y cuarto	viertel nach drei
las tres y media	halb vier
las cuatro menos cuarto	viertel vor vier
en punto	genau (bei der vollen Stunde)
las ocho de la mañana	acht Uhr morgens
la mañana	Morgen
las ocho de la tarde	acht Uhr abends
la tarde	Nachmittag, (früher) Abend
las tres de la noche	drei Uhr nachts
la noche	Nacht
las cinco de la madrugada	fünf Uhr (früh) morgens
la madrugada	Morgenfrühe

2

¿A qué hora abre..?	Um wieviel Uhr öffnet ...?
¿a qué hora?	um wieviel Uhr?
abrir	öffnen
dentro de veinte minutos	in zwanzig Minuten
a las siete y media	um halb acht
Muchas gracias.	Vielen Dank.
¿cuándo?	wann?
el partido de fútbol	Fußballspiel
¡Sólo faltan diez minutos!	Bis dahin sind es nur noch zehn Minuten!

3

las noticias	Nachrichten

Lección 5

¿Está cerca?	Ist es in der Nähe?
cerca (de)	in der Nähe (von)

1

el país	Land, Staat
Latinoamérica	Lateinamerika
el norte	Norden
Sudamérica	Südamerika
el sudeste	Südosten
el noroeste	Nordwesten
el sur	Süden
Centroamérica	Mittelamerika
entre	zwischen
el sudoeste	Südwesten
el centro	Zentrum
la isla	Insel
el mar	Meer
el Caribe	Karibik

2

la ciudad	Stadt
bastante provinciano/-a	ziemlich provinziell
¿no?	nicht wahr?
No, ¡qué va!	Überhaupt nicht!
grande	groß
moderno/-a	modern
la avenida	Allee
muchos/-as	viele
el parque	Park
más de 130.000 habitantes	mehr als 130.000 Einwohner
el/la habitante	Einwohner/in
universitario/-a	Universitäts-
la universidad	Universität
muy	sehr
famoso/-a	berühmt
entonces seguro que hay...	dann gibt es sicher ...
la gente	die Leute
joven	jung
latinoamericano/-a	lateinamerikanisch
el ambiente	Stimmung, Atmosphäre
alegre	fröhlich, heiter
juvenil	jugendlich

3

viejo/-a	alt
el pueblo	Dorf
pequeño/-a	klein
la plaza	Platz
bonito/-a	schön
la iglesia	Kirche
antiguo/-a	antik, alt
el edificio	Gebäude
la zona	Gebiet, Zone
industrial	industriell, Industrie-
la calle	Straße
tranquilo/-a	ruhig

5

el mercado	Markt, Markthalle
por aquí	hier in der Nähe
Oiga (*inf.* oír)	Hören Sie
no soy de aquí	ich bin nicht von hier
Disculpe.	Entschuldigen Sie bitte.
¿Sabe si ...?	Wissen Sie, ob ...?
lejos	weit
A unos diez minutos.	Es sind ungefähr zehn Minuten.
Mire,... (*inf.* mirar)	Schauen Sie ...
cruzar	überqueren
seguir (e>i)	(Weg) verfolgen, fortsetzen
Vd. sigue por la calle ...	Sie gehen die ... Straße entlang
al final	am Ende
llegar	ankommen
tiene que girar	Sie müssen abbiegen
a la derecha	rechts
tener que	müssen
girar	abbiegen
ya	schon
a la izquierda	links
primero	*hier:* zuerst
todo recto	geradeaus
pasar por	gehen, kommen durch
otra vez	noch einmal
hasta	bis (zu)
luego	dann, danach

6

derecho	geradeaus
primero/-a	erste/r
segundo/-a	zweite/r
tercero/-a	dritte/r

7

el coche	Auto
detrás de	hinter

el hotel	Hotel
enfrente de	gegenüber von
la farmacia	Apotheke
en la esquina	an der Ecke
junto a	nahe, an
el semáforo	Ampel
al lado de	neben
delante de	vor
la parada de autobús	Bushaltestelle

9

A mira esta página.	A schaut auf diese Seite.
la estación	Bahnhof
Pregunta a tu compañero/-a por ...	Frag deine/n Kollegen/-in nach ...
la oficina de correos	Post
el supermercado	Supermarkt
el teatro	Theater
la oficina de turismo	Touristeninformation
el museo	Museum

10

la conversación	Unterhaltung, Gespräch

Y además

1

la dirección	Adresse
el código postal	Postleitzahl
sin número	ohne Nummer
el apartado	Postfach

2

la sorpresa	Überraschung
Si viajas por...tienes que informarte sobre la orientación local.	Wenn du durch ... reist, musst du dich über die Orientierungsweise informieren.
por ejemplo	zum Beispiel
determinar	festlegen, bestimmen
los puntos cardinales	Himmelsrichtungen
el sindicato	Gewerkschaft
la cuadra (LA)	Häuserblock
hacia abajo	bis unten
alguno/-a	einige, manche
el orden	Ordnung
en la mayoría de	in der Mehrzahl von
uno se orienta	man orientiert sich

Lección 6

De compras	Beim Einkaufen

1

la manzana	Apfel
la naranja	Apfelsine, Orange
la cebolla	Zwiebel
el yogur	Joghurt
el melocotón	Pfirsich
el plátano	Banane
la mantequilla	Butter
el pimiento	Paprika
el ajo	Knoblauch
el huevo	Ei
la mermelada	Marmelade
la lechuga	Kopfsalat
la miel	Honig
el azúcar	Zucker
el salchichón	Dauerwurst
el chorizo	Paprikawurst
la mortadela	Mortadella
la fruta	Obst, Frucht
la verdura	Gemüse
los embutidos	Wurstwaren
los alimentos	Lebensmittel

2

la nevera	Kühlschrank

3

¿A quién le toca?	Wer ist an der Reihe?
¿quién?	wer?
tocar	*hier:* an der Reihe sein
¿Qué le pongo?	*hier:* Was darf es sein?
poner	*hier:* geben; setzen, stellen, legen
medio kilo (de)	ein halbes Kilo
medio/-a	halb
maduro/-a	reif
¿Desea algo más?	Möchten Sie noch etwas?
desear	wünschen
el gramo	Gramm
cortar	schneiden
la loncha	(Käse/Wurst) Scheibe
fino/-a	dünn
¿es todo?	ist das alles?
la barra de pan	Stangenbrot
meter	(hinein)legen, -stecken
la bolsa	(Einkaufs)Tüte

4

comprar	kaufen
el arroz	Reis

5

la caja (de)	Schachtel
la galleta	Keks, Plätzchen
el paquete (de)	Paket, Packung
la lata (de)	(Konserven) Dose
la docena (de)	Dutzend

7

verde	grün
rojo/-a	rot
azul	blau

W6

amarillo/-a	gelb
marrón	braun
gris	grau
blanco/-a	weiß
negro/-a	schwarz
de lunares	gepunktet
a rayas	gestreift
a cuadros	kariert
la lana	Wolle
el algodón	Baumwolle
el cuero	Leder
la seda	Seide
llevar	tragen, anhaben
la chaqueta	Jacke, Sakko
los vaqueros	Jeans
el pantalón/ los pantalones	Hose
la camisa	Hemd
la minifalda	Minirock
la blusa	Bluse
el vestido	Kleid
los zapatos	Schuhe
el jersey	Pullover
el traje	Anzug
gris oscuro	dunkelgrau
la corbata	Krawatte
le encanta/n	sie ist begeistert von …
el bañador	Badeanzug

8

¿Qué color te gusta más?	Welche Farbe gefällt dir am besten?
el color	Farbe
la ropa	Kleidung
favorito/-a	Lieblings-

10

el modelo	Modell
la talla	Größe
el abrigo	Mantel
la piel	(Nappa) Leder
largo/-a	lang
como nuevo	wie neu
comprada en	gekauft bei
grande	groß
el vestido de baile	Ballkleid
último/-a	neueste/r, letzte/r
la pedrería	Edelstein
la Comunión	Kommunion
el traje de niño	Kinderanzug

11

la falda	Rock
ése/ésa	diese/r (da)
¿Me la puedo probar?	Kann ich ihn anprobieren?
poder (o>ue)	können
el probador	Umkleidekabine
al fondo	(dort) hinten (am Ende)
¿Y cómo le queda?	Und wie passt er Ihnen?
quedar	*hier:* passen
¿Cuánto cuesta?	Wieviel kostet (es)?
caro/-a	teuer
la oferta	(Sonder) Angebot
sólo	nur
barato/-a	billig
Me la llevo.	Ich nehme ihn.
llevarse	mitnehmen
Bien, pase por caja.	Gut, gehen Sie zur Kasse.

12

¿Quién lo dice?	Wer sagt das?
el/la cliente	Kunde/-in
o	oder
el/la dependiente	Verkäufer/in
de tonos diferentes	in verschiedenen (Farb) Tönen
pagar con tarjeta	mit Karte bezahlen
la tarjeta (de crédito)	(Kredit) Karte
demasiado	zu viel, zu, zu sehr

13

corto/-a	kurz
estrecho/-a	eng

14

en efectivo	bar
el cheque	Scheck

Y además

1

la tienda	Laden, Geschäft
la cosa	Sache, Ding
la carnicería	Metzgerei, Fleischerei
el estanco	Tabakladen
la pescadería	Fischgeschäft
la frutería	Obstladen

2

por ciento	Prozent

Lección 7

1

por la mañana	vormittags, morgens
por la tarde	nachmittags
por la noche	abends, nachts
antes de	vor
después de	nach
posible	möglich
la información	Information

2

elegir (e>i)	auswählen

el horario	Öffnungszeit, Stunden-/Fahrplan
cerrar (e>ie)	schließen
estar abierto/-a	geöffnet sein
estar cerrado/-a	geschlossen sein
desde las ... hasta las ...	von ... Uhr bis ... Uhr
de ... a ...	von ... bis

3

interesante	interessant
el horario de trabajo	Arbeitzeit
bueno/-a	gut
empezar (e>ie)	beginnen
terminar	(be)enden
alguno/-a	(irgend)eine/r, einige, ein paar
la cafetería	Cafeteria
¡Qué poco tiempo ...!	Wie wenig Zeit ...!
siempre	immer
necesitar	brauchen, gebrauchen
volver (o>ue)	zurückkehren, zurück kommen
sobre las ocho	gegen acht Uhr
el/la chico/-a	Junge/Mädchen, (junge/r) Mann/Frau, Typ

4

la jornada de trabajo	Arbeitstag

5

el día	Tag
normal	normal, gewöhnlich
levantarse	aufstehen
temprano	früh
dormir (o>ue) una siesta	Mittagsschlaf, Nickerchen machen
el periódico	Zeitung
salir (salgo)	aus-, weggehen
la cena	Abendessen
acostarse (o>ue)	ins/zu Bett gehen
tarde	spät

6

el panadero	Bäcker
el empleado de gasolinera	Tankwart
el taxista	Taxifahrer

7

¿con qué frecuencia?	wie oft?
la frecuencia	Häufigkeit, Frequenz
la actividad	Tätigkeit
la costumbre	Gewohnheit
todos los días	jeden Tag
2 ó 3 veces por semana	2 oder 3 mal pro Woche
a veces	manchmal
nunca	nie, niemals

8

¡Qué día!	Was für ein Tag!
a mediodía	mittags
el curso de informática	Informatikkurs
la reunión	Treffen, Zusammenkunft
los padres	Eltern

10

la carta	Brief
desde Londres	aus London
Querido/-a ...	Liebe/r (*Briefanfang*)
el saludo	Gruß
aprender	lernen
ir a clase	zum Unterricht gehen
la clase	Unterricht
pero	aber
la dificultad	Schwierigkeit
¡Imagínate que cenamos...!	Stell dir vor, wir essen...!
reunirse	sich treffen, versammeln
el «pub»	Pub, (englische) Kneipe
divertirse	sich (gut) unterhalten, sich amüsieren
¡esto no es España!	das ist nicht Spanien!
mucho más temprano	sehr viel früher
¡Hasta entonces!	Bis dann!
Un abrazo	Sei umarmt/Ich drück dich (*Briefschluß*)

Y además

1

el calendario	Kalender
el lunes	Montag
el martes	Dienstag
el miércoles	Mittwoch
el jueves	Donnerstag
el viernes	Freitag
el sábado	Samstag
el domingo	Sonntag
enero	Januar
febrero	Februar
marzo	März
abril	April
mayo	Mai
junio	Juni
julio	Juli
agosto	August
septiembre	September
octubre	Oktober
noviembre	November
diciembre	Dezember
el mes	Monat

2

la fecha	Datum

Lección 8

¿Cómo quedamos?	Wie verbleiben wir?
quedar	verbleiben, verabreden
1	
si hace buen tiempo	wenn gutes Wetter ist
el tiempo	Wetter
dar un paseo (por)	einen Spaziergang machen (durch)
la entrada	Eintrittskarte, Eintritt
el concierto	Konzert
el/la niño/-a	Kind
el zoo	Zoo
2	
la playa	Strand
¿Diga? (*inf.* decir)	(am Telefon) Hallo, Ja, bitte
llamar	(an)rufen
saber (sé)	wissen
el plan	Plan
para mañana	für morgen
la barbacoa	Grill
porque	weil
venir (vengo,e>ie)	kommen
ya sabes que ...	du weißt ja, dass
¿por qué ..?	warum?
la idea	Idee
si hace mal tiempo	wenn schlechtes Wetter ist
pensar (e>ie)	denken
el circo	Zirkus
quedarse en casa	zu Hause bleiben
¡todo organizado!	alles organisiert!
3	
descansar	ausruhen
encontrarse con amigos	sich mit Freunden treffen
ir de copas	etwas trinken gehen, ausgehen
4	
pasado mañana	übermorgen
el próximo lunes	nächsten Montag
la semana	Woche
el lunes que viene	nächsten Montag
Todavía no lo sé.	Ich weiß es noch nicht.
5	
es que ...	denn ..., (das ist) weil ...
tener ganas de	Lust haben auf
apetecer	Lust haben auf, zusagen
¿qué te parece?	was hälst du davon?
¿qué tal sobre...?	wie wär es gegen ... Uhr?
venir a buscar	abholen
6	
así	so, auf diese Weise
ponerse moreno/-a	braun werden
8	
¿te gustaría ...?	würdest du gern ...?

Y además

1	
la estación	Jahreszeit
la primavera	Frühling, Frühjahr
el verano	Sommer
el otoño	Herbst
el invierno	Winter
2	
viajar	(ver)reisen
3	
la (tarjeta) postal	Postkarte
espero que bien	ich hoffe, gut
la línea	Zeile, Linie
decir	sagen
visitar	besuchen
dime (*inf.* decir)	sag mir
mostrar	zeigen
¡Contéstame pronto!	Antworte schnell!
contestar	antworten
Espero tus noticias.	Ich warte auf deine Nachricht.
el beso	Kuss
estupendo/-a	fabelhaft, prima

Lección 9

Ayer	gestern
3	
estuve (*inf.* estar)	ich war, ich bin gewesen
¿Qué tal el fin de semana?	Wie war das Wochenende?
fue (*inf.* ser)	es war, es ist gewesen
divertido/-a	unterhaltsam, lustig
Anda,¡cuenta!	Komm schon, erzähl!
contar (o>ue)	erzählen
conocí a	ich habe ... kennengelernt
cantar	singen
charlar	reden, plaudern
total, que el domingo ...	also, und am Sonntag ...
la cama	Bett
fui (*inf.* ir)	ich ging, ich bin gegangen
ayudar a recoger	aufräumen helfen
ayudar	helfen
recoger	aufräumen

nada especial	nichts besonderes

5

la catedral	Kathedrale
hacer fotos	fotografieren, Fotos machen
la foto	Foto(grafie)
la sinagoga	Synagoge

6

aburrido/-a	langweilig
monótono/-a	monoton, eintönig

7

creer (que)	glauben
hacer camping	campen, Camping machen
ir al campo	aufs Land fahren
en realidad	in Wirklichkeit

8

por última vez	zum letzten Mal
anteayer	vorgestern
el lunes pasado	letzten, vergangenen Montag
la semana pasada	letzte, vergangene Woche
el otro día	neulich

9

el titular	Überschrift, Schlagzeile
el artículo	(Zeitungs) Artikel
la fiesta benéfica	Wohltätigkeitsfest
el público	Publikum, Öffentlichkeit
la presentación	Presentation
nuevo/-a	neu
el disco	Platte
el fin luminoso	‹strahlendes› Ende
la feria	Jahrmarkt, Kirmes
agradó (*inf.* agradecer)	er/sie dankte
registrar	registrieren
multitudinario/-a	Massen...
la asistencia	Teilnahme
el acto	Feier
la colaboración	Mitarbeit
el Ayuntamiento	Stadtverwaltung
invitar	einladen
gratuitamente	gratis
los chipioneros	Bewohner von Chipiona
los visitantes	Besucher
asistir	teilnehmen
la zarzuela	(*spanisches Singspiel*)
poner en escena	aufführen
algo más de ...	etwas mehr als ...
pasar	verbringen
jueves festivo	Donnerstag-Feiertag
el patio	Innenhof
el colegio	Schule
contar	rechnen
sobrepasar	übersteigen
alcanzar	erreichen
la recaudación	Einnahmen
mayores	Erwachsene
el acontecimiento	Ereignis
tener lugar	stattfinden
la bodega	Bodega, Weinstube
los jóvenes	Jugendliche
los adultos	Erwachsene
colaborar	zusammenarbeiten
la organización	Organisation
el festejo	Festlichkeit
resultar	resultieren
el éxito	Erfolg
tradicional	traditionell
el lunes de resaca	«der blaue Montag»
convertirse	sich verwandeln
aunque	*hier:* wenn auch
más moderado que	moderater als
el (día) anterior	der vorherige (Tag)

Y además

1

¿Qué tiempo hace?	Wie ist das Wetter?
llueve	es regnet
nieva	es schneit
hace sol	es ist sonnig, die Sonne scheint
hace frío	es ist kalt
hace calor	es ist warm
hace viento	es ist windig
hace 20 grados	es ist 20°

3

maravilloso/-a	wunderbar
¡Qué suerte tuvimos ...!	Was für ein Glück hatten wir ...!
el puente	Brücke, *hier:* langes Wochenende
quizás	vielleicht
la costa	Küste
sin parar	ohne Unterlass
horrible	schrecklich, fürchterlich
¡qué mala suerte!	Was für ein Pech!
casi	fast, beinahe
la piscina	Schwimmbad

4

¡Qué tiempo tan horrible!	Was für ein fürchterliches Wetter!

Lección10

ir en tren	mit dem Zug fahren
el tren	Zug

1

desde	von … aus
el avión	Flugzeug
el barco	Schiff
la moto	Motorrad

2

el taxi	Taxi
el tranvía	Straßenbahn
el metro	Metro, U-Bahn
a pie	zu Fuß
ir a clase	zum Unterricht gehen/fahren

3

la posibilidad	Möglichkeit
depende	es kommt darauf an
el viaje	Reise
rápido/-a	schnell
cómodo/-a	bequem
el AVE	(*Hochgeschwingigkeitszug zw. Madrid und Sevilla*)
más barato	billiger
tardar mucho más	länger dauern
lento/-a	langsam
dar miedo	Angst einflößen
dar (doy)	geben
la clase	*hier:* Klasse, Kategorie
ida y vuelta	Hin- und Rückfahrt
Voy a pensármelo.	Ich werde es mir überlegen.

4

la ventaja	Vorteil
la desventaja	Nachteil
diferente	unterschiedlich
el medio de transporte	Transportmittel

5

comparar	vergleichen
incómodo/-a	unbequem

6

seguro/-a	sicher
peligroso/-a	gefährlich
ecológico/-a	ökologisch, umweltbewusst

7

cuando	wenn
la Renfe	(*spanische Eisenbahngesellschaft*)
lo que dicen	das, was … sagen
el anuncio	(Werbe)anzeige
previo pago de …	… im Voraus bezahlt
(tú) has sacado un billete	du hast eine Fahrkarte gelöst
salir (salgo)	*hier:* abfahren
llegar	ankommen
superlujo	superluxuriös
(tú) has de coger un autobús	du musst einen Bus nehmen
sorprender	überraschen
obedecer	gehorchen
subir	einsteigen
el autocar	Reisebus
la calefacción	Heizung
el pasajero	Fahrgast
esperar	warten
pacientemente	geduldig
el andén	Bahnsteig
a la intemperie	unter freiem Himmel
al fin	schließlich
sonar (o>ue)	(er)tönen, (er)klingen
los altavoces	Lautsprecher
con destino a …	mit Fahrtziel …
efectúa su salida	fährt ab
aproximadamente	ungefähr
la voz	die Stimme
plácido	sanft, ruhig
impersonal	unpersönlich
último/-a	letzte/r
el vagón	Waggon, Zugwagen
continuar	fortsetzen
con la misma placidez	mit der gleichen Ruhe
el murmullo	Gemurmel
de pasmo	Erstaunen, Verwunderung
elevarse	sich erheben
mirarse los unos a los otros	sich gegenseitig anschauen

8

la palabra	Wort
el texto	Text
tener que ver con	zu tun haben mit

9

la pregunta	Frage
la respuesta	Antwort
deber	sollen, müssen
el grupo	Gruppe

10

la afirmación	Behauptung
comprobar (o>ue)	überprüfen, feststellen
el horario de trenes	Fahrplan
el tren directo	durchgehender Zug
con transbordo	mit Umsteigen
el tren de cercanías	Nahverkehrszug
llevar retraso	Verspätung haben

11

acordarse (o>ue)	sich erinnern
con puntualidad	pünktlich
¿adónde?	wohin?

Y además

1

la avería	Panne
pasar	*hier:* zustoßen, passieren
tener mala suerte	Pech haben
salir de viaje	abfahren, auf Reisen gehen
la gasolinera	Tankstelle
echar gasolina	tanken
la gasolina	Benzin
a los 30 kilómetros	nach ungefähr 30 Kilometern
pincharse una rueda	einen Platten haben
sacar la rueda de repuesto	das Reserverad auspacken
cambiar la rueda	Reifen wechseln
poco después	wenig später
el motor	Motor
el ruido	Geräusch, Lärm
extraño/-a	sonderbar, seltsam
el taller	Werkstatt
decidir	entscheiden
vender	verkaufen

3

romperse	kaputtgehen, brechen

4

llevar	*hier:* (hin)bringen

W10

Lección 11

Se alquila	Zu vermieten
alquilar	mieten, vermieten

1

el piso	Wohnung
vacío/-a	leer
la habitación	Zimmer, Raum
los muebles	Möbel
la cocina	Küche; Herd
el dormitorio	Schlafzimmer
el cuarto de baño	Badezimmer
el pasillo	Flur, Diele
la terraza	Terrasse
el salón	Wohnzimmer
el armario	Schrank
la estantería	Regal
el sillón	Sessel
la silla	Stuhl
la lámpara	Lampe
el sofá	Sofa, Couch
el espejo	Spiegel
el horno	Backofen

3

estar libre	frei sein
ahora	jetzt
exactamente	genau
el sitio	Platz, Raum
el sofá-cama	Schlafsofa
me parece bien	es scheint in Ordnung zu sein
la reserva	Reservierung
por escrito	schriftlich
el adelanto	Anzahlung
el comedor	Esszimmer
el trastero	Abstellraum
el patio	Innenhof, Patio
la lavadora	Waschmaschine
equipado/-a	ausgestattet
por quincenas	für 14 Tage, für zwei Wochen
el precio	Preis
razonable	vernünftig, angemessen
la azotea	Dachterrasse
soleado/-a	sonnig
el apartamento	Apartment, kleine Wohnung
sólo por temporada	nur zeitweise

4

estar interesado/-a	interessiert sein
la fórmula de cortesía	Höflichkeitsformel, -floskel

5

deber	sollen, müssen
la casa de vacaciones	Ferienhaus
las vacaciones	Ferien, Urlaub

6

limpiar	säubern, putzen
la sábana	Betttuch, Bettwäsche
la toalla	Handtuch
el tendedero	Wäscheleine
para secar la ropa	zum Wäsche trocknen
la bombona de gas	Gasflasche
el contenedor de basura	Mülltonne, Müllcontainer
la basura	Müll

7

funcionar	funktionieren
encontrar (o>ue)	finden
la llave	Schlüssel
el/la vecino/-a	Nachbar/in
reclamar	sich beschweren, reklamieren
la recepción	Empfang, Rezeption

8

así que	so dass
aprovechar	ausnutzen

informar	informieren
con respecto a ...	in Hinblick auf ...
la verdad es que ...	die Wahrheit ist dass
el terreno	Gelände, Grundstück
tanto como	genauso viel wie
el garaje	Garage
difícil	schwierig
aparcar	parken
por otro lado	auf der anderen Seite
aconsejar	raten, empfehlen
la urbanización	Siedlung, Satelitenstadt
las afueras	Außenbezirke
construir	bauen
ya sabes lo que significa	du weißt ja was das bedeutet
claro/-a	klar, deutlich
en su lugar	an seiner Stelle

9

la propiedad	Eigentum
optar	wählen, sich entscheiden für
el piso de alquiler	Mietwohnung
el alquiler	Miete
la vivienda	Wohnung

Y además

1

la habitación doble	Doppelzimmer
la habitación individual	Einzelzimmer
la ducha	Dusche
la cama de matrimonio	Doppelbett
el desayuno	Frühstück
estar incluido	inklusive, inbegriffen sein
ser aparte	extra, nicht inbegriffen sein
Está bien.	Es ist gut./ Es ist in Ordnung.
subir	*hier:* hinauftragen
el equipaje	Gepäck
el carnet (de identidad)	(Personal)Ausweis
el pasaporte	(Reise)Pass
ofrecer (-zco)	anbieten

3

la reclamación	Beschwerde
el agua caliente	warmes Wasser
la percha	Kleiderbügel
la manta	(Bett) Decke
la ventana	Fenster

Lección 12

La familia	Familie

1

el/la abuelo/-a	Großvater/Großmutter
el/la tío/-a	Onkel/Tante
el/la nieto/-a	Enkel/in
el/la hermano/-a	Bruder/Schwester
el/la sobrino/-a	Neffe/Nichte
el/la primo/-a	Cousin/e

2

los abuelos	Großeltern
los padres	Eltern
los hermanos	Geschwister

3

Es de hace diez años.	Es ist von vor zehn Jahren.
¿no me reconoces?	erkennst du mich nicht?
la flor	Blume
mayor	älter
el señor de las gafas	der Herr mit der Brille
las gafas	Brille
por parte de mi madre	mütterlicherseits
rubio/-a	blond

4

los familiares	Angehörige
dibujar	zeichnen
el árbol genealógico	Stammbaum

5

¿Estás cocinando?	Kochst du gerade?
ducharse	duschen
el/la amiguito/-a	kleine/r Freund/in
tocar la trompeta	Trompete spielen
los miembros de la familia	Familienmitglieder

8

jugar a las cartas	Karten spielen
la guitarra	Gitarre

9

Variaciones, combinaciones y permutaciones	Variationen, Kombinationen und Veränderungen
la pareja	Paar
vivir junto/-a	zusammenleben
casarse	heiraten
por lo civil	standesamtlich
por la iglesia	kirchlich
Como Dios Manda	Wie Gott es will
el/la economista	Volkswirt/in
ambos	beide
declararse	sich bekennen

católicos practicantes	praktizierende Katholiken
Ellos mismos admiten que ...	Sie geben selbst zu, dass ...
el prototipo	Prototyp
Mundos unidos	Vereinigte Welten
a la semana	*hier:* nach einer Woche
la boda	Hochzeit
creyente	gläubig
sudanés	Sudanese
el musulmán	Moslem
pertenecer	angehören
el mundo de la farándula	Gauklerwelt
el músico	Musiker
la actriz	Schauspielerin
Mecano	Metallbaukasten (*Kinderspielzeug*)
compartir	sich teilen, teilhaben lassen
el historiador	Historiker
las aficiones	*hier:* Hobbys, Steckenpferde
la montaña	Berg, Gebirge
la alegría	Freude
la obligación	Verpflichtung

Y además

1

¡Feliz cumpleaños!	Herzlichen Glückwunsch zum Geburtstag!
el cumpleaños	Geburtstag
¡Muchas felicidades!	Herzliche Glückwünsche!
el jefe de departamento	Abteilungsleiter
¡Enhorabuena!	Glückwunsch!

2

¡Felicidades!	Glückwünsche!
¡Feliz día de tu santo!	Herzlichen Glückwunsch zum Namenstag!
el día del santo	Namenstag
¡Felices Navidades!	Frohe Weihnachten!
la navidad	Weihnachten
¡Feliz Año Nuevo!	Ein frohes neues Jahr!
(el día) del Año Nuevo	Neujahr(stag)

4

el regalo	Geschenk
recibir regalos	Geschenke bekommen
regalar	schenken
cumplir años	Geburtstag haben
aunque cada vez menos	wenn auch immer weniger
celebrar	feiern
onomástica	Namenstag
u	oder (*vor einem Wort mit o-*)
el detalle	Kleinigkeit
la primera comunión	Erstkommunion
el aniversario	Gedenktag
aparte de	außer, neben
repartir	verteilen, übergeben
la Nochebuena	Heiligabend
la mayoría de ...	die meisten, die Mehrzahl
los Reyes Magos	die heiligen drei Könige
el juguete	Spielzeug
el perfume	Parfüm
la joya	Schmuck
la obra de arte	Kunstwerk
el objeto	Gegenstand
soler (o>ue)	(zu tun) pflegen
el ramo de flores	Blumenstrauß
los bombones	Pralinen
los pasteles	Gebäck

Lección 13

guapo/-a	hübsch

1

alto/-a	groß, hoch
bajo/-a	klein, niedrig
gordo/-a	dick
delgado/-a	dünn, schlank
el pelo	Haar
estar calvo	kahl sein
moreno/-a	dunkelhaarig
los ojos	Augen
castaño/-a	(kastanien)braun
la barba	Bart
feo/-a	häßlich
una persona mayor	Senior, alt
el bigote	Schnurrbart
estar jubilado/-a	pensioniert, in Rente sein
las gafas de sol	Sonnenbrille

2

describir	beschreiben

3

la diferencia	Unterschied

4

el/la novio/-a	Freund/-in; Verlobte/r
simpático	sympathisch
caer bien	sympathisch sein
abierto/-a	offen
de acuerdo	einverstanden
serio/-a	ernst

5

sincero/-a	aufrichtig, ehrlich

tímido/-a	ängstlich
antipático/-a	unsympathisch
inteligente	intelligent

6

solo/-a	allein
el/la acompañante	Begleiter/in

7

la amistad	Freundschaft
soltero/-a	ledig
atractivo/-a	attraktiv
romántico/-a	romantisch
formal	formell
el amor	Liebe
la vida	Leben
educado/-a	(wohl)erzogen
el/la deportista	Sportler/in
la correspondencia	Korrepondenz
elegante	elegant
viajero/-a	*hier:* reiselustig
la relación	Beziehung, Verbindung
con trabajo fijo	mit fester Arbeit
el culturismo	Bodybuilding
honrado/-a	ehrlich, rechtschaffen
cariñoso/-a	liebevoll, zärtlich
en caso de ausencia	wenn ich nicht da bin
dejar	*hier:* zurücklassen
aproximado/-a	ungefähr
animarse	Mut fassen, sich aufraffen

8

nervioso/-a	nervös, aufgeregt
el examen final	Abschlussexamen
cansado/-a	müde
enfermo/-a	krank
concentrarse	sich konzentrieren
¡Qué mala pata!	‹Du Pechvogel!›
¡Mucha suerte!	Viel Glück!
malo	schlecht

9

triste	traurig
enfadado/-a	ärgerlich, verärgert
pasar el examen con éxito	das Examen (mit Erfolg) bestehen
esperar	warten

Y además

1

estar harto/-a de	(es) satt sein, überdrüssig sein
la dieta	Diät
el plato	Gericht
fresco/-a	frisch
adelgazar	schlank werden
el secreto	Geheimnis
la juventud	Jugend
el truco	Trick
el ingrediente	Zutat
el pepino	(Salat) Gurke
la rodaja	Scheibe
el perejil	Petersilie
decorar	dekorieren
escaldar	überbrühen
retirar la piel	Haut/Schale abziehen
la batidora eléctrica	(elektr.) Mixer
triturar	zerkleinern
añadir	hinzufügen
batir	schlagen
guardar	aufheben
picado/-a	kleingehackt
servir	servieren
la revista	Zeitschrift, Illustrierte
pretender	vorgeben, so tun als ob
deprimido/-a	deprimiert
engordar	zunehmen
mantenerse (en forma)	(in Form) bleiben
tratar de	versuchen zu
ligero/-a	leicht, fettarm
la grasa	Fett

Lección 14

W14

Antes era diferente — Früher war es anders

1

la oveja	Schaf
el gato	Katze
el pájaro	Vogel
la gallina	Huhn
el caballo	Pferd
la vaca	Kuh
el perro	Hund
la cabra	Ziege
la granja	Bauernhof
el toro	Stier
el cerdo	Schwein
el árbol	Baum

2

cuando era pequeño/-a	als ich klein war
de niño/-a	als Kind
pasar las vacaciones	die Ferien verbringen
el animal	Tier
¡Qué envidia!	Wie ich dich beneide!
el espacio	Platz
dar envidia	neidisch machen

4

la máquina de escribir	Schreibmaschine
el ordenador	Computer

pobre	arm
ganar	verdienen, gewinnen
el dinero	Geld
viajar en autoestop/ autostop	per Anhalter reisen
el/la vegetariano/-a	Vegetarier/in

5

la lotería	Lotterie

6

mejor	besser
la biblioteca	Bücherei, Bibliothek

8

la excursión	Ausflug
igual	gleich, gleichförmig
el albergue	(Jugend) Herberge
el programa	Programm
en octavo	*hier:* in der achten Klasse
organizar	organisieren
alojarse	Unterkunft beziehen, wohnen

9

la rutina	Routine, Gewohnheit
la infancia	Kindheit
el hecho excepcional	außergewöhnliches Ereignis
una vez	einmal

10

algún	irgendein/er (vor mask. Subst.)
soñar (o>ue) (con)	träumen (von)
el colegio	(in Spanien allgemeinbildende) Schule
aunque	obwohl
el descampado	freier Platz
un poco más allá	ein bißchen weiter weg
separado/-a	getrennt
de repente	plötzlich
sentir	fühlen, spüren
un pelotazo	Stoß/Treffer mit einem Ball
darse la vuelta	sich umdrehen
rápidamente	schnell
la pelota	Ball

Y además

1

la Constitución	Verfassung
el castellano	Kastilisch
oficial	offiziell
el deber	Pflicht
el derecho	Recht
usar	gebrauchen
las demás lenguas	die anderen Sprachen
la lengua	Sprache
el estatuto	Statut
el gallego	Galicisch
el catalán	Katalanisch
de origen románico	romanischen Ursprungs
el vasco	Baskisch
desconocido/-a	unbekannt

2

¿Y cómo es eso?	Und woher kommt das?/Was ist der Grund?
simplemente	einfach
oficialmente	offiziell
obligatorio/-a	obligatorisch, Pflicht-
la asignatura	Schulfach
la biología	Biologie
la historia	Geschichte
la prensa	Presse

Lección 15

¡Tome estas pastillas!	Nehmen Sie diese Tabletten!
la pastilla	Tablette

1

la cabeza	Kopf
la oreja	Ohr
la nariz	Nase
la boca	Mund
el estómago	Magen; Leib, Bauch
el brazo	Arm
la mano	Hand
el dedo	Finger
la espalda	Rücken
la pierna	Bein
el pie	Fuß
la fiebre	Fieber
el dolor	Schmerz
estar resfriado/-a	erkältet sein
el dolor de oídos	Ohrenschmerzen
el dolor de garganta	Halsschmerzen
la garganta	Rachen
el dolor de muelas	Zahnschmerzen
la muela	Backenzahn
la tos	Husten
¡Ponte ropa de abrigo!	Zieh dir warme Kleidung an!
ponerse	anziehen
el/la dentista	Zahnarzt/-ärztin
caliente	warm, heiß

3

¿Qué le pasa?	Was ist mit Ihnen?, Was haben Sie?
mareado/-a	übel
la diarrea	Durchfall
las náuseas	Übelkeit
doler (o>ue)	weh tun, schmerzen
calmar	beruhigen
antes de cada comida	vor jeder Mahlzeit
cada	jede/r

4

encontrarse mal	sich schlecht fühlen
fumar	rauchen

6

recomendar (e>ie)

7

contradecir	widersprechen

8

la salud	Gesundheit
el cartel	Plakat, Poster
la Junta de Andalucía	die Regierung von Andalusien
comportarse	sich benehmen, verhalten
respetar	achten auf
las señales de peligrosidad	Gefahrenhinweise
el banderín	Fahne
el peligro	Gefahr
conservar	konservieren, halten
limpio/-a	sauber
dejar	*hier:* wegwerfen
los desperdicios	Abfälle
el vidrio	Glas
la colilla	Zigarettenstummel, -kippe
el papel	Papier
la papelera	Papierkorb
el contenedor de residuos	Abfallbehälter
utilizar	benutzen, gebrauchen
la esterilla	(Strand) Matte
la arena	Sand
evitar	vermeiden
la insolación	Sonnenstich
la quemadura solar	Sonnenbrand
el protector solar	Sonnenschutz

Y además

1

el mundo se queja	die Welt/Erde beklagt sich
quejarse	sich beklagen
el planeta	Planet
la contaminación	Verschmutzung
la destrucción	Zerstörung
el bosque	Wald
el agujero	Loch
la capa de ozono	Ozonhülle
el cambio climático	Klimaveränderung
el clima	Klima
la desertización	Versteppung, Verwüstung
la atmósfera	Atmosphäre
proteger	schützen
el rayo	Strahl
el basurero	Müllkippe
perder (e>ie)	verlieren
emitir	ausstossen
diariamente	täglich
el gas nocivo	schädliches Gas
con capacidad	mit der Fähigkeit
alterar	ändern
el suelo	Boden
a causa de	aufgrund
la sobreexplotación	extensive Ausbeutung

2

mejorar	bessern, verbessern
el medio ambiente	Umwelt
la medida	Mittel
tirar basura	Müll wegwerfen
el contenedor de vidrio	Glascontainer
la naturaleza	Natur
ahorrar	sparen
reciclable	recyclebar
la bolsa de plástico	Plastiktüte
seleccionar	aussortieren, *hier:* trennen
el papel reciclado	Umweltpapier

3

la alergia	Allergie
la rebelión	Rebellion, Aufstand
el cuerpo	Körper
el polen	Pollen
los ácaros del polvo	Staubmilben
los principales agentes alergénicos	Hauptallergieauslöser
los aditivos alimentarios	Lebensmittelzusätze
agresivo/-a	aggressiv
debilitado/-a	geschwächt

Lección 16

Trotamundos	Weltenbummler

1

hacer buceo	tauchen
hacer montañismo	bergsteigen

¿Acabas de llegar a ...?	Bist du gerade angekommen?
acabar de (hacer)	soeben getan haben
orientarse	sich orientieren
¿cuántos días llevas aquí?	wieviele Tage bleibst du hier?
fantástico/-a	fantastisch
recomendable	empfehlenswert

4

la encuesta	Umfrage
el volcán	Vulkan
hacer un crucero	eine Kreuzfahrt machen
la corrida de toros	Stierkampf
el extranjero	Ausland
hacer vela	segeln
hacer surf	surfen
escalar una montaña	einen Berg besteigen
¿tenéis experiencias en común?	habt ihr gemeinsame Erfahrungen?

5

los preparativos de viaje	Reisevorbereitungen
hacer la maleta	Koffer packen
vaciar	leeren

7

el equipo	Ausrüstung
la mochila	Rucksack
el saco de dormir	Schlafsack
la raqueta de tenis	Tennisschläger
la linterna	Taschenlampe
el anorak	Anorak, Windjacke
las botas de montaña	Bergschuhe
la tienda	Zelt
el camping gas	Campingkocher
la cámara	Kamera, Fotoapparat

8

fundar	gründen
el valle	Tal
el nivel del mar	Meeresspiegel
la capital	Hauptstadt
el Imperio Inca	das Inkareich
la aristocracia	Aristokratie, Oberschicht
el agua corriente	fließendes Wasser
la época de esplendor	Blütezeit
el camino	Weg
la red de comunicación	Verkehrsnetz, Wegenetz
el comercio	Handel
turnarse	sich ablösen
el corredor	Läufer, Bote
transportar	transportieren
el mensaje	Nachrichten, Mitteilung
de esta forma	auf diese Art und Weise
hoy en día	heutzutage
la atracción turística	Touristenattraktion

Y además

1

el aeropuerto	Flughafen
el vuelo	Flug
intentar	versuchen
de tela	aus Stoff
la cinta	Gurt
la etiqueta	*hier:* Anhänger

3

el tirón	*hier:* Straßenraub
el fenómeno	Erscheinung, Phänomen
sino	sondern
pasear	schlendern
el hombro	Schulter
pasar	vorbeikommen, überholen
alguien	jemand
correr	rennen, rasen
tirar del bolso	die Tasche wegreißen
antes de darse cuenta el turista	bevor es dem Touristen klar wird
robar	bestehlen, berauben
el ladrón	Dieb
desaparecer	verschwinden
la documentación	Ausweispapiere
amable	freundlich, nett
caso excepcional	Ausnahme
devolver (o>ue)	zurückbringen, abgeben
la oficina de objetos perdidos	Fundbüro
lo único ...	das Einzige ...
la comisaría	Polizei, Kommisariat
la denuncia	Anzeige

Lección 17

1

los datos biográficos	biografische Angaben
el aprendiz de mecánico	Mechanikerlehrling
nacer	geboren werden
entrar a trabajar	anfangen zu arbeiten
empezar la escuela	in die Schule kommen
mudarse de casa	umziehen

2

la guerra	Krieg
la mina	Bergwerk, Mine
la fábrica de conservas	Konservenfabrik
el/la cocinero/-a	Koch/Köchin
durante la Guerra Civil	während des (span.) Bürgerkriegs
poner un restaurante	ein Restaurant aufmachen
morirse (o>ue)	sterben

3

inventar	erfinden
la biografía	Biografie

5

¡Cuánto tiempo sin verte!	Wie lange haben wir uns nicht gesehen!
¿Qué es de tu vida?	Wie ist es dir ergangen?
desde hace un año	seit einem Jahr
de nuevo	erneut
el barrio	(Stadt) Viertel
¡Pues cuánto me alegro!	Wie ich mich freue!
fiel	treu
dejar de	aufgeben
el Centro Cultural	Kulturzentrum
hace 7 años	vor 7 Jahren
estar embarazada	schwanger sein
asistir a un curso	an einem Kurs teilnehmen
el jardín de infancia	Kindergarten
desde enero	seit Januar
estar en paro	arbeitslos sein

6

los marcadores temporales	Zeitangaben

7

la mujer torero	Stierkämpferin
el torero	Stierkämpfer
conseguir	erreichen, bekommen
ser aceptado/-a	akzeptiert werden
torear	Stier kämpfen
desde niño/a	seit der Kindheit
la Plaza de Toros	Stierkampfarena
los matadores	*im Stierkampf:* Matador
los banderilleros	*im Stierkampf:* Banderillero
bajar	hinuntergehen
el gimnasio	Sport-, Turnhalle
el capote	Umhang
la muleta	*im Stierkampf:* Stab mit rotem Tuch
los chavalines	junge Burschen
enseñar	zeigen, lehren
Así comenzó todo.	So fing alles an.
lograr	erreichen
las demás	die anderen
por juego	zum Spiel, Spaß
el primer becerro y el último	das erste Kalb und das letzte
recordar	erinnern, wieder denken an
loco/-a	verrückt
dedicarse a una profesión	einen Beruf ausüben

Y además

1

la carta de solicitud	Bewerbungsbrief
precisar	*hier:* suchen
se requiere	es wird erwartet
amplios conocimientos de	umfassende Kenntnisse
la experiencia en hostelería	Erfahrung im Hotelwesen
la remuneración atractiva	attraktives Gehalt
enviar	schicken, senden
el curriculum vitae	Lebenslauf
reciente	*hier:* neu
en referencia	mit Bezug
publicado	veröffentlicht
el diario	Tageszeitung
por ello	deswegen
ponerse en contacto	Kontakt aufnehmen
residir	den Wohnsitz haben
cursar los estudios	Studium absolvieren
la recepcionista	Empfangsdame
durante 6 meses	6 Monate lang
el curso de perfeccionamento	Weiterbildungskurs
correctamente	korrekt
la disposición	Verfügung
en el caso	für den Fall
seleccionado/-a	ausgewählt
el anexo	Anlage (im Brief)
el lugar de nacimiento	Geburtsort
el estado civil	Familienstand
el domicilio	Wohnort

Lección 18

1

el siglo	Jahrhundert
preparado	bereit
sentirse a gusto	zurechtkommen
el microondas	Mikrowelle
el descodificador de televisión	TV Decoder (für digitales TV)
el correo electrónico	E-mail
el télefono móvil	Handy, Mobiltelefon
el resultado	Resultat, Ergebnis
¡bienvenido!	herzlich willkommen!

2

el escritor	Schriftsteller
el/la periodista	Journalist/in
la visión del futuro	Zukunftsvision
limitarse a ...	sich beschränken auf
analizar	analysieren
el presente	Gegenwart
el/la optimista	Optimist/in

la enfermedad	Krankheit
la agricultura	Landwirtschaft
la alimentación	Nahrung
provocar	provozieren
congénito/-a	angeboren, Erb-
aumentar	erhöhen, ansteigen
nada	nichts

3

comentar	kommentieren
reparar	reparieren
el paro	Arbeitslosigkeit
el espacio	Weltraum
la vacuna	Impfung
contra	gegen
el Sida	AIDS
el rascacielos	Wolkenkratzer
la altura	Höhe

4

cotidiano/-a	(all)täglich, Alltags-
el teletrabajo	Heimarbeit am Computer
la máscara	Maske
respirar	atmen

6

de mayores	als Erwachsene
los avances tecnológicos	technologische Fortschritte
en equipo	im Team
respetar	respektieren
la filosofía	Philosophie
la enseñanza	Unterricht, Unterweisung, Lehre
la formación	Ausbildung
tendente a	mit dem Ziel
potenciar	potenzieren, vergrößern
la creatividad	Kreativität
el liderazgo	Führung, Führungsrolle
la comunicación	Kommunikation
la toma de decisión	das Treffen von Entscheidungen

7

los peces (*Sing.* el pez)	Fische
el cielo	Himmel
el papalote (LA)	Windvogel, Drachen
la tierra	Erde
las risas	Lachen
las alcatraces	Strahlen
el río	Fluss
transparente	durchsichtig, klar
el olor	Geruch
abundar	reichlich vorhanden sein
sufrir	leiden
volar	fliegen (lassen)
¿dónde diablos ...?	wo zum Teufel ...?
pudrirse	faulen, vergehen, sterben
no hay lugar	es gibt keinen Platz
estar a punto de	im Begriff sein
partirse en dos	zerbrechen
roto	zerstört
el llanto	Klagen
vomitar	erbrechen
sin cesar	ohne aufzuhören

8

la generación	Generation

Alphabetisches Wörterverzeichnis

Die erste Zahl (fett) gibt die Nummer der Lektion an, die zweite Zahl den Lernschritt. Die mit (y) gekennzeichneten Wörter befinden sich in ‹Y además›.

blusa **6** 7
boca **15** 1
bocadillo **3** 1
boda **12** 9
bodega **9** 9
bolsa **6** 3
bolsa de plástico **15** 2 (y)
bolso **16** 3 (y)
bombona de gas **11** 6
bombones **12** 4 (y)
bonito/-a **5** 3
boquerones **3** 3
bosque **15** 1 (y)
botas de montaña **16** 7
botella **3** 1
brazo **15** 1
buceo **16** 1
buen **8** 1
¡buenas noches! **1** 1
¡buenas tardes! **1** 1
bueno/-a **4** 7 · **7** 3
¡buenos días! **1** 1
buscar **2** 8
caballo **14** 1
cabeza **15** 1
cabra **14** 1
cada **15** 3
cada vez **12** 4 (y)
caer bien **13** 4
cafetería **7** 3
café **3** 1
café con leche **3** 1
café solo **3** 3
caja **6** 5
caja **6** 11
calamares **3** 3
calefacción **10** 7
calendario **7** 1 (y)
caliente **15** 1
calle **5** 3
calmar **15** 3
calor **9** 1 (y)
calvo **13** 1
cama **9** 3
cama de matrimonio **11** 1 (y)
cámara **16** 7
cámara fotográfica **16** 3 (y)
camarero/-a **2** 1
cambiar **10** 1 (y)
cambio climático **15** 1 (y)
caminar **4** 3
camino **16** 8
camisa **6** 7
campeón **4** 7
camping gas **16** 7
campo **14** 1
caña **3** 3
cansado/-a **13** 8
cantar **9** 3
capa de ozono **15** 1 (y)
capital **16** 8
capote **17** 7
carajillo **3** 3
cariñoso/-a **13** 7
carne **3** 8
carnet **11** 1 (y)
carnicería **6** 1 (y)
caro/-a **6** 11
carrera de motos **17** 1
carreras **4** 7
carta **7** 10
carta de solicitud **17** 1 (y)
cartel **15** 8
casa **2** 4
casa de vacaciones **11** 5
casado/-a **2** 8
casarse **12** 9
casi **9** 3 (y)
caso excepcional **16** 3 (y)
castaño/-a **13** 1
castellano **14** 1 (y)
catalán **14** 1 (y)
catedral **9** 5
católico practicante **12** 9
cebolla **6** 1
celebrar **12** 4 (y)
cena **7** 5
cenar **3** 8
Centroamérica **5** 1
centro **5** 1
cerca (de) **5** 1
cerdo **14** 1
cerrar (e>ie) **7** 2
cerveza **3** 1
cesar **18** 7
champiñón **3** 8
¡chao! **1** 13
chaqueta **6** 7
charlar **9** 3
chavalines **17** 7
cheque **6** 14
chico/-a **7** 3
chipirones **3** 8
chocolate **3** 8
chorizo **3** 3
ciclista **4** 7
cielo **18** 7
ciencia ficción 4 8
cigalas 3 12
cine 4 3
cinta **16** 1 (y)
circo **8** 2
ciudad **5** 2
¡claro! **3** 6 · **5** 2
claro/-a **6** 7
clase **7** 10
clase **10** 3
cliente **6** 12
clima **15** 1 (y)
coche **5** 7
cocina **4** 9 · **11** 1
cocinar **4** 3
cocinero **17** 2
código postal **5** 1 (y)
codornices **3** 12
coger **10** 7
colaboración **9** 9
colaborar **9** 9
colegio **9** 9 · **14** 10
colilla **15** 8
color **6** 7
comedor **11** 3
comentar **18** 3
comenzar (e>ie) **17** 7
comer **3** 3
comercio **16** 8
cómics **4** 8
comida **3** 2
comisaría **16** 3 (y)
¿cómo? **1** 2
como **6** 10
cómodo/-a **10** 3
compañero/-a **1** 4 (y)
comparar **10** 5
compartir **12** 9
comportarse **15** 8
compra **6** 6
comprar **6** 4
Comunión **6** 10
con **4** 4
con respecto a ... **11** 8
coñac **3** 1
concentrarse **13** 8
concierto **8** 1
congénito/-a **18** 2
conmigo **8** 6
conocer (-zco) **4** 9
conocimientos **2** 8 · **17** 1 (y)
conseguir **17** 7
conservar **15** 8
Constitución **14** 1 (y)
construir **11** 8
consulta **2** 6
contaminación **15** 1 (y)
contar (o>ue) **9** 3
contar (o>ue) **9** 9
contenedor de basura **11** 6
contenedor de residuos **15** 8
contenedor de vidrio **15** 2 (y)
contestar **8** 3 (y)
contigo **8** 6
continuar **10** 7
contra **18** 3
contradecir **15** 7
conversación **14** 10
convertirse **9** 9
copa **3** 3
corbata **6** 7
corredor **16** 8
correo electrónico **18** 1
correos **5** 9
correspondencia **13** 7
cortar **6** 3
corto/-a **6** 13
costa **9** 3 (y)
costar (o>ue) **6** 11
cotidiano/-a **18** 4
creatividad **18** 6
creer **9** 7
crema de ave **3** 8
creyente **12** 9
cruzar **5** 5
¿cuál/es? **12** 3
¿cuándo? **4** 2 (y)
cuando **14** 2
¿cuántos? **2** 4 (y)
¿cuánto? **6** 11
cuarto **4** 1 (y)
cuarto de baño **11** 1
cuchara **3** 5
cucharilla **3** 5
cuchillo **3** 5
cuenta **3** 10
cuero **6** 7
cuerpo **15** 3 (y)
culturismo **13** 7
cumpleaños **12** 1 (y)
cumplir años **12** 4 (y)
curriculum vitae **17** 1 (y)
cursar los estudios **17** 1 (y)
curso **1** 4 (y)
curso de informática **7** 8
dar **11** 3
dar miedo **10** 3
dar un paseo **8** 1
darse cuenta de .... **16** 3 (y)
darse la vuelta **14** 10
datos personales **17** 1
de **1** 2
de ... a ... **7** 2
de acuerdo **13** 4
¿de dónde? **1** 2

W

piso **11** 1
plácido **10** 7
plan **4** 7 · **8** 2
planeta **15** 1 (y)
plátano **6** 1
plato **3** 5
playa **8** 2
plaza **5** 3
pobre **14** 4
poco **7** 3
poder (ue) **6** 11
polen **15** 3 (y)
pollo **3** 8
poner **6** 3
ponerse **8** 6
por **4** 7
por aquí **5** 5
por ciento **6** 2 (y)
por ejemplo **5** 2 (y)
por escrito **11** 3
por eso **17** 5
por favor **1** 3 (y)
por juego **17** 7
por la mañana **7** 1
por la noche **7** 1
por la tarde **7** 1
por otro lado **11** 8
por parte de **12** 3
¿por qué? **8** 2
por supuesto **2** 2
por última vez **9** 8
porque **2** 8 · **8** 2
posibilidad **10** 3
posible **7** 1
positivo **18** 2
postal **8** 3 (y)
postre **3** 8
potenciar **18** 6
practicar **1** 5
precisar **17** 1 (y)
preferir (e>ie) **4** 4
pregunta **4** 7 / **10** 9
preguntar por **5** 9
prensa **14** 2 (y)
preparado/-a **18** 1
preparar **13** 1 (y)
preparativos de viaje **16** 5
presentación **9** 9
presentar **1** 7
presente **18** 2
pretender **13** 1 (y)
primavera **8** 1 (y)
primera comunión **12** 4 (y)
primero/-a **5** 5
primo/-a **12** 1
probablemente **18** 1
probador **6** 11
profesión **4** 7
profesor/a **2** 1
programa **14** 8
programador/a **2** 1
pronto **8** 3 (y)
pronto **18** 4
protector solar **15** 8
protegir **15** 1 (y)
prototipo **12** 9
provinciano/-a **5** 2
provocar **18** 2
próximo/-a **8** 4
publicado **17** 1 (y)
público **9** 9
pudrirse **18** 7
pueblo **5** 3
puente **9** 3 (y)
pues **3** 3 · **4** 7
puntualidad **10** 11
quedar **6** 11 · **8** 1
quedarse **8** 2
quejarse **15** 1 (y)
quemadura solar **15** 8
querer (e>ie) **3** 8
querido/-a **7** 10
queso **3** 3
¿qué? **1** 2 (y) · **2** 1
¡qué mala pata! **13** 8
¿qué tal? **1** 2
¿quién/es? **6** 3
quincenas **11** 3
quizás **9** 3 (y)
ración **3** 3
radio **4** 5
ramo de flores **12** 4 (y)
rápidamente **14** 10
rápido **10** 3
raqueta de tenis **16** 7
rascacielos **18** 3
rayo **15** 1 (y)
razonable **11** 3
rebelión **15** 3 (y)
recaudación **9** 9
recepcionista **17** 1 (y)
recepción **11** 7
recibir **12** 4 (y)
reciclable **15** 2 (y)
reciente **17** 1 (y)
reclamación **11** 3 (y)
reclamar **11** 7
recoger **9** 3
recomendable **16** 3
recomendar (e>ie) **15** 6
reconocer (-zco) **12** 3
red de comunicación **16** 8
refresco **3** 3
regalar **12** 4 (y)
regalo **12** 4 (y)
registrar **9** 9
relación **13** 7
remuneración **17** 1 (y)
reparar **18** 3
reserva **11** 3
resfriado/-a **15** 1
residir **17** 1 (y)
respetar **15** 8
respirar **18** 4
respuesta **2** 8
respuesta **10** 9
restaurante **3** 8
resultado **18** 1
resultar **9** 9
retraso **10** 10
reunión **7** 8
reunirse **7** 10
revista **13** 1 (y)
revista musical **4** 8
Reyes Magos **12** 4 (y)
río **18** 7
risa **18** 7
robar **16** 3 (y)
rodaja **13** 1 (y)
rojo/-a **6** 7
románico/-a **14** 1 (y)
romántico/-a **13** 7
romperse **10** 3 (y)
ropa **6** 7
ropa de abrigo **15** 1
rubio/-a **12** 3
rueda de repuesto **10** 1 (y)
ruido **10** 1 (y)
ruso/-a **2** 7
rutina **14** 9
sábado **7** 1 (y)
sábana **11** 6
saber **5** 5
saber **8** 2
sacar **10** 7 · **10** 1 (y)
saco de dormir **16** 7
sal **3** 5
salchichón **6** 1
salida **10** 7
salir (salgo) **7** 5
salmón **3** 12
salón **11** 1
salud **15** 8
saludos **7** 10
secar **11** 6
se requiere **17** 1 (y)
secretaria **2** 1
solicitud **17** 1 (y)
secreto **13** 1 (y)
seda **6** 7
seguir **5** 5
segundo/-a **5** 6
seguro/-a **10** 6
seguro que **5** 2
seleccionar **15** 2 (y)
semáforo **5** 7
semana **8** 4
señala **15** 8
señor **1** 7
señora **1** 7
sentir **14** 10
sentirse a gusto **18** 1
separado/-a **14** 10
septiembre **7** 1 (y)
ser **1** 2
ser aceptado/-a **17** 7
serio/-a **13** 4
servilleta **3** 5
servir **13** 1 (y)
Sida **18** 3
sí **1** 3
si **8** 1
siempre **7** 3
siglo **18** 1
significar **11** 8
silla **11** 1
sillón **11** 1
simpático/-a **13** 4
simplemente **14** 2 (y)
sin **3** 3
sinagoga **9** 5
sincero/-a **13** 5
sindicato **5** 2 (y)
sitio **11** 3
sobre **5** 2 (y)
sobrepasar **9** 9
sobrexplotación **15** 1 (y)
sobrino/-a **12** 1
sofá **11** 1
sofá-cama **11** 3
sol **9** 1 (y)
soleado/-a **11** 3
soler **12** 4 (y)
sólo **4** 2 (y)
solo/-a **13** 6 · **16** 3
solomillo **3** 8
soltero/-a **13** 7
sonar **10** 7
soñar **14** 10
sopa **3** 8
sorbete **3** 8
sorprender **10** 7
sorpresa **5** 2 (y)
subir **10** 7 · **11** 1 (y)
Sudamérica **5** 1
sudanés **12** 9
sudeste **5** 1
sudoeste **5** 1
suelo **15** 1 (y)
suerte **4** 7
sufrir **18** 7
Suiza **1** 4

W

Quellenverzeichnis

2. und 3. Umschlagseite: Mathias Bleher, Ismaning
Seite 32: © José Manuel Pons, München
Seite 33: © Bavaria Bildagentur, Gauting (FPG)
Seite 38: © by RV Verlag München-Stuttgart, Ausschnitt aus Stadtplan Madrid
Seite 49: © ABC Blanco y negro, Nr. 29.459 von 7.7.1996, Madrid
Seite 56: unten mitte: © dpa Zentralbild, Berlin
Seite 60: © El País Semanal, Nr. 1.035 von 28.7.1996, Madrid
Seite 63: © Spanisches Fremdenverkehrsamt, München
Seite 69: © AVE Larga Distancia, Madrid
Seite 70: Text: aus "La vida desnuda" von Rosa Montero, © Agencia Literaria Carmen Balcells, Barcelona
Seite 77: Informationsbüro der Europäischen Union, München
Seite 83: Zeichnung: © Rosa Bartel, Essen
Seite 88: rechts oben: MHV-Archiv (© Thomas Schwarz), links unten: © Elisabetta Rizzo, Messina
Seite 97: © Dieter Reichler, München
Seite 101: Zeichnung: © Leyla Beser, Essen
Seite 111: oben: © Süddeutscher Verlag Bilderdienst, München
Seite 113: Text: zitiert nach El País Semanal, Nr. 1037, von 11.8.1996, Foto: oben: © dpa, Frankfurt (Andre Durand)
Seite 116: Text: basiert auf:English Elements The New Refresher, (S.13) © Max Hueber Verlag
Seite 119: Text: © MANA, Editora de música WEA S.A. de C.V.
© Claus Breitfeld, Madrid (Seite 14 rechts unten, 23 rechts oben und links unten, 26, 47, 52, 64, 88 unten mitte, 94 links, 112)
© Mechtild Lohmann, Essen (Seite 14, 16, 23 oben mitte, 28, 32, 37, 44, 49, 53, 71, 75, 76, 88 links oben und rechts unten, 103, 104, 111, 113 unten, 163)
© Lidia Santiso Saco, Bochum (Seite 23 links oben, 56, 81, 83, 94 rechts, 128)
© Trinidad Bonachera (Seite 14 mitte unten, 23 rechts unten, 32)
© Sophie Caesar, Madrid (Seite 25, 118)
© Jürgen Frank, München (Seite 37 links oben, 43, 104 rechts unten)
© Javier Salmerón Martínez, Madrid (Seite 50, 58)
© Erna Friedrich, Ismaning (Seite 104 rechts mitte, 105, 107)

Wir haben uns bemüht, alle Inhaber von Text- und Bildrechten ausfindig zu machen. Sollten Rechteinhaber hier nicht aufgeführt sein, so wäre der Verlag für entsprechende Hinweise dankbar.